나의 첫 번째 멘토

빌리 T. 볼 목사를 기리며

Prepare Your Heart for the Midnight Cry

교회를 깨우는
한밤의 외침

R. T. 켄달 지음 | 심현석 옮김

추천사

많은 사람들이 예수님의 재림 전에 성령의 위대한 부흥이 일어날 것으로 기대한다. R. T. 켄달 또한 이 책에서 그 위대한 부흥이 '곧' 임할 것이라고 말한다. 이 사실이 우리에게 얼마나 큰 위로와 격려가 되는지! 열 처녀 비유에 대한 켄달의 설명은 독자들에게 엄청난 통찰력을 선사해 준다. 켄달은 우리에게 "미련한 처녀들의 무리에 가담하지 말라"고 당부한다. 위대한 부흥으로부터 배제되는 일이 발생하지 않도록 시의적절한 경고를 한 것이다.

R. T. 켄달은 이 시대의 가장 명쾌한 '목소리'이다. 그는 성령께서 교회들에게 하시는 말씀을 명확히 전해 준다. 그의 가르침은 그가 평생토록 헌신해 온 건전한 신학 연구와 탁월한 성경공부에 기반을 두고 있다. 이러한 R. T. 켄달의 사역은 하나님께서 그리스도의 몸 된 교회에 주신 진귀한 선물이다.

이 책은 우리에게 '기름을 준비하라'고 권면한다. 우리는 아름다운 신랑이자 영광의 왕이신 예수님과의 교제를 통해 기름을 준비할 수 있다. 이 책은 또한 '주님과의 연합'을 무시하는 미련한 처녀들처럼 살지 말고, 그러한 삶에 머물러 있지 말라고 경고한다.

마이크 비클 | 국제기도의집(IHOP) 대표

만일 당신이 무난한 종말론을 신봉해 왔다면 이 책은 꽤나 성가실 것이다. 이 책은 우리의 마음을 휘저어 놓는다. 당신은 책에 기록된 '많은' 내용에 수긍하겠지만, '일부' 내용에는 동의하지 않을 것이다. 그리고 '나머지' 내용에 대해서는 머리를 긁적이며 어리둥절해할 것이다.

이 책은 분명 성경적인 책이다. 나는 이처럼 성경구절을 많이 인용한 책을 보지 못했다. 이 책에 성경구절이 많이 인용된 이유는 R. T. 켄달이 '말씀'의 사람이기 때문이다. 그는 성경을 '성령의 최고의 걸작'으로, 또 우리를 안내하는 '무오한' 가이드로 믿는다.

오래전부터 켄달은 '말씀'의 사람이었다. 그런데 언제부터인가 그는 '말씀과 성령'의 사람이 되었다. 이후 그의 삶은 말씀과 성령의 사람으로서 걸어온 '역사'가 되었다.

이 책은 분명 모든 신앙인이 반드시 읽어야 할 책이다. "나는 동의할 수 없어"라며 성급하게 판단하지 말라. 그러다가 이 놀라운 책의 메시지를 전부 놓칠 수도 있으니 말이다. 마지막 페이지까지 읽은 후 결론을 내려도 늦지 않으니 그때까지 참으라.

잭 테일러 | 디멘전스미니스트리 대표

기독교의 메시지는 위대하다. 하지만 우리에게는 그 내용이 매우 복잡하게 느껴진다. 그래서 예수님은 랍비의 전통대로 '이야기'를 통해 메시지의 핵심을 전하셨다. 이러한 이야기 중 하나가 '열 처녀 비유'이다.

사실 나는 '열 처녀 비유'를 온전히 이해하지 못하고 있었다. 이 비유에 담긴 하나님의 은혜는 우리의 머리로 쉽게 이해할 성질의 것이 아니다. 그런데 R. T. 켄달은 우리에게 이 비유의 실체를 쉽게 풀어 보여 준다. 덕분에 이 비유의 핵심주제가 생생하게 다가온다.

어린 시절 나의 아버지께서는 나를 데리고 R. T. 켄달을 만나러 가시곤 했다. 이후 성인이 된 나는 R. T. 켄달과 함께 중동지역의 근본주의자들을 만나러 다닌다. 수년 동안 R. T. 켄달과 나는 친한 친구처럼 지냈다. 특별히 나는 그로부터 성경을 배우며 놀라운 통찰을 얻고 있다.

이 귀한 책을 반드시 읽으라. 책을 읽는 동안 당신은 하나님의 종 R. T. 켄달을 통해 영감을 얻고 기름부음을 받게 될 것이다.

앤드류 화이트 | 중동지역 구호와 화해의 재단 대표

이 시대를 향한 R. T. 켄달의 가르침은 권위 있고 명확하다. 언제나 그렇듯 그의 글은 사람들에게 깊은 영감을 불어넣어 주고 많은 지식을 제공해 주는데, 이 책의 내용 역시 그렇다.

이 땅 위에 일어날 '그 다음' 하나님의 역사는 지금껏 우리가 경험해 온 그 어떤 부흥보다도 위대할 것이다. 이에 대한 R. T. 켄달의 확신은

우리의 마음을 흥분시킨다.

맷 레드먼 | CCM 작곡가

R. T. 켄달 박사처럼 세간에 잘 알려진 존경받는 사람이 예수님의 재림을 언급하다니, 그것도 모자라 주님의 재림이 임박했다고 말하다니 참으로 놀랍다. 그런 그가 입을 열어 "성령의 가장 큰 역사, 전례 없던 큰 부흥이 곧 일어날 것"이라고 말한다. 이 얼마나 놀라운 일인가! 이 책을 반드시 읽으라. 그리고 더 늦기 전에 기름을 준비하라!

존 아놋 | 캐치더파이어 대표

 목차

책머리에 _11

서론 _20

1부 예언적 비유
1장 이스마엘 _36
2장 이삭 _55

2부 열 처녀 비유
3장 열 처녀 비유 소개 _68
4장 기대의 중요성 _92
5장 교회 안의 슬기로운 처녀와 미련한 처녀 _113
6장 지연 _126
7장 잠든 교회 _134
8장 일반 은총, 이스라엘, 그리고 잠든 세상 _150
9장 갑작스런 외침 _164

10장 변하지 않는 운명 _175

11장 메시지 _184

12장 전하는 자들 _193

13장 잠에서 깬 교회 _199

14장 신랑의 도래 _218

15장 혼인잔치 _234

3부 다시 오시는 예수님

16장 동일하신 예수님 _246

17장 구약에 등장하는 재림 _266

18장 사망의 최후, 그리고 마지막 부활 _285

19장 재림의 때에 일어날 일들 _298

20장 재림의 목적 _310

결론_335

각주_340

그 때에 천국은 마치 등을 들고 신랑을 맞으러 나간 열 처녀와 같다 하리니 그 중의 다섯은 미련하고 다섯은 슬기 있는 자라 미련한 자들은 등을 가지되 기름을 가지지 아니하고 슬기 있는 자들은 그릇에 기름을 담아 등과 함께 가져갔더니 신랑이 더디 오므로 다 졸며 잘새 밤중(메세스 데 눅토스 – 헬라어로 '한밤중'이라는 뜻)에 소리가 나되 보라 신랑이로다 맞으러 나오라 하매 이에 그 처녀들이 다 일어나 등을 준비할새 미련한 자들이 슬기 있는 자들에게 이르되 우리 등불이 꺼져 가니 너희 기름을 좀 나눠 달라 하거늘 슬기 있는 자들이 대답하여 이르되 우리와 너희가 쓰기에 다 부족할까 하노니 차라리 파는 자들에게 가서 너희 쓸 것을 사라 하니 그들이 사러 간 사이에 신랑이 오므로 준비하였던 자들은 함께 혼인잔치에 들어가고 문은 닫힌지라 그 후에 남은 처녀들이 와서 이르되 주여 주여 우리에게 열어 주소서 대답하여 이르되 진실로 너희에게 이르노니 내가 너희를 알지 못하노라 하였느니라 그런즉 깨어 있으라 너희는 그 날과 그 때를 알지 못하느니라 (마 25:1-13)

Prepare Your Heart for the Midnight Cry

책머리에

한 남자가 샌프란시스코 골든게이트 다리에서 뛰어내리려는 중이었다.

그때 한 복음주의자가 길을 가다가 그를 발견하고는 이렇게 말했다.

"잠깐만요, 선생님! 아직 뛰어내리지 마세요. 당신은 신이 있다고 믿으십니까?"

그 남자가 대답했다.

"예, 저는 신을 믿습니다."

"다행입니다. 저 또한 신을 믿거든요. 그런데 선생님은 유대인이십니까? 아니면 이방인이십니까?"

"이방인입니다."

"저 또한 이방인이에요. 선생님, 잠깐만요. 아직 뛰어내리지 마세요. 선생님은 크리스천이십니까? 아니면 이슬람교도이십니까?"

"저는 크리스천입니다."

"다행입니다! 저 또한 크리스천이거든요. 그러면, 선생님은 개신교 신자이십니까? 아니면 가톨릭 신자이십니까?"

"저는 개신교 신자입니다."

"할렐루야! 제가 제때에 왔네요. 천만다행입니다. 저 역시 개신교 신자입니다. 그런데 혹시 선생님은 복음주의 계열이십니까? 아니면 자유주의 계열이십니까?"

"저는 복음주의자입니다."

"할렐루야! 주님, 감사합니다. 선생님, 실례지만 침례교인이십니까? 아니면 장로교인이십니까?

"저는 침례교인입니다."

"우와! 정말 놀랍습니다. 저 또한 침례교인입니다. 그런데 선생님은 남침례교입니까? 아니면 독립침례교입니까?"

"독립침례교입니다."

"이럴 수가!" 그 사람이 말을 이어갔다. "저 또한 독립침례교인이거든요. 정말 죄송하지만, 한 번 더 여쭙겠습니다. 선생님은 전천년주의자이십니까? 무천년주의자이십니까? 아니면 후천년주의자이십니까?"(천년왕국에 대한 신학적 견해로, 예수님의 재림이 천년왕국을 기준으로 언제 일어나느냐에 따라 세 가지로 나뉜다 – 역자 주).

"저는 전천년주의자입니다."

"오! 이건 결코 우연이 아닙니다. 주님께서는 선생님의 자살을 막기 위해 저를 이곳으로 보내 주셨습니다. 저 또한 전천년주의자이거든요.

그런데요 선생님, 마지막으로 한 가지만 더 여쭙겠습니다. 선생님은 휴거의 시점을 언제로 보십니까? 환난 전 휴거를 믿으십니까? 환난 중 휴거를 믿으십니까? 아니면 환난 후 휴거를 믿으십니까?"

"저는 환난 후 휴거를 믿습니다."

"이런! 이단이군요. 뛰어내리세요."

종말론과 관련된 이 우스꽝스러운 이야기를 읽고 크게 한 번 웃었으면 한다. 종말론을 구성하는 여러 요소 간의 미묘한 차이 때문에 때때로 기독교인들 사이에 극단적인 분열이 일어나기도 하고, 사람들의 감정이 격해지기도 한다. 나는 독자들을 설득하여 이 책에 소개된 '열 처녀 비유'에 대한 해석의 모든 세부사항을 믿게 할 생각이 없다. 그런 목적으로 이 책을 쓴 것이 아니기 때문이다.

내가 이 책에 설명해 놓은 종말론에 대한 견해를 갖기까지 대략 60년이 넘는 시간이 걸렸다. 예수님의 재림은 엄연한 사실이다. 그러나 재림의 때까지 장차 어떤 일들이 일어날지, 그 세부사항에 대한 사람들의 의견은 제각각이다. 분명히 말해 두지만, 나는 이처럼 서로 다른 견해를 통합시키려는 생각은 추호도 없다!

다만 내가 확실히 아는 바는 무엇보다 우리가 예수님의 말씀에 집중해야 한다는 것이다. "허리에 띠를 띠고 등불을 켜고 서 있으라!"(눅 12:35) 나는 당신이 등불을 켜고 기다리기를 바라는 마음으로 열 처녀 비유를 이 책의 주제로 삼았다. 또한 하나님과의 친밀한 동행에 도움이 되리라는 소망을 가지고 이 비유를 설명했다. 부디 당신도 '내가 믿는 것'의 임박한 도래에 대비하길 바란다!

　이 책의 집필 목적은 장차 도래할 '한밤의 외침'에 대해 경고하기 위해서이다. 제발 열 처녀 비유에 등장하는 '미련한 처녀들'처럼 되지 말라. 나는 미련한 처녀가 되지 않으려면 어떻게 해야 하는지 이 책에 설명해 놓았다. 일단 '한밤의 외침'이 울리면 미련한 처녀가 슬기로운 처녀로 변화되기는 어렵다. 그때는 이미 늦기 때문이다. 하지만 '지금'은 '그리 늦지' 않았다.

　이 책은 열 처녀 비유(마 25:1-13)에 대한 나의 주해라고 할 수 있다. 예수님의 비유를 해석하는 방법으로는 적어도 두 가지를 꼽을 수 있는데 첫째, 한 가지 교훈을 찾아내어 거기서 멈추는 것이다. 예를 들어 '열 처녀 비유'를 해석할 경우, 해당 내용을 단숨에 살펴보고 '한밤의 외침'을 대비하는 것이 얼마나 중요한지를 이야기하면 된다. 또는 한밤의 외침을 올바로 대비하지 못할 때 어떤 비극적인 최후를 맞을지 경고하면 된다. 그러나 나는 이 비유에 더 많은 교훈이 담겨 있다고 믿는다.

　'씨 뿌리는 자의 비유'도 마찬가지이다. 어떤 사람은 이 비유를 다음과 같이 한두 문장으로 결론지어 버린다. "하나님의 말씀을 듣는다고 해서 모두가 동일한 방법으로 말씀을 깨닫는 것은 아닙니다. 어떤 사람은 말씀을 잘 보존하지만, 어떤 사람은 그렇지 못합니다."

　예수님은 씨 뿌리는 자의 비유를 상세히 설명해 주셨다(마 13:18-23). 또한 '가라지 비유'도 자세하게 설명해 주셨다(마 13:36-43). 나는 '예수님께서 다른 여러 비유들도 이처럼 자세히 설명해 주셨더라면' 하고 아쉬움을 느낄 때가 많다. 열 처녀 비유를 좀 더 자세히 설명해 주셨다면 얼마나 좋았을까! 안타깝게도 그 비유에 대한 주님의 설명은 성경에 나오지 않는다. 그러므로 우리는 최선을 다해 그 비유에 담긴 교훈을 찾아내야 한다. 이것이 비유를 해석하는 두 번째 방법이다.

마태는 마지막 날(마 24장)과 최후의 심판(마 25:31-41)에 대한 예수님의 강화(講話) 사이에 이 비유를 집어넣었다. 따라서 나는 열 처녀 비유를 '종말론적 비유'로 분류한다. 여기서 잠시 '종말론'이라는 단어의 의미를 살펴보자. 쉽게 말해서 종말론은 '마지막 때에 관한 교리'이다. 마지막 때에 일어날 일들과 시대의 표적, 재림, 심판, 천국과 지옥 등에 관한 가르침이 '종말론'을 구성하고 있다.

《예수님의 비유》(The Parables of Jesus)에서 나는 이렇게 말했다. "기계적으로 균형을 맞추기 위해 비유에 등장하는 모든 요소 하나하나에 의미를 부여하지 말라." 이것은 비유 속 미묘한 요소에까지 애써 특별한 의미를 부여하지 말라는 뜻이다. 물론, 비유에 등장하는 요소 중 어떤 것을 가볍게, 또 어떤 것을 좀 더 특별하게 해석해야 할지를 결정하는 것은 결코 쉬운 일이 아니다.

1992년 10월, 나는 런던의 웸블리 컨퍼런스센터에서 제1차 '말씀과 성령' 컨퍼런스를 열었다. 당시 폐회 설교 중에 한 가지 예언적 비유를 전했는데, 그것은 《말씀과 성령》(The Word and the Spirit)에 소개된 내용이기도 하다. '은사주의 이후'라는 제목의 장 안에 게재된 내용을 요약하면 다음과 같다.

나는 오순절운동(또는 은사주의 운동)을 '이스마엘'이라고 부른다. 그리고 장차 '이삭'이 도래할 것이다. 앞으로 일어날 '이삭'은 사도행전 2장에 그려진 오순절 성령강림 사건 이후 성령께서 행하실 가장 큰 사역이 될 것이다.

지금 당신이 손에 들고 있는 이 책은 '말씀과 성령' 컨퍼런스의 폐회 설교를 좀 더 발전시킨 것이며, 최근에 출간된 《거룩한 불》(Holy Fire, 순전한나드)의 마지막 장인 '이삭'의 내용을 확장한 것이기도 하다.

당시 컨퍼런스에서 전했던 설교가 다소 논쟁을 불러일으켰는데, 그것은 전혀 예상하지 못한 일이었다. 은사주의 계열의 몇몇 리더들은 설교에 등장한 이스마엘 비유를 '있는 그대로' 수용했다. 하지만 어떤 이들은 그 비유를 탐탁지 않게 여겼다.

"지금 우리를 이스마엘이라고 하신 겁니까?" 친한 친구가 퉁명스럽게 말했다. 나는 그의 감정이 왜 그토록 상했는지 충분히 이해할 수 있었다. 그는 자신의 인생을 오순절운동(은사주의 운동)에 걸었던 사람이다. 이 부흥운동을 위해 평생 쌓아 온 명성까지 내려놓은 사람들은 확실히 내 설교에 불쾌감을 드러냈다. 더구나 그들은 오순절운동을 통해 6억 명의 회심자를 얻었노라 자부하고 있었기 때문에 더욱 불쾌하게 느껴졌을 것이다(오순절운동의 열매가 그보다 더 많다고 주장하는 사람도 있다).

이스마엘-이삭 비유는 현 세대 가운데 드러난 하나님의 계획을 설명하는 나만의 방법이다. 혹시 이 비유 때문에 마음이 언짢은가? 그렇다고 해도 부디 이 책을 끝까지 읽기 바란다. 끝까지 읽어 보면 적어도 한 가지 유익은 얻을 수 있을 것이다. 그리고 나에게 오순절운동과 은사주의 운동을 비하하려는 의도가 없음을 알게 될 것이다.

나 또한 은사주의 운동에 몸담았던 사람이기 때문에 오순절–은사주의 운동을 비하하지 않는다. 다만 오순절–은사주의 운동이 성령의 궁극적(마지막) 역사가 아님을 말하고 싶을 뿐이다. 이스마엘–이삭 비유를 통해 내가 전하고 싶은 것은 "최고의 것은 아직 오지 않았다!"는 것이다.

내 입장을 잘 알고 있는 오순절운동 지도자 한 명이 최근에 나에게 편지를 보내어 이렇게 말했다. "제 생각입니다만, 우리는 지금 휴거 직전 대부흥의 시대를 살아가고 있습니다. 여기서 말하는 대부흥은 다름 아닌 오순절운동(은사주의 운동)입니다." 현재 우리가 경험하고 있는 것이 '최고의 것'이라는 말이다. 그러니 더 이상 최고의 것이 도래하기를 기다릴 필요가 없다는 뜻인데, 과연 그럴까?

은사주의 계열의 또 다른 지도자 한 사람이 나에게 편지를 보냈다. 그는 앞의 사람과 다른 견해를 갖고 있었다. "저는 오순절(은사주의) 운동에 몸담았지만, '만일 이것이 전부라면, 실망스러울 것이다!' 라고 생각합니다. 저는 은사주의 운동이 이스마엘에 비유되어도 개의치 않습니다. 상처를 받기는커녕, 오히려 그것을 계기로 또 다른 성령의 폭우를 기대하게 되었습니다. 저는 말씀과 성령 모두를 사랑하는 사람이고 싶습니다. 이 둘의 연합보다 더 큰 기쁨은 없기 때문입니다."

여기에 한마디만 덧붙이고 싶은데, 이것은 어디까지나 나의 견해이다. 만일 지금 우리가 경험하고 있는 것이 '전부'이고 '최고의 것'이라면, 교회의 전망은 매우 암담하다. 하지만 나는 최상의 것이 아직 오지 않았다고 믿는다!

나는 이 책에 다음 번 부흥, 곧 이 땅 위에 펼쳐질 위대한 하나님의 역사에 대해 '확신하는 바'를 기록해 두었다. 다시 한 번 말하지만, 이 책은 《거룩한 불》의 마지막 장인 '이삭'의 내용을 확장한 것이다. 때때로 책의 한 주제에 많은 관심을 기울인 결과, 한 권의 책이 완성되기도 한다.

나는 오순절 성령강림 사건 이후 인류 역사상 가장 큰 성령의 운동이 이제 곧 시작될 것이라고 믿고 있다. 따라서 우리는 말씀과 성령의 연합에 대해 더 많은 것을 이야기해야 한다.

이 책의 1장에서 나는 하나님께서 이삭의 미래에 대해 아브라함에게 전하신 약속이 이스마엘에 대한 약속보다 훨씬 더 크다는 것을 상세히 설명하였다. 하나님께서는 오순절운동과 은사주의 운동을 통해 우리에게 큰 복을 베풀어 주셨다. 하지만 앞으로 일어날 성령의 역사를 통해 주실 복은 무한히 더 클 것이다. 그 부흥 가운데 말씀과 성령이 연합할 것이기 때문이다! 나는 '말씀'과 '성령'의 연합이 열 처녀 비유의 해석에 있어서 매우 중요한 부분을 차지한다고 생각한다.

한밤의 외침은 그야말로 한밤중에 들릴 것이다. 한밤중은 교회가 깊은 잠에 빠질 것을 은유적으로 표현한 것이다.

이 책을 나의 첫 번째 멘토이신 빌리 T. 볼 목사님께 헌정한다. 2015년 12월, 그분의 장례식에서 조사(弔詞)를 전할 수 있었던 것은 나에게 큰 영광이었다. 볼 목사님은 내가 열 처녀 비유를 해석할 때 가장 많이 도와주신 분이다. 이 책의 상당 부분은 그분에게서 배운 내용이다.

적지 않은 조언과 값진 비판을 전해 준 친구들도 많다. 그들 모두에게 고마움을 전하고 싶지만, 이름을 일일이 언급할 수 없음을 양해해 주기 바란다. 나는 그들의 조언과 비판을 수렴하기 위해 최선을 다했다.

이 책을 집필하는 동안 가장 큰 격려를 전해 준 편집자 데비 마리에게 따뜻한 감사의 마음을 전한다. 처음 요청받은 원고 마감기일은 2년 전이었는데, 원고가 완성될 때까지 오래 참고 기다려 준 것에 감사드린다. 또 나의 글을 다듬고 편집해 주어 많은 도움이 되었다.

마지막으로 마음속 가장 깊은 곳에서 우러나오는 감사를 아내 루이스에게 전한다. 가장 좋은 벗이자 훌륭한 비평가인 루이스는 이 책을 집필하도록 끊임없이 격려해 주었는데, 그러한 그녀의 사랑과 정성을 늘 감사하게 생각한다.

이스마엘과 이삭의 비교에 관하여는 이렇게 말하고 싶다. "당신은 아직 아무것도 보지 못했다"는 속담처럼, 시인 로버트 브라우닝의 말처럼 진정 "최고의 것은 아직 오지 않았다." 나 또한 이것을 확신한다.

 서론

1960년대에 비틀즈는 유명세를 등에 업고 이렇게 자랑했다. "우리는 예수님보다 인기가 많습니다!" 안타깝지만, 이것은 사실이다. 그런데 더욱 안타까운 것은 그때보다 현재 상황이 더 악화되었다는 것이다.

나는 성경이 증언하는 '하나님'을 온 세상에 알리고 싶다. 우리는 주 기도문을 외울 때마다 "하늘에 계신 우리 아버지여, 이름이 거룩히 여김을 받으시오며"라고 간구한다. 그렇게 우리는 온 세상 가운데 하나님의 이름이 높아지고 존중받기를 기도한다. 그리고 실제로 하나님께서 온 세상 가운데 '유명'해지실 날이 다가오고 있다. 그날은 '곧' 올 것이다. 구약의 선지자들은 그날을 가리켜 '여호와의 날'이라고 말했다(욜 2:31).

초림하신 예수님의 지상 사역에 앞서 세례(침례) 요한이 나타나 그 길을 예비하였다. 마찬가지로 예수님의 재림에 앞서 '한밤의 외침'이 등장하여 그 길을 예비할 것이다. 신약 시대의 문이 열리고 다시금 하나님의 말씀이 들리기 시작했을 때, 맨 처음 사람들의 귀를 울렸던 메시지는 이것이다. "하나님의 진노가 임박했으니 피하라!"(마 3:7) 이 외침은 요단강부터 예루살렘에 이르는 유대교 공동체를 송두리째 흔들어 놓았다. 이와 마찬가지로 '한밤의 외침'은 마지막 때의 교회를 향해, 아니 온 세상을 향해 경종을 울리며 사람들을 뒤흔들 것이다.

한밤의 외침은 예수님의 임박한 재림을 천명한다. 깊은 잠에 빠진 교회는 알람소리에 정신을 차리고 서둘러 일어날 것이다. 그 결과, 교회 안에서뿐만 아니라 교회 밖의 세상에서도 하나님의 이름이 높아질 것이다. 그렇게 하나님을 향한 경외심이 회복될 것이다.

이는 성령께서 유례없는 능력으로 임재하신 결과이기도 하다. 하나님 우편에 앉아 계신 예수님의 진두지휘 아래, 성령께서 '영원토록 증폭되는' 능력을 대동하여 우리 가운데 임하실 것이다. 이에 말씀과 성령의 지위는 초대교회 시대의 수준으로 회복된다. 이처럼 주님의 재림을 앞둔 상황에서 그리스도의 신부는 자신을 단장한다. 얼마 지나지 않아 이 모든 일이 일어날 것이다. 그날이 '곧' 올 것이다.

>> 주님의 날

이 책에서 당신은 '한밤의 외침'이라는 표현을 자주 보게 될 것이다. 나는 하나님의 스케줄상 다음 단계에 일어날 큰 사건을 가리켜 '한밤의 외침'이라고 말한다.

'한밤의 외침'은 '주의 날'로 불리는 한 시대를 열어 준다. 그리고 그 시대는 예수님의 지상 재림과 함께 최절정에 이른다. 그러므로 '한밤의 외침'은 예수님의 재림 전에 울려 퍼질 것이다. 예수님이 재림하실 날과 그 시각은 오직 하나님만 아신다(마 24:36). '한밤의 외침'도 마찬가지이다. 그 소리가 울려 퍼질 시간은 오직 하나님만 알고 계신다.

'한밤의 외침'은 역사상 전례 없는 교회의 대각성을 촉발할 것이다. 그리고 그 여파는 교회 밖으로, 온 세상으로 빠르게 퍼져 나갈 것이다. 그 결과 교회 안의 성도들은 물론 교회 밖에 있는 사람들도 결국 여호와를 두려워하게 될 것이다. 이 '외침'으로 인한 여파는 2001년 9월 11일에 일어났던 참사보다도 훨씬 크고 넓을 것이다.

이 외침은 '한밤중'에 울려 퍼진다. 그래서 '한밤의 외침'이다. 한밤중은 아무도 예상하지 못한 때를 은유적으로 표현한 것이다. 세상은 고사하고 교회마저 깊은 잠에 빠진다. 그러므로 아무도 예상하지 못한 때에 '한밤의 외침'이 울려 퍼질 것이다. 언제라도 '그날'이 될 수 있다. 나는 내 생애에 그날을 보게 되리라 기대한다. 나는 매일 아침 '오늘이 그날의 시작이기를!' 하고 기대한다.

〉〉 여러 단계로 구성된 '마지막 때'의 사건들

이야기를 진행하기 전에 이 점부터 명확히 해 두어야겠다. 나는 하나님의 달력에 표기된 다음의 두 사건, '한밤의 외침'과 '예수님의 재림'이 각각 두 단계에 걸쳐 일어날 것으로 믿는다.

이해를 돕기 위해 아래에 간단하게 표로 정리해 두었으니 참고하기 바란다.

	한밤의 외침	재림
1단계	교회를 향한 경고음	대부흥(이삭), 예수님의 영적 도래
2단계	대부흥(이삭), 예수님의 영적 도래	최후의 심판, 예수님의 재림

위의 표를 보면 알 수 있듯이, '한밤의 외침' 2단계와 재림 1단계가 동일하다. 그리고 한밤의 외침 1단계인 교회를 향한 경고음은 2단계의 대부흥으로 이어진다. 대부흥의 때에 신부는 신랑을 맞이하기 위해 스스로를 단장하게 된다. 그런데 교회를 향한 경고음이 어느 시점에 대부흥(예수님의 영적 도래)으로 전환될지는 예견하기가 어렵다.

세례 요한은 예수님의 사역이 역사의 무대에 오르기 전에 이스라엘을 향해 경고음을 울렸다. 그리고 얼마 지나지 않아 예수님의 사역이 시작되었다. 이때 세례 요한은 조용히 무대 아래로 내려왔다. 그는 다음과 같이 말했다. "그는 흥하여야 하겠고 나는 쇠하여야 하리라"(요 3:30).

이와 동일한 방식으로 교회를 향한 경고음은 수차례 성숙의 과정을 반복하다가 결국 견고한 부흥으로 자리 잡을 것이다. 대부흥은 교회를 향한 경고음이 울린 후 얼마 지나지 않아 일어날 것이다. 이때 궁극적으로 말씀과 성령의 연합이 성취되고 교회 역사상 가장 큰 규모로 성령의 폭우가 쏟아질 것이다. 이 부흥의 지휘관은 하나님 우편에 앉아 계신 예수 그리스도이시다.

예수님의 재림 또한 두 단계로 이루어질 것이다. 재림의 1단계는 예수님의 영적 도래이다. 예수님의 영적 도래는 예수님께서 성부 하나님의 우편에 앉아 계시는 동안 성령께서 큰 권능으로 교회 위에 임하시는 사건이다. 그 결과, 원수는 예수님의 발아래에 놓이게 된다(원수가 예수님의 발판이 되는 것이다). "네 원수들로 네 발판이 되게 하기까지 너는 내 오른쪽에 앉아 있으라"(시 110:1). 이때 그리스도의 신부는 신랑을 맞이하기 위해 스스로를 단장한다. 요한계시록 19장 7절에 언급된 것처럼 말이다. "어린 양의 혼인 기약이 이르렀고 그의 아내가 자신을 준비하였으므로"(계 19:7).

재림의 2단계는 말 그대로 예수님의 재림이다. 이때 비로소 예수님이 하나님의 보좌 우편을 떠나신다. 예수님은 원수를 발판으로 만드신 보좌를 떠나 최후의 심판(백보좌 심판)을 준비하신다. 즉 원수를 자신의 발판으로 삼으실 때까지 예수님은 하나님의 보좌 우편을 떠나지 않으신다.

나는 이 책에서 '한밤의 외침'으로 포문을 열 '주의 날'에 대해 이야기했다. 1부에서는 이삭과 이스마엘로 대변되는 나의 예언적 비유를 설명했고, 이 책의 핵심인 2부에서는 '열 처녀 비유'(마 25:1-13)에 대한 해석이 주를 이룬다. 2부의 내용은 현재 교회가 처한 상황 및 '한밤의 외침'에 대한 교회의 준비태세와 깊은 연관이 있다. 3부에서는 온 세상을 심판하기 위한 예수님의 재림에 대해 신약성경이 어떻게 가르치고 있는지 소개하였다.

오늘날 크리스천들은 재림에 대한 자신의 믿음을 그리 진지하게 고찰하는 것 같지 않다. 그들 대다수는 재림에 관한 한두 편의 설교를 듣고 마치 그것이 전부인 양 생각한다. 어쩌면 《휴거》(Left Behind)라는 소설과 동명의 영화 내용을 그대로 믿고 있는지도 모른다. 나의 경우도 크게 다르지 않았으니 말이다. 만일 내가 종말론의 근간을 이루는 요소들을 깊이 살펴보지 않았다면, 이 책을 쓸 수 없었을 것이다. 그 모든 요소들 중 핵심은 다음과 같다. "예수님은 원수를 자신의 발판으로 삼기까지 하나님의 우편을 떠나지 않으실 것이다"(시 110:1, 행 3:21).

〉〉 한밤의 외침에 대한 환상

1956년에 나는 한 가지 환상을 보았다. 그것은 예수님의 재림 전에 전 세계적으로 대각성이 일어난다는 내용이었는데, 그것이 사고의 큰 전환점이 되었다. 나는 60여 년이 흐른 지금도 마태복음 25장 6절의 '외침'이 예수님의 재림에 선행하는 전 세계적 대각성이라고 생각한다.

그러나 그 환상을 보기 전까지는 생각이 달랐다. 나 또한 교계에서 인기가 있던 종말론을 따르고 있었다. 그것은 "마태복음 25장 6절의 '한밤'은 하나님의 달력에 표기된 '밤 12시'(자정) 즉 역사의 마지막 때로, 바로 그때 재림이 일어난다"는 것이었다. 하지만 헬라어 원어로 살펴보니, '한밤'은 '자정'(시간의 끝)이 아니었다. 원문의 헬라어 '메세스 데 눅토스'는 '밤 중간에'라는 뜻이다.

밤중에 소리가 나되 보라 신랑이로다 맞으러 나오라 하매 (마 25:6)

몇몇 친구들이 나에게 다음과 같이 경고하였다. "마태복음 25장 6절에 대한 자네의 견해는 선례가 없는 성경 주해라네." 나는 당시만 해도 "그런가?" 하며 다소 염려하였다. 그러나 그 친구들이 틀렸다.

기독교 역사상 나와 동일한 견해를 표했던 사람들이 있었다. 그중 한 사람을 꼽자면, 크게 존경받던 성경교사 헨리 알포드가 있다. 그가 주장한 견해는 이 책의 중심부를 이루고 있다. 참고로 알포드는 19세기에 가장 존경받던 헬라어 주해 학자로, 찰스 H. 스펄전의 총애를 받기도 했다.

헨리 알포드는 이렇게 말했다. "마태복음 25장 6절의 경고는 신랑이 오기 전에 울려 퍼진다."[1] 여기서 그는 '전에'를 강조하였는데, 이것은 내가 이 구절을 주해하면서 강조한 핵심 포인트이다.

물론 이 책에서 언급하는 모든 내용을 헨리 알포드가 그대로 이야기했다는 뜻은 아니다. 사실 헨리 알포드 외에도 이러한 견해('한밤'이 예수님의 재림이 아님)를 피력한 사람은 많다. 그들 모두를 일일이 언급할 필요는 없으나 '한밤의 외침'과 '신랑의 도래' 사이에 시간 간격이 있다는 나의 주장이 교회 역사상 결코 새로운 개념이 아니라는 것은 분명하다.

어떤 사람은 이렇게 물을 것이다. "그렇다면, '한밤의 외침'과 예수님의 재림 사이에는 어느 정도의 간격이 있다는 말씀입니까?" 그것은 나도 모른다. 다만 그 두 사건 사이에 수많은 일들이 일어날 가능성만 인지할 뿐이다. 하나님은 아주 짧은 시간에 많은 일들을 행하실 수 있는 분이다. 그리고 그 결과는 '옛 예언의 성취'일 것이다. "물들이 바다를 덮는 것처럼 여호와의 영광을 아는 지식이 온 세상을 덮을 것이다"(합 2:14).

그동안 많은 사람들이 나의 견해가 어떤 특정 종말론에 부합하는지 물어보곤 했다. 이를테면 전천년적 입장인지, 후천년적 입장인지, 아니면 무천년적 입장(계 20:2-7의 천년왕국을 문자적으로 봐서는 안 된다는 견해로 수많은 개혁주의적 복음주의자들이 이 입장을 취하고 있다)인지를 물어온 것이다. 그것은 나도 모른다. 나는 다만 그 옛날 오순절 성령강림 사건 이후 가장 큰 성령의 폭우가 이제 곧 내릴 것임을 믿을 뿐이다. 그리고 성령의 폭우는 다음의 결과를 낳을 것이다.

- 초대교회 이후 예수 그리스도의 복음이 가장 명확하게 선포되고 가르쳐질 것이다.
- 초대교회 이후 사라진 복음에 대동되었던 '표적과 이적과 기사'가 다시 나타날 것이다.

지금은 작고한 존 폴 잭슨이 수년 전에 어떤 환상을 보고 나에게 그것에 대해 말해 주었다. 그는 환상 중에 많은 것을 보았지만, 가장 힘주어 말하고자 한 내용은 이것이었다. "이제 하나님께서 다음 단계의 역사를 이루실 걸세. 그런데 그것을 풀어낼 열쇠는 로마서, 특히 로마서 4장이라네!"

쉽게 말해서, 개혁주의자들이 가르쳤던 '오직 믿음으로만 의롭게 된다'는 교리가 다음에 일어날 성령의 역사를 통해 회복된다는 것이다. 또한 로마서 4장에는 이신칭의뿐 아니라 우리의 유업에 대한 가르침이 기록되어 있는데, 성령의 역사를 통해 그 가르침 또한 명확해질 것이다. 만일 존 폴 잭슨이 본 환상이 성령께서 보여 주신 것이 확실하다면, 이제 곧 성도들의 마음속에 로마서를 향한 사랑이 회복될 것이다. 이것은 생각만으로도 감격스러운 일이다!

>> **기어 변동**

이 책을 집필하기 전, 나는 이 메시지를 세계 여러 지역에서 20회 이상 전했다. 설교할 때마다 나는 이 가르침이 누군가에게는 생소할 것이기 때문에 무조건 믿으라고 강요할 것이 아니라 "기도하는 마음으로 이 견해를 한 번 검토해 보라"고 요청하는 선에서 멈추려고 노력했다.

부디 그들이 이 견해를 이해할 수 있기를 바란다. 나중에 알게 된 사실이지만, 이 가르침을 받아들이기 어려워하는 사람이 많았다. 그도 그럴 것이 이 가르침을 받아들이려면 생각의 기어를 크게 변동해야 하기 때문이다.

한 가지 슬픈 소식을 전하자면, 전 세계적 대각성(대부흥)은 극심한 환난을 대동할 것이다. 앞으로 수많은 곳에서 상상조차 하기 힘든 박해가 일어날 것이다. 세례 요한에게 일어났던 일을 잊지 말라(막 6:14-29). 스데반에게 일어난 일(행 7:54-60)과 사도 요한의 형제 야고보에게 일어난 일(행 12:2)도 잊지 말라. 앞으로 이들처럼 믿음을 지키려다가 순교하는 사람도 있을 것이다.

최근 우리는 유례없는 강력한 악의 활동을 목격하고 있다. 이러한 일들이 중동지역에 국한될 것이라는 생각을 버려라. 오늘날 영국과 유럽과 미국 등 크리스천이 살고 있는 거의 모든 국가, 거의 모든 지역에 악의 세력이 손을 뻗고 있다. 내가 이 책을 집필하는 중에도 프랑스 파리와 벨기에 브뤼셀에서 끔찍한 테러가 발생했다.

장차 교회는 무시무시한 박해를 당하게 될 것이다. 그런 일이 일어나지 않기를 바라지만, 현재 이라크나 시리아 등지에서 벌어지고 있는 기독교 박해는 점차 그 지경을 넓혀 가고 있다. 크리스천이 사는 곳이면 어디든지 박해와 환난과 죽음의 위협이 끊이지 않을 것이다. 그러한 때가 점점 다가오고 있다.

사람들은 이렇게 묻는다. "그럼 휴거는요? 환난 전에 크리스천들은 공중으로 들려 올라가잖아요? 그런데 왜 환난을 겪어야 한다고 하시나요?" 미안하지만, 나는 이것이 타당하지 않은 질문이라고 생각한다. 이 질문에 한때 인기 있던 종말론을 정당화하려는 의도가 배어 있기 때문이다.

그 가르침의 골자는 교회가 대환난 전에 휴거될 것이기 때문에 끔찍한 고통을 겪지 않는다는 것이다. 이것은 소설이자 영화로도 제작된 '휴거'에 고스란히 반영되어 있다. 나 역시 어릴 때부터 이러한 가르침을 받아 왔다. 그래서 나는 '환난 전 휴거' 교리의 전말을 훤히 꿰고 있다. 그러나 지금은 이 가르침이 잘못된 것임을 알고 있다.

물론, 하룻밤에 견해가 바뀐 것은 아니다. 오랜 기간에 걸쳐 환난 전 휴거 이론이 성경적 근거가 희박하다는 사실을 깨닫게 되었다. 과거에 나는《스코필드 관주성경》(Scofield Reference Bible)에 제시된 세대주의적 종말론 개요 차트에 크게 영향을 받았다. 이것은 내가 이 책의 3장을 쓰게 된 여러 가지 이유 중 하나이다.

앞으로 교회는 끔찍한 환난을 겪게 될 것이다! 만일 '모든' 교회가 환난을 겪는 것이 물리적으로 불가능하다면, 적어도 일부 지역에서는 교회가 환난을 당하게 될 것이다. 사실 이 땅의 일부 지역에서는 이미 교회의 환난이 시작되었다(지금도 박해를 당하는 교회가 많다).

앞으로 이야기하겠지만, 교회가 공중으로 들려 올라가서 구름 가운데 계신 주님을 만나는 것은 예수님께서 재림하시고 최후의 심판을 위해 재판관석에 오르실 때이다. 다시 말해서 휴거와 예수님의 재림은 동시적 사건이다. 교회의 휴거 후에 대환난이 일어나고, 그 후 예수님의 재림이 이루어지는 것이 아니다.

그동안 교회는 '환난 전 휴거'라는 달콤한 가르침 때문에 깊은 잠에 빠져 있었다. '환난 전 휴거' 교리는 마치 '수면제'와 같다. 그러나 현재를 기준으로 하나님의 달력에 표기된 그 다음 사건은 '휴거'가 아니라 '한밤의 외침'과 '대환난'이다.

'한밤의 외침'이 울려 퍼지면 교회는 크게 각성할 것이다(이때 크나큰 환난이 일어날 것이다). 수많은 사람들이 회심하여 교회로 몰려들고, 곳곳에서 기적과 표적이 일어날 것이다. 미국과 영국 등지에서 교회 근처에는 얼씬도 하지 않던 수십만 명의 사람들이 교회로 몰려들어 구원을 받고, 하룻밤에 수백만의 무슬림들이 회심할 것이다. 이스라엘의 영안을 가리고 있던 가리개가 풀어져서 수백만의 이스라엘 사람들이 나사렛 예수를 참된 메시아로 인정하게 될 것이다.

한마디로 이것은 유사 이래 가장 큰 규모의 '혼인잔치'이다. 그야말로 오순절 성령강림 사건 이후 가장 거대한 성령의 역사인 것이다! 이것이 마지막 부흥이다. 하지만 모든 사람이 구원받는 것은 아니다. 모두가 예수님을 구세주로 인정하는 것은 아니다. 오순절 성령강림 이래 이 땅 위에 계속된 수많은 부흥운동 중 '모두가 구원받는' 사건은 단 한 번도 없었다. 마지막 부흥도 마찬가지이다.

2001년 9월 11일에 세상은 너무나 끔찍한 사건을 목격했다. 그 사건 후 처음으로 맞은 주일 아침에 나는 웨스트민스터채플에서 '세상이 바뀐 날'이라는 제목으로 설교했다. 같은 달에 동일한 제목의 책을 출간하였는데, 거기에 이렇게 기록하였다. "상황은 점점 좋아질 것이고, 또 점점 나빠질 것이다." 점점 좋아진다는 것은 교회 안에 그동안 감춰졌던 하나님의 영광이 드러날 것이기 때문이다. 그리고 점점 나빠진다는 것은 이 세상 사람들의 계속되는 죄악 때문이다.

어떤 사람은 9·11 사태를 '세상이 바뀐 날'로 단언하는 것에 반대하며 '때 이른 평가'라고 말했다. 하지만 9월 11일에 세상은 바뀌었다. 지금은 어느 누구도 이 사실에 반박하지 않는다. 오늘날 중동에서 종교의 이름으로 자행되는 수많은 테러 및 기하급수적으로 불어나는 폭력사태의 뿌리는 9·11이다. 일단의 테러리스트들이 여객기를 납치하여 뉴욕의 쌍둥이 빌딩과 국방성 건물로 돌진하고 또 펜실베이니아의 평원에 추락시켜 3천 명 이상의 사망자를 냈던 9·11 사태가 그 뿌리이다. 이처럼 9·11 사태는 세상을 바꿔 버렸다. 그러나 장차 도래할 '한밤의 외침'(마 25:26)은 그보다 훨씬 더 큰 여파로 이 세상을 바꿔 놓을 것이다.

기쁜 소식은 교회 역사상 가장 큰 성령의 역사가 이제 곧 일어난다는 것이다. 앞으로 과거의 어느 때에 목격된 교회의 각성과 부흥운동보다 훨씬 더 드라마틱한 사건이 전개될 것이다. 그렇다. '한밤의 외침'이 온 세상에 퍼뜨릴 충격은 지금까지 이 땅에 일어났던 어떤 사건보다 훨씬 더 클 것이다.

그동안 교회 안에서는 말씀과 성령이 (굳이 말하자면) '조용한 이혼' 관계에 있었다. 부부가 이혼할 경우, 자녀는 부모 중 어느 한쪽을 선택하여 함께 살게 된다. 말씀과 성령이 이혼한 경우도 마찬가지이다. 당신은 '말씀'이든, '성령'이든 어느 한쪽 편을 선택했을 것이다.

말씀 쪽에 서 있는 사람들은 성도들에게 전달된 믿음, 견고한 가르침, 말씀 강해, 재발견된 '이신칭의'로의 회귀, 하나님의 주권 등(마틴 루터, 존 칼빈, 조나단 에드워즈 등이 가르친 내용들)을 끈질기게 강조한다. 이런 것을 강조하는 것이 잘못인가? 그렇지 않다! 지극히 옳다.

성령 쪽에 서 있는 사람들은 우리가 사도행전으로 돌아가기 전에는 하나님의 이름에 담긴 영광이 회복되지 않을 것이라고 믿는다. 성령의 역사로 표적과 이적과 기사가 회복되고 기도모임의 결과 땅이 흔들리는 사건이 재개되어야 하나님의 영광이 회복될 것이라고 말한다. 사도행전이 기록된 시대에는 베드로의 그림자를 밟기만 해도 사람들의 병이 치유되었고, 성령님께 거짓말한 사람이 그 자리에서 죽었다. 이런 것을 강조하는 일이 잘못인가? 그렇지 않다! 지극히 옳다.

문제는 세상의 거의 모든 교회가 '이것 아니면 저것'이라는 입장을 취하고 있다는 것이다. 사도행전 2장에서처럼 말씀과 성령의 연합이 최고조에 이르면 대폭발이 일어날 것이다. 마태복음 25장 6절의 '한밤의 외침'이 울려 퍼지면, 사도행전에 소개된 것처럼 말씀과 성령의 연합이 최고조(궁극적 연합)에 이를 것이다. 즉, 예수 그리스도께서 재림하시기 전에 복음 전파(말씀)에 대동되었던 참된 사도적 능력(성령)이 교회 안에 회복된다는 뜻이다.

이 책을 집필한 목적은 최후의 경고음(한밤의 외침)이 울리기 전에 작은 경고음을 울려 독자들에게 경각심을 일으키는 것이다. 앞으로 살펴보겠지만, 미련한 처녀들은 '한밤의 외침'이 울려 퍼진 후에야 잘못을 깨닫고 뉘우친다. 하지만 그때는 너무 늦다! 그러나 지금은 '아직 늦지' 않았다.

1부

Prepare Your Heart for the Midnight Cry

예언적 비유

이 책은 사도행전의 오순절 성령강림 사건 이후 역사상 그 어떤 부흥운동보다 탁월하고 위대한 성령의 역사가 '장차' 도래할 것이라는 사실에 근거하고 있다. 그러므로 1906년에 시작된 오순절운동이나 1960년대에 일었던 은사주의 운동 등, 지난 20세기에 우리가 목격한 부흥운동은 모두 '이스마엘'이다. 이삭은 아직 오지 않았다. 그것은 앞으로 올 것이다!

1장 이스마엘

그 이름을 이스마엘이라 하라 (창 16:11)

아브라함이 이에 하나님께 아뢰되 이스마엘이나 하나님 앞에 살기를 원하나이다 (창 17:18)

    '이스마엘'은 내가 오순절운동(은사주의 운동)에 붙인 이름이다. 반면 '이삭'은 장차 이 땅에 일어날 다음번 하나님의 역사에 붙인 이름이다.

    이 장의 집필 목적은 첫째, 구약에 등장하는 이스마엘의 성경적 배경을 간략히 설명하고 둘째, 오순절운동과 은사주의 운동이 하나님의 전략 속에서 매우 중요한 위치에 있다는 사실을 보여 주려는 것이다. 이 두 가지 부흥운동은 교회 역사상 가장 크게 일어날 성령의 역사의 전조(前兆)이다.

물론 수많은 오순절주의자들과 은사주의자들은 그들의 부흥운동이 마지막 때 하나님께서 주신 최후의 은혜라고 믿는다. 아브라함이 이스마엘을 '약속된' 아들로 받아들이고 진심으로 그렇게 믿었던 것처럼, 오순절주의자들과 은사주의자들 역시 자신들의 부흥운동을 재림 전 하나님의 마지막 계획이라고 확고하게 믿고 있다.

그런데 아브라함은 큰 충격을 받았다. 이스마엘이 하나님께서 약속하신 아들이 아니었기 때문이다! 그는 이 사실을 알고 크게 실망했다. 그러나 결국에는 그 사실을 묵묵히 받아들였다. 왜냐하면 장차 이삭이 도래할 것이기 때문이다.

아마도 이 비유에 상처 입을 오순절주의자들과 은사주의자들이 있을 것이다. 나는 그들의 심정을 충분히 이해한다. 이 책의 후반부에서 이스마엘이 어떤 지위에 있는지를 설명할 것인데, 그 내용에 그들의 마음이 누그러질 것이라 기대한다. 하나님께서 행하시는 역사의 일부분을 담당하는 것만으로도 우리에게는 큰 영광이다. 그것은 참으로 흥분되는 일이다. 그 현장에 서 있는 사람들이 '이보다 더 큰 하나님의 역사는 없을 거야!'라고 단정하며 기뻐하는 것은 지극히 자연스러운 일이다.

우리가 잘 아는 바와 같이 오순절운동과 은사주의 운동은 크게 부흥했다. 그 운동의 기하급수적인 성장세에 관련자들은 "지금 우리는 예수님의 재림 전, 하나님이 행하시는 마지막 역사의 현장에 서 있다"고 말했다. 그러므로 무언가 더 큰 것이 도래할 것이라는 말에 그들의 감정이 상하고 또 실망감이 찾아드는 것은 지극히 자연스러운 일이다.

이것이 바로 '이삭'의 출생 예고를 들은 아브라함의 반응이었다. 이스마엘을 낳은 그는 산 정상에 올라 기뻐하고 있었다. 그런데 다시 산 아래로 내려와 하나님의 뜻을 받아들이자니, 부끄럽기까지 했다. 하나님의 계획이 우리의 소망과 꿈에 들어맞지 않을 때는 더 그렇다.

영국에 있는 한 은사주의 운동 리더에게 다음과 같이 물은 적이 있는데, 그의 반응이 매우 인상적이었다.

"은사주의 운동은 이스마엘입니까? 아니면 이삭입니까?"

그가 대답했다. "이삭이지요."

나는 그에게 다시 물었다. "만일 제가 은사주의 운동을 '이스마엘'이라고 한다면 어쩌시겠습니까?"

"제발 그러지 않으셨으면 합니다." 이것이 그의 대답이었다.

그의 반응은 이스마엘이 약속의 아들이기를 바랐던 아브라함과 매우 비슷하다. 이러한 아브라함에게 "장차 이삭이 태어날 것"이라는 말은 그리 반가운 소식이 아니었다. 적어도 처음에는 그랬다. 하지만 결국 아브라함은 이삭을 받아들였다. 마찬가지로 한때 화를 내던 수많은 은사주의자들이 지금은 나의 비유를 긍정적인 시각으로 바라보고 있다. 그들은 이렇게 말한다. "우리는 당신의 견해가 맞기를 바랍니다. 지금 우리가 경험하고 있는 것보다 더 나은 것이 도래하기를 원해요."

이스마엘은 아브라함의 첫째 아들이다. 그의 이름 '이스마엘'은 하나님이 지어 주신 이름이었다(창 16:11). 그런데 그의 생물학적 어머니는 아브라함의 본처인 사라가 아니라 그녀의 몸종 하갈이었다. 하갈이 아브라함에게서 이스마엘을 낳은 것이다.

어느 날 하나님은 아브라함에게 이렇게 약속하셨다. "네 몸에서 아들이 태어날 것이다." 하나님의 약속을 붙잡았던 아브라함은 그의 아내 사라가 약속의 아들을 낳아 줄 것이라고 생각했다. 하지만 시간이 지나도 약속이 이뤄질 기미는 보이지 않았다. 결국 사라는 낙심했다. 아마 아브라함도 마찬가지였을 것이다. 사라는 더 이상 자신이 아이를 가지게 될 것이라고 기대할 수 없었다. 물론 사라는 하나님께서 아브라함에게 "네 몸에서 아들이 태어날 것이다"라고 약속하신 말씀을 진심으로 믿었을 것이다. 남편에게 주신 하나님의 약속을 철저히 믿었기 때문에 사라는 결국 아브라함을 설득하여 하갈과 동침하게 했다.

이러한 고민과 노력 끝에 마침내 아브라함의 몸에서 사내아이가 태어났다. 하지만 그 아이가 하나님께서 계획하신 아이가 아니라면, 어떻게 되는 것인가? 어쨌든 사라의 제안으로 이스마엘이 태어났다. 이후 13년 동안 아브라함은 이스마엘을 바라보며 '이 아이가 하나님의 마음속에 있던 약속의 아들이다'라고 생각했다.

잠시 거슬러 올라가서 창세기 15장으로 가 보자. 여기 부유하지만, 다소 침울한 아브라함이 등장한다. 아브라함과 사라는 자녀 없이 오랜 세월을 지냈다. 부부는 나이가 많았다. 그러던 어느 날 하나님께서 아브라함을 찾아오셨다. 이때, 아브라함은 하나님께 많은 말로 아뢴다. "하나님께서 저에게 자녀를 주지 않으셨습니다. 그러니 저의 집을 관리하는 몸종이 저의 유업을 물려받게 될 것입니다."

하지만 그의 말은 틀렸다. 하나님께서 아브라함에게 이렇게 대답하셨다. "네 몸에서 아들이 태어날 것이고, 그가 네 상속자가 될 것이다." 이어서 하나님께서 다음과 같이 말씀하셨다. "하늘의 별을 세어 보아라.

능히 셀 수 있겠느냐? 네 후손도 그와 같으리라."

물론 아브라함은 이렇게 대답할 수도 있었다. "에이, 농담하지 마세요. 하나님, 저를 놀리시는 거죠? 지금 제가 80대이고, 사라는 70대에 접어들었습니다. 그런데 제가 아들을 낳는다고요? 저더러 그 말씀을 믿으라는 겁니까?"

우리들 대다수는 이처럼 반응했을 것이다. 그러나 아브라함은 달랐다. 그는 정말로 하나님을 믿었다! 아브라함이 하나님을 믿었기 때문에 하나님께서는 그의 믿음을 '의'로 여기셨다(창 15:2-6).

바울은 이 이야기를 '이신칭의' 교리의 중심 예화로 사용하였다(롬 4:1-5, 갈 3:6-9). 예수님께서는 우리의 죄를 대속하기 위해 십자가를 지심으로 우리에게 영생을 주셨다. 그런데 이 사실을 믿는 것은 아브라함이 열국의 아버지가 된다는 말씀을 믿는 것만큼이나 어려운 일이다.

하지만 이 복음을 믿는 사람들에게는 죄 사함과 천국이 약속으로 주어진다! 바꿔 말해서, 복음을 믿는 사람에게 그리스도의 '의'가 전가된다. 마치 우리 스스로 '의'를 생산해 낸 것처럼, 우리가 '의'의 실소유주가 된다는 뜻이다. '전가된다'(imputed)는 말은 '~의 소유'가 된다는 뜻이다. 이 사실은 매우 중요하다. 엄밀히 말해서 그 의는 우리가 만들어 낸 것이 아니라 우리에게 전가된 것이지만, 하나님께서는 우리를 의롭게 여기신다!

그러므로 믿음이 중요하다. 우리의 믿음이 우리의 의를 규정하기 때문이다. 이것이 로마서 4장 전반에 기록된 내용이다. 이 모든 것은 하나님께서 아브라함에게 주신 약속(창 15:6)에서 시작되었다. 아브라함은 하나님을 믿었고, 그의 믿음은 의로 여겨졌다. 이것이 예수 그리스도의 복음을 이루는 근간이다.

이처럼 아브라함은 하나님의 약속을 믿었지만, 그 아내 사라에게선 임신의 기미조차 보이지 않았다. 그렇게 시간이 흘렀다. 그러던 어느 날 사라가 아브라함에게 자신의 몸종 하갈과 동침할 것을 제안했다. 당시 사라의 나이는 어림잡아 75세 정도였을 것이고, 아브라함은 85세 정도 되었을 것이다. 하갈과의 동침은 당시 윤리기준으로 볼 때 결코 부도덕한 일이 아니었다. 하갈과의 동침을 제시한 사라의 논리는 다음과 같다. "내가 혹 그로 말미암아 자녀를 얻을까 하노라"(창 16:2).

아브라함은 아내의 제안을 수용했고, 그렇게 해서 이스마엘이 태어났다. 이후 13년간 이스마엘은 아브라함에게 하나님의 계획에 따른 '약속의 아들'이었다. 아브라함은 그를 하나님의 약속으로 받아들이고 의심하지 않았다. 충분히 이해할 만하지 않은가? 어쨌든 이스마엘은 아브라함의 몸에서 태어난 아들이니 말이다.

오순절 및 은사주의자들은 오랫동안 그들의 부흥을 하나님께서 계획해 두신 재림 전 마지막 약속이라고 믿어 왔다. 재림 전 '마지막 약속'으로 대변되는 오순절 부흥은 '마지막 때의 사역,' '늦은 비 부흥,' '마지막 날 교회의 영광' 등 다양한 타이틀로 불렸다. 그것을 어떻게 부르든, 그들은 확신에 찬 어조로 이렇게 말했다. "이 부흥은 하나님의 마지막 약속이다. 최근 몇 년 동안 하나님께서 이루신 일을 보라. 하나님의 마지막 역사를 말해 주는 충분한 증거 아닌가?"

그러던 어느 날, 하나님께서 아브라함에게 깜짝 놀랄만한 소식을 전하셨다. 아브라함은 그 소식을 듣고 어리둥절했다. 사실 그에게는 달갑지 않은 소식이었다. 적어도 처음엔 그랬다. "사라가 임신할 것이다. 그리고 이삭이 태어날 것이다." 도대체 무슨 말인가? 하나님께서 아브라함에게 주신 약속(창 15:2-6)이 이스마엘이 아니라 이삭이라고?

아브라함은 이 소식에 기뻐할 수 없었다. 그의 반응을 보라. "오! 이스마엘이나 하나님 앞에서 살게 해 주십시오"(창 17:18). NIV성경은 이 구절을 이렇게 번역했다. "이스마엘이나 주님의 복을 누리며 살게 해 주십시오(If only Ishmael might live under your blessing). 그러면 더 이상 바랄 것이 없습니다."

아브라함은 이스마엘에게 강한 애착을 보였다. 문자 그대로 그의 삶은 이스마엘에게 묶여 있었다. 아브라함은 하갈이 낳은 이스마엘이 약속의 아들(창 15:6)이라고 확신했다. 하지만 하나님은 사라가 임신하게 될 것이고, 그녀에게서 이삭이 태어날 것이라고 말씀하셨다. 이것은 아브라함에게 청천벽력 같은 소식이었다. 아브라함은 이러한 상황을 예상하지도 못했고, 바라지도 않았다. 그는 이 소식을 듣고 싶지 않았다.

앞에서 언급했던 영국의 은사주의 운동의 지도자를 기억하는가? 그는 자신이 몸담았던 은사주의 부흥이 하나님의 '마지막 약속'이 아닐 수도 있다는 말에 실망감을 드러냈다. 그는 은사주의 운동이 재림 전 '마지막 약속'이기를 바랐다. 물론 오순절(은사주의) 부흥은 하나님의 놀라운 계획이자 온 세상이 목격한 하나님의 위대한 역사이다. 누가 이 사실을 부인하겠는가? 그러므로 하나님의 계획표에 이보다 더 큰 부흥이 예정되어 있다는 생각만으로도 그는 위협감을 느낄 수밖에 없었다. 나는 그의 심정을 충분히 이해한다.

이 책은 사도행전의 오순절 성령강림 사건 이후 역사상 그 어떤 부흥운동보다 탁월하고 위대한 성령의 역사가 '장차' 도래할 것이라는 사실에 근거하고 있다. 그러므로 1906년에 시작된 오순절운동이나 1960년대에 일었던 은사주의 운동 등, 지난 20세기에 우리가 목격한 부흥운동은 모두 '이스마엘'이다. 이삭은 아직 오지 않았다. 그것은 앞으로 올 것이다!

웨스트민스터채플에서 사역하기 시작한 이래, 나는 이러한 내용의 메시지를 여러 차례 전했다. 그러다가 1982년에 아서 블레싯(십자가를 짊어지고 전 세계를 다니며 복음을 전한 복음전도자 - 역자 주)을 강사로 초청하였는데, 당시 내 견해를 잘 알던 어떤 사람이 나에게 편지를 보내어 이같이 말했다. "당신은 왜 이스마엘(아서 블레싯)을 초청하여 그의 설교를 듣습니까?" 그는 내가 이삭을 기다리다가 지친 나머지 적정선에서 타협하여 이스마엘을 초청했다고 생각한 모양이다.

과거에 이스마엘-이삭의 비유를 두고 마틴 로이드 존스 목사와 토론한 적이 있다. 나는 은사주의 운동이 '이스마엘'과 같으며 장차 일어날 위대한 부흥은 '이삭'이 될 것이라고 말했다. 로이드 존스 목사는 나와 토론하기 바로 전 주말에 '은사주의 축제'에 참석하여 말씀을 전했는데, 그가 은사주의자들의 집회에서 말씀을 전한 것은 그때가 처음이자 마지막이었다. 그 집회를 얼마나 즐거워했던지 로이드 존스 목사는 나를 보며 이렇게 말했다. "집회 내내 켄달 목사님이 떠올랐습니다. '과연 목사님이 이러한 천국 잔치에 참석해 보신 적이 있을까?' 하고 생각했지요." 나는 그의 말을 평생 잊지 못할 것이다.

당신이 오순절주의자나 은사주의자라면, 부디 내 비유에 상처받지 말기를 진심으로 바란다. 이스마엘-이삭 비유를 은사주의 운동에 대한 비난으로 생각하지 말라. 오히려 그 반대이다. 첫째, 나 역시 스스로를 '개혁주의적 은사주의자'라고 부른다.

둘째, 아브라함, 사라, 하갈이 등장하는 창세기의 모든 세부내용이 오순절-은사주의 운동에 적용되지는 않는다. 게다가 비유에 등장하는 각각의 요소에 균등하게 비중을 부여하는 것도 불가능하다. 그러므로 창세기에 기록된 아브라함, 사라, 하갈 이야기의 모든 세부요소를 은사주의 운동에 적용해서도 안 되고, 적용할 수도 없다. 다만, 이스마엘-이삭 비유의 핵심만 붙잡으면 된다. 이삭이 받은 약속은 이스마엘이 받은 것보다 백 배나 더 크다. 그러므로 장차 일어날 부흥은 교회 역사상 우리가 목격한 그 어떤 부흥보다도 클 것이다.

셋째, 이스마엘-이삭 비유를 은사주의 운동에 대한 비난으로 받아들이기 전에 자신의 힘으로 하나님의 약속을 이루기 위해 사라의 제안을 받아들인 아브라함과 스스로 무언가를 이루려고 노력하는 일부 은사주의자들 사이에 유사점이 없는지 생각해 봐야 할 것이다. 비단 은사주의자뿐만 아니라 우리 주변에는 이러한 사람들이 많다. 이러한 사람들은 하나님의 약속을 자력으로 '이루려고' 한다.

사견(私見)이지만, 오늘날 일부 은사주의자들이 보이는 가장 큰 결점이 자신의 힘으로 무언가를 이루려 한다는 것이 아닐까 생각한다. 어떤 은사주의자들은 치유나 기적 또는 여러 가지 방법으로 '하나님께서 나를 통해 일하신다'는 점을 증명해 보이려 한다. 반면, 진리는 이렇게 말한다. "증명할 것이 아무것도 없는 상태, 그것이 진정한 자유다." 그러므로 이들은 하나님께서는 '그렇게 하실' 의향이 없는데 '그렇게 하시도록' 강요하는 모양새다. 만일 나의 신앙이 유약한 상태였다면, 이러한 사람들의 신학적 결점을 보며 마음에 큰 상처를 받았을 것이다. '저 사람들은 하나님의 주권을 신뢰한다고 하는데, 사실일까? 정말 하나님의 주권을 믿는 것이 맞나?' 하고 의심했을 것이다. 정말 하나님의 주권을 신뢰한다면, 그들은 하나님께 자신들을 통해 무언가를 행하시도록 강요하는 것을 멈춰야 한다.

넷째, 나는 은사주의자들을 무슬림에 빗대기 위해 이스마엘-이삭 비유를 든 것이 아니다. 누구도 그렇게 생각해서는 안 된다. 다시 말하지만, 은사주의자를 '이스마엘'로 불렀다고 해서 그들을 무슬림에 빗댄 것은 아니다. 그럴 의도는 전혀 없다.

무슬림 이야기가 나와서 잠시 말해 둔다. 나는 하나님께서 이스마엘의 후손 곧 아랍권 전체와도 약속하셨다는 사실을 주목한다. 하나님은 이스마엘에게 큰 약속을 주셨는데, 그것은 결코 과소평가할 수 없을 만큼 광대한 약속이다. 나는 그 약속대로 언젠가 수백만의 무슬림이 하룻밤에 회심할 것을 기대한다. 물론 이것 역시 '한밤의 외침'이 울려 퍼진 결과일 것이다.

지역적으로 중동에 속하지는 않지만, 인도네시아, 말레이시아, 방글라데시 등 무슬림의 비율이 높은 국가들이 있다. 장차 도래할 부흥은 이러한 무슬림 국가들에 거대한 영향을 끼칠 것이다.

>> 이스마엘이 태어난 것은 '불신앙'이 아닌 '믿음' 때문이었다

사실, 아브라함과 사라가 동의했던 '하갈과의 동침'은 '불신앙'이 아닌 '믿음'에 뿌리를 두고 있다. 그들은 하나님께서 아브라함에게 주신 약속을 믿었기 때문에 이같이 결정했다. 만일 사라가 하나님의 말씀을 의심했다면, 남편에게 하갈과의 동침을 제안하지 않았을 것이다. 아브라함도 마찬가지다. 그가 하나님의 말씀을 믿지 못했다면, 사라의 제안에 따르지 않았을 것이다.

사라가 아브라함에게 하갈과의 동침을 제안했던 동기는 다름 아닌 '하나님의 약속' 때문이었다. "아브라함의 몸에서 아들이 태어날 것이다!" 사라는 이 약속을 진심으로 믿었다. 불신앙 가운데 남편을 설득한 것이 아니었다. 오히려 그녀는 믿음으로 남편에게 하갈과의 동침을 제안했다. 또 많은 사람의 오해와 달리, 사라의 마음속에 이기심이 발동하여 그처럼 행한 것이 아니었다. 그녀가 얼마나 '자신의' 아이를 갖고 싶었을지 상상할 수 있는가?

아마도 사라는 자녀 없는 상황을 자기 탓으로 돌리며 심히 괴로워했을 것이다. 아브라함은 하나님의 약속의 성취에 일조하려는 마음으로 사라의 제안을 기꺼이 받아들였을 것이다. 우리는 그런 제안을 한 사라는 물론 사라의 말을 들은 아브라함을 쉽게 비난할 수 없다. 아마도 아브라함은 가능한 모든 기회를 살려 하나님의 약속의 성취를 '도우려고' 했을 것이다. 그의 나이는 점점 많아졌고, 오래전에 받은 하나님의 약속은

점점 희미해졌다. 이러한 상황에서 사라의 제안을 뿌리칠 경우, 그는 스스로에게 '무책임하다'는 낙인을 찍어야 할 판이었다.

아브라함이 사라의 제안을 받아들인 또 다른 이유는 사라의 몸이 임신할 수 없는 상태였기 때문이다. 아브라함이 이 사실을 알았기 때문에 그 제안에 동의한 것이다. 그는 사라가 임신할 것이라는 소망을 일찌감치 포기했다. 물론 하나님의 은혜로 후에 사라가 아들을 낳긴 했지만, 당시에는 하갈 외에 별다른 대안이 없었다.

어쨌든 아브라함과 하갈의 동침은 사라의 아이디어였고, 아브라함은 하갈과 동침함으로 사라의 제안을 존중해 주었을 뿐만 아니라 하나님의 약속에 대한 신뢰를 드러내었다. 적어도 아브라함은 그렇게 하는 것을 믿음의 행위로 간주했을 것이다.

자, 이제 좀 더 깊이 생각해 보자. 만일 하갈과 동침하여 아들이 태어난다면, 아브라함은 자신의 결정을 타당하게 여기지 않겠는가? 누구라도 그렇게 생각했을 것이다. 그가 이렇게 생각한 것이 잘못인가? 지금까지의 논지를 요약하면, '아브라함이 믿음으로 행동했다'고 할 수 있다.

결국 아브라함은 하갈과 동침했고, 그녀는 임신했다. 하지만 하갈의 배가 불러오자 사라의 감정이 요동치기 시작했다. 견디기 힘든 시간이 시작된 것이다. 아마도 사라는 하갈이 남편의 아이를 갖게 될 경우 본인의 마음이 얼마나 아플지 미처 예상하지 못했던 것 같다.

이후 아브라함과 사라의 다툼은 심각한 수준에 이르렀다. 그녀는 이 모든 고통의 원인을 아브라함에게 돌리며 그를 비난했다. 또한 사라는 하갈이 자신을 업신여긴다고 생각하여 그녀를 학대하기 시작했다. 그 길로 하갈은 광야로 도망쳤다.

하나님의 천사가 광야에 있는 하갈 앞에 나타났다. 그녀는 천사에게 자신이 사라에게서 도망치는 중이라고 말했다. 이에 하나님께서 천사를 통해 하갈에게 명령하셨다. "네 여주인에게 돌아가 그녀의 권위에 복종하라." 하나님의 말씀이 이어졌다. "나는 네 후손을 셀 수 없을 만큼 심히 번성하게 할 것이다." 하나님께서는 이 말씀도 덧붙이셨다. "임신 중인 너는 곧 아들을 낳을 것인데, 그의 이름을 '이스마엘'로 지어라. 이는 여호와께서 네 고통을 들으셨기 때문이다"(창 16:9-11).

'하나님께서 나 같은 사람도 돌보시다니!' 하갈은 하나님의 사랑에 압도되었다. "하갈이 자기에게 이르신 여호와의 이름을 '나를 살피시는 하나님'이라 하였으니 이는 내가 어떻게 여기서 나를 살피시는 하나님을 뵈었는고 함이라"(창 16:13). 나는 이 구절을 킹제임스성경으로 보는 것을 좋아한다. "하나님, 당신께서 저를 보셨군요!"(Thou God seest me)

참으로 감동적인 순간이다. 하나님께서 하갈을 인정해 주셨고, 하갈은 하나님께 순종했다. 하갈이 광야에서 하나님을 만난 이 사건은 결코 잊어서도, 과소평가해서도 안 된다. 왜냐하면 이 사건은 아브라함, 사라, 하갈에게 일어난 이 모든 일의 배후에 하나님이 계시다는 사실을 보여 주기 때문이다.

'이스마엘'의 의미는 '하나님이 들으시다'이다. 그렇다. 이스마엘은 사라의 계획이 아니라 하나님의 계획이었다.

〉〉 오순절운동은 '믿음' 안에서 시작되었다

오순절운동과 은사주의 운동의 연원은 저 유명한 아주사 부흥으로 거슬러 올라간다. 미국 캘리포니아 로스앤젤레스의 아주사 거리에서 일어난 이 부흥은 1906년부터 1909년까지 3년여 동안 지속되었다. 부흥의 핵심인물은 흑인 목사 윌리엄 시무어였는데, 그의 부모는 루이지애나 출신의 노예였다. 윌리엄 시무어는 인디애나 주에 있는 한 감리교회에서 회심하였고, 인디애나 앤더슨 지역에 소재한 '하나님의 교회'(Church of God, 1881년 다니엘 시드니 워너에 의해 시작된 오순절 계열의 부흥운동으로, 한국의 '하나님의 교회'와는 이름만 같을 뿐 전혀 다르다 - 역자 주)에 가입했다.

이후 그는 성결운동 지도자인 마틴 웰스 냅이 오하이오 신시내티에 세운 성경학교에 입학했다. 당시 마틴 웰스 냅 목사는 '은혜의 두 가지 역사'를 가르쳤는데, 여기서 말하는 두 가지는 구원과 성화였다. 공부를 마친 후 시무어는 텍사스 휴스턴으로 이주하여 찰스 폭스 파햄을 만났다. 파햄 목사는 시무어의 핵심 멘토로 '방언'을 성령세례의 증거로 가르쳤던 사람이다.

1906년 시무어는 캘리포니아 로스앤젤레스로 이주했다. 당시만 해도 시무어를 달변가로 평가하는 사람은 아무도 없었다. 주변 사람들에게 그는 상냥한 말투로 성경을 가르치는 교사였을 뿐이다. 그렇게 사역하던 어느 날, 시무어가 폐허가 된 어느 선교회 건물에서 '사도적 믿음'(Apostolic Faith)이라는 주제로 집회를 열었는데, 다양한 인종의 사람들이 그 집회에 참석했다. 사람들은 당시의 상황을 이렇게 기억했다. "피부색의 경계는 보혈에 씻겨 버렸다."2)

그날 성령께서 모임 가운데 놀랍게 임하시면서 사람들이 방언을 하기 시작했고, 수많은 사람이 병 고침을 받았다. 갑자기 바닥에 쓰러지는 사람도 있었다. 기록에 의하면 많은 사람에게서 귀신이 떠나갔다고 한다.

이 소식은 그 지역 전체로 퍼져 나갔다. 수백 명의 주민이 '과연 무슨 일이 일어나고 있는가?' 궁금해서 집회장소를 찾았다. 이에 시무어는 집회 횟수를 하루에 세 번으로 늘렸다. 그렇게 3년 동안 매일같이 하루에 세 번씩 집회를 열었는데, 후에 사람들은 이 기간을 '영광의 날들'(the glory days)이라고 불렀다.

유명한 역사학자 빈슨 사이넌은 《목격자가 기억하는 성령의 세기》(An Eyewitness Remembers the Century of the Holy Spirit)에서 이같이 말했다. "당시엔 예상하지 못했는데, 결국 아주사 부흥은 기독교 역사상 매우 중대한 전환점이 되었다."3) 갑자기 일어난 이 부흥을 배경으로 오순절운동이 태동하였다.

아주사 부흥은 그야말로 '영문 밖'(히 13:13)에서 일어난 일이었다. 그래서인지 대중매체는 물론 전통적인 교단(감리교, 침례교, 장로교 등)에서도 아주사 부흥과 그 성장세를 애써 외면하려고 했다. 일례로 로스앤젤레스 데일리 타임즈는 아주사 부흥운동 참가자들을 '새로운 부류의 이단 광신도'4)라고 폄하하기도 했다(해당 기사가 신문에 실린 날은 샌프란시스코에 큰 지진이 일어난 날이었다).

그러나 그 부흥을 보기 위해 미국 전역과 세계 각지에서 수많은 사람들이 로스앤젤레스로 몰려들었다. 소문에 의하면, 그 부흥에 참가한 사람 중에 스미스 위글스워스라는 영국인이 있었다고 한다. 이후 그는 본국으로 돌아가 유명한 치유 사역자가 되었다.

동시대에 웨일즈 지역에서도 부흥이 일어났다. 웨일즈 부흥은 '방언'으로 유명한 부흥은 아니었다. 하지만 이 부흥은 이후 오순절운동의 리더들에게 큰 영향을 미쳤다. 조지와 스티븐 제프리즈 형제가 웨일즈 부흥을 통해 회심했는데, 이후 조지는 영국에 엘림 오순절교회를 세웠고, 스티븐은 영국 하나님의 성회를 인도하는 핵심인물이 되었다.[5]

나는 아주사 부흥에 대한 몇 가지 기록문을 읽었고, 그 부흥운동을 면밀히 연구한 사람들과 대화도 나누어 보았다. 아주사 부흥은 참으로 놀랍다. 만일 아주사 부흥의 기록을 읽고도 감동받지 않는다면, 그는 현장에 있던 수많은 증인들의 말을 믿지 못하거나 성령의 역사에 참여한 사람들에 대해 부정적인 선입관을 지닌 사람일 것이다.

나는 오순절운동에 대한 부정적 편견의 기저에 인종차별주의가 자리하고 있는 것은 아닌가 의심스럽다. 왜냐하면 오순절운동을 주도한 핵심인물이 흑인 목사 윌리엄 시무어였기 때문이다. 당시 그가 인도한 집회는 참석자의 피부색을 가리지 않았다. 인종에 상관없이 누구든 그 집회에 참석할 수 있었는데, 당시로서는 매우 파격적이고 이례적인 일이었다.

그리고 이 부흥의 영향 때문인지 '방언'은 '오순절운동'의 동의어처럼 되어 버렸다. 사람들은 방언과 오순절운동 모두에 부정적인 시선을 보냈고, '오순절주의'라는 말은 '주홍글씨'처럼 인식되었다. 이러한 이유로 초창기 나사렛 교단은 표결을 통해 자신들의 이름을 '나사렛 오순절 교회'에서 '나사렛 교회'로 바꾸기까지 했다.

이처럼 부흥에 대한 시선은 부정적이었지만, 그 영향력을 막지는 못했다. 아주사 부흥으로 수많은 오순절 계열의 교단들이 태어난 것이다. 아주사 부흥의 직계 상속자들은 오순절 성결교, 국제 사중복음 교회(에이미 셈플 맥퍼슨이 설립 – 역자 주), 하나님의 성회, 그리스도 안에서의 하나님의 교회(재세례파의 Church of God in Christ와는 다르다 – 역자 주), 미국 테네시 클리블랜드에 본부를 둔 하나님의 교회 등이다.

그러다가 1940년대 후반에 이르러 '치유 부흥'이라는 새로운 현상이 나타났다. 이 부흥의 선두에 선 복음전도자는 오럴 로버츠로, 그는 오순절 성결교회 출신이다.

>> 은사주의 운동의 발흥

한편, 1960년에는 미국에서 '글로솔랄리아'('방언'을 뜻하는 헬라어 '글로사'에서 파생되었다 – 역자 주)라 불리는 운동이 시작되었다. 그런데 신기하게도 보수적인 교단들도 이 운동의 영향을 받았다. 이는 오순절 계열의 교단(교회) 밖에서 방언이 목격된 최초의 사례였다. 이 운동은 초창기에는 '글로솔랄리아'로 불렸지만, 나중에는 '은사주의 운동'으로 알려지게 되었다.

1960년 부활주일에 캘리포니아 반 누이스에 위치한 성 마가 성공회 교회의 교구 목사인 데니스 베넷이 성도들 앞에서 자신이 '오순절주의 체험'을 했다고 고백했다. 오순절주의 체험이란 다름 아닌 '방언'이었다. 이 일로 그는 결국 교회에서 쫓겨났다. 하지만 워싱턴 주 시애틀의 성 누가 성공회교회에서 그를 청빙하였다.

당시 그 지역 성공회 임원들은 이러한 결정을 두고 "잃을 것이 없다"고 했다. 당시 성 누가 교회는 말 그대로 '텅 빈' 교회였다. 하지만 데니스 베넷 목사가 부임하고 1년 만에 회중이 천 명에 육박하게 되었다. 《끝날 때까지 끝난 것이 아니다》(It ain't over, Till it's over, 순전한나드)의 헌정사에 등장하는 나의 친구 빌과 비비안 버넷은 데니스 베넷 목사가 사역할 동안 그 교회에 출석했던 사람들이다. 당시 그들은 자신의 가족과 친구들을 금요철야집회에 데려가곤 했는데, 그 집회의 이름은 '성령세례 집회'였다.

1960년대에 남아프리카 출신의 사역자 데이빗 두 플레시스의 영향력 아래 (가톨릭까지 포함하여) 미국 내 거의 모든 주요 교단에 방언이 퍼지게 되었다. 그리고 그 여파는 전 세계로 퍼져 나갔다. 이 시기에 기독교 신앙이 제3세계로 전파되기 시작했는데, 파송된 선교사들 가운데 오순절주의를 체험한 사람이 많았다. 최근 통계에 의하면 오순절 및 은사주의 운동에 속한 사람은 최소 6억 천만 명에 달한다.[6] 이 모든 부흥의 성장세는 1906년 로스앤젤레스 아주사 거리에서 시작되었다.

나는 이 위대한 부흥을 '이스마엘'이라고 부른다. 이들 부흥이 온 세상에 임한 복임에는 틀림없지만, 교회와 세상을 향한 하나님의 최종 계획은 아니기 때문이다. 이러한 견해는 어쩌면 다음과 같은 나의 확신 때문일 수도 있다. "그 당시 우리가 경험한 부흥보다 훨씬 더 큰 부흥이 절실해질 때가 올 것이다."

앞에서 나는 교회 안에서 일어나고 있는 '조용한 이혼'에 대해 이야기했다. 일반적으로 말하자면, 그것은 '말씀과 성령의 괴리 현상'이다. 장차 이 세상이 흔들리고 사람들이 경각심을 갖게 될 것인데, 그 전에 이 둘의 연합이 이뤄져야 한다. 그런데 이 둘의 연합은 무언가 거대한 일이 선행되어야만 가능하다.

감사하게도 유사 이래 본 적 없는 거대한 것이 다가오고 있다. 누군가 나에게 "이 책에서 당신이 언급한 말씀과 성령의 연합은 어떤 모습인가요?" 하고 묻는다면, 나는 이렇게 대답할 것이다. "사도행전에 기록된 오순절과 같은 모습일 것입니다." 당시 누구도 저항할 수 없는 기세로 복음이 전파되었고, 수많은 사람들이 회심했다. 또한 하나님에 대한 경외심이 회복되었으며 표적과 이적과 기사(행 2:1-43)가 일어났다.

'이스마엘-이삭'은 이 같은 확신을 바탕으로 개념화한 비유이다. 이 장에서 나는 오순절-은사주의 운동이 하나님의 주권적·전략적 계획을 통해 시작되었음을 보여 주고 싶었다. 그러나 이들 부흥운동이 주님의 재림 전, 성령의 마지막 역사가 아니라는 점도 알려 주고 싶다.

2장 이삭

아브라함이 그에게 태어난 아들 곧 사라가 자기에게 낳은 아들을 이름하여 이삭이라 하였고 (창 21:3)

밤중에 소리가 나되 보라 신랑이로다 맞으러 나오라 하매 (마 25:6)

아브라함은 이스마엘에게 온 마음을 쏟았다. 그는 이스마엘이 약속의 아들임을 확신했다. 당시 그는 100세였고, 사라는 90세였다. 그런데 어느 날, 노령의 아브라함에게 상상조차 할 수 없는 하나님 말씀이 들려왔다. 그것은 사라에 대한 말씀이었다. "내가 그에게 복을 주어 그가 네게 아들을 낳아 주게 하며 내가 그에게 복을 주어 그를 여러 민족의 어머니가 되게 하리니 민족의 여러 왕이 그에게서 나리라"(창 17:16). 하나님은 아직 태어나지 않은 아들에 대해서도 말씀하셨다. "내 언약은 내가 내년 이 시기에 사라가 네게 낳을 이삭과 세우리라"(창 17:21).

하나님의 말씀을 요약하면 다음과 같다. "이삭이 올 것이다. 이스마엘은 약속의 아들이 아니다." 이것은 하나님께서 아브라함에게 "미안하지만, 네가 좋든 싫든 이삭이 태어날 거야"라고 말씀하신 것과 같다.

아브라함은 하나님께서 이삭과 언약을 세우실 것이라는 소식을 달가워하지 않았다. "이스마엘이나 하나님 앞에 살기를 원하나이다"(창 17:18). 앞에서도 말했지만, 수많은 은사주의자들이 현재의 부흥을 '재림 전 하나님의 마지막 역사'로 인식한다. 아마도 그 부흥이 세계 곳곳에서 전례 없는 성공을 거두었기 때문에 그렇게 생각하는 것 같은데, 충분히 이해할 만하다.

그러나 앞으로 도래할 위대한 성령의 역사는 양적인 면에서나 질적인 면에서 과거의 모든 부흥을 '초월'하고 '상회'할 것이다. 또 그 모든 부흥을 '아우를' 것이다. 장차 일어날 하나님의 역사는 그 어느 부흥과 비교조차 할 수 없을 만큼 위대한 부흥이 될 것이다.

하나님께서 이삭에게 주신 약속은 이스마엘에게 하신 것보다 백 배나 더 크다. 이와 같이 나는 이 땅 위에 일어날 다음 부흥이 오순절-은사주의 부흥의 영향력보다 백 배나 더 클 것이라고 믿는다. 그 부흥은 '한밤의 외침'으로 시작될 것이다.

>> 은사주의자들과 개혁주의자들에게 호소함

아브라함은 이스마엘을 무척 사랑했다. 그래서 하나님께 이삭이 아닌 이스마엘과 언약을 체결해 달라고 호소했다. "이스마엘이나 하나님 앞에 살기를 원하나이다." 하지만 결국 그는 이삭을 받아들였다. 모든 믿는 자들의 아버지인 아브라함은 이스마엘을 사랑했지만, 결국 하나님의 뜻대로 이삭을 받아들였다.

나는 지금 오순절주의자, 은사주의자, 개혁주의자들(마틴 루터와 칼빈을 위시한 종교개혁 신학을 따르는 교회 – 역자 주)에게 호소한다. 말씀을 사랑하고 순수한 복음의 회복을 원하는 모든 사람에게 호소한다. 지금도 성령의 기적이 일어난다고 믿는 사람들, 또한 열린 마음으로 성령의 기적을 직접 체험하고 싶어 하는 모든 사람에게 호소한다. "편견을 버리자!"

우리가 안정감을 느끼는 범주 밖에서 일어난 일일지라도 그것이 하나님의 역사가 분명하다면, 일단 색안경부터 벗어야 한다. 하나님의 일을 깨닫지 못하도록 방해하는 모든 편견을 내려놓자.

›› 스미스 위글스워스의 예언

아마도 내가 소개하는 스미스 위글스워스의 예언에 대해 들어본 사람이 있을 것이다. 그것은 1947년 그가 죽기 직전에 전한 것으로 알려졌다. 1960년대, 영국 땅으로 퍼져 나간 은사주의 운동은 모든 교단의 장벽을 넘어 활성화되었다. 스미스 위글스워스는 그전에 수년 동안 영국의 오순절운동에 몸담았다. 이후 그의 사역은 유럽 전역은 물론 뉴질랜드까지 아우르는 국제적인 사역이 되었다.

사실, 위글스워스는 예언보다는 치유의 은사로 세간에 잘 알려진 사람이다. 나는 영국 안팎에서 특히 스위스와 스웨덴에서 그의 사역을 통해 일어났던 놀라운 치유 사건의 증언 기록 몇 편을 읽어 보았다. 사람들의 증언에 의하면, 위글스워스는 오늘날 '은사주의 운동'으로 불리는 부흥의 도래를 최초로 예견한 사람이자 말씀과 성령의 연합을 처음으로 예언한 사람이다. 또한 그는 말씀과 성령의 연합이 유사 이래 가장 큰 부흥을 일으킬 것으로 예견하기도 했다.

소문에 따르면 그가 영국에서 가정교회 운동이 일어날 것도 예언했다는데, 실제로 1970년대에 영국에서 가정교회 운동이 일어났다. 그가 전했다는 '1947년의 예언'은 1997년에 이르러 인터넷을 통해 알려졌다. 다음은 인터넷에 공개된 그의 예언이다.

> 향후 수십 년 내에 영국의 교회에 두 차례 독특한 성령의 역사가 임할 것입니다. 첫 번째 역사는 '성령세례와 은사의 회복'으로 특정될 부흥입니다. 이 부흥을 받아들일 준비가 된 교회는 모두 그 은혜를 누릴 것입니다. 그리고 성령의 두 번째 역사가 일어나면, 전통 교단의 교회를 떠나 새로운 교회를 개척하는 사람들이 양산될 것입니다.
>
> 각각의 역사가 일어나는 동안, 그 부흥에 몸담은 사람들은 이렇게 말할 것입니다. "이것은 진정 위대한 부흥이다." 하지만 주님께서는 이렇게 말씀하십니다. "아니다. 그것은 위대한 부흥이 아니다. 두 부흥은 모두 '위대한 부흥'을 향해 나아가는 발판일 뿐이다."
>
> '새로운 교회'의 상승세가 한 풀 꺾이고 잠잠해질 즈음, 교회 안에서 한 번도

본 적 없던 무언가가 나타날 것입니다. "말씀만 강조해 왔던 진영과 성령만 강조해 왔던 진영이 하나로 연합하게 됩니다!"

말씀과 성령이 한데 어우러지면, 유사 이래 가장 큰 성령의 부흥이 일어날 것입니다. 말씀과 성령의 연합은 위대한 부흥의 서막이 될 것입니다. 그 부흥은 웨슬리 부흥, 웨일즈 부흥 등 이전에 각 대륙에서 목격되었던 모든 부흥을 아우를 것입니다. 영국 땅에 성령의 폭우가 쏟아지고 그 흐름이 유럽 본토로 이어질 것입니다. 그리고 그 현장에서 땅끝까지 복음을 전할 '선교 운동'이 시작될 것입니다.[7]

위글스워스의 친구이자 전기(傳記) 작가인 조지 스토몬트가 이 예언의 내용을 세간에 알렸다. 그런데 인터넷에 올라와 있는 글은 스토몬트가 위글스워스 평전에 남긴 글을 윤색한 것으로 보인다.

1992년에 제1차 '말씀과 성령' 컨퍼런스를 개최할 때만 해도 나는 이 예언을 들어 본 적이 없었다. 하지만 그 컨퍼런스에서 나는 이와 똑같은 메시지를 전했다. 컨퍼런스에 참석한 이들 중에는 내가 스미스 위글스워스의 예언을 알고 있어서 그렇게 전했다고 생각하는 사람들도 있었다.

스토몬트에 의하면 위글스워스는 두 가지 성령의 역사, 곧 성령과 은사의 회복(은사주의 운동)과 말씀과 성령의 연합(내가 '이삭'으로 이름 지은 부흥운동)을 예언했다. 위글스워스는 "말씀과 성령이 어우러질 때, 우리는 예수 그리스도의 교회가 목격해 온 것 중 가장 큰 부흥을 보게 될 것"이라고 말했다.[8]

내가 처음부터 주장해 온 '이삭'은 위글스워스의 예언 속에 나오는 두 번째 부흥이다. 처음부터 '이삭'의 도래를 확신하였기 때문에 나는 그의 예언의 도움을 받을 필요가 없었다. 하지만 내가 '이삭'을 이야기하기 수십 년 전에 그가 동일한 내용으로 예언했다는 사실은 조금도 의심하지 않는다.

하나님의 달력에 표기된 다음 부흥은 오순절 성령강림 사건 이후 가장 강력한 역사가 될 것이다. 그리고 그 부흥은 말씀과 성령의 연합을 통해 최절정에 이를 것이다. 말씀과 성령이 연합할 때, 위대한 부흥이 일어날 것이며 세상의 모든 교회는 크게 놀랄 것이다. 초대교회 시절에는 교회가 온 세상을 뒤집어 놓았는데, 이제는 교회가 뒤집힐 차례이다.

앞으로 일어날 말씀과 성령의 연합 사건에 내가 붙인 이름은 '이삭'이다. 그리고 '이삭'은 이 땅 위에 펼쳐질 하나님의 마지막 역사로 이어질 것이다.

만일 사람들이 '이삭' 비유에 동의한다면, 그들이 '이삭'을 이해하는 방법은 적어도 두 가지로 압축될 것이다. 첫째, 장차 도래할 성령의 역사(이삭)를 인정하되 종말론과는 떼어 놓는 것이다. 사람들은 내가 말한 대로 말씀과 성령의 연합으로 인해 하나님의 위대한 부흥이 임할 것을 믿는다. 또한 로마서 4장이 재조명된다는 점에 동의한다. 그러나 거기까지이다.

그들은 이러한 일이 일어나긴 하겠지만, '마지막 때'와는 무관하다고 생각한다. 또 그것이 재림 직전의 사건일 것이라고 생각하지도 않는다. 바꿔 말해서 그들은 '이삭' 역시 뉴잉글랜드 대각성(1730년대 중반 미국 뉴잉글랜드 지역에서 시작된 1차 대각성운동, 그 중심에 조나단 에드워즈, 조지 휫필드 등의 설교자가 있었다 – 역자 주), 웨슬리 부흥, 케인릿지 부흥(미국의 2차 대각성운동 중에 일어난 사건으로 1801년 켄터키 케인릿지의 장로교회에서 시작되었으며 대형천막 집회의 원조이다 – 역자 주), 웨일즈 부흥의 연장선상에 있다고 생각한다. 그러므로 다음번 하나님의 위대한 역사가 '마지막'이라고는 생각하지 않는다.

나는 이러한 견해도 환영한다. 그들이 적어도 새로운 '성령의 폭우'가 필요하다는 사실만큼은 인정하기 때문이다. 이 사실에 동의한다면, 우리는 모두 같은 편이다. 이 책에서 제시하는 모든 내용에 동의할 필요는 없다.

나는 다음에 일어날 하나님의 위대한 부흥이 '종말론적' 부흥이라고 확신한다. 지금 우리는 마지막 때를 살아가고 있다. 이 땅 위에 펼쳐질 하나님의 마지막 역사에 대해서는 성경 곳곳에 설명되어 있다. 이를테면 '그날'로 표현된 마지막 때의 사건들이 바로 그것인데, 그날 "물이 바다를 덮음 같이 여호와의 영광을 인정하는 것이 세상에 가득"(합 2:14)할 것이다.

많은 학자들과 신학도들이 이 예언의 성취가 그리스도의 재림보다 앞서리라는 것에 동의한다. 다만 그들은 "곧(soon) 그때가 온다. 언제든 곧!"이라고 말하기 싫을 뿐이다. 그 마음은 충분히 이해한다. 그들은 남들에게 "저 사람은 자기 생애에 '그날'이 임한다고 믿는대" 하고 빈축을 사고 싶지 않은 것이다.

그러나 과거 믿음의 선진들은 어떠했는가? 조나단 에드워즈는 자기 생애에 일어난 대각성운동을 '마지막 부흥'으로 믿는다고 솔직하게 말했다. 그가 틀렸다고 해서 그를 비난할 수 있는가? 나 역시도 틀릴 수 있다!

그러나 나는 '한밤의 외침'이 이 땅의 마지막 부흥이며, 이 부흥이 성령의 놀라운 역사로 이어질 것이라고 확신한다. 그래서 나는 "곧 그날이 올 것이다"라고 말한다. 그날, 사도행전에 기록된 것처럼 말씀과 성령의 연합이 최고조에 달할 것이다.

수많은 은사주의자들이 은사주의 부흥을 하나님의 마지막 역사라고 생각해 왔다. 나는 그들이 왜 그렇게 생각하는지 안다. 그러나 그것은 사실이 아니다! 앞으로 더 많은 것이 올 것이기 때문이다.

이와 마찬가지로 수많은 복음주의자들은 말씀에 대한 자신들만의 '특정한' 이해를 고수했다. 그것이면 재림을 준비하기에 충분하다고 생각해 왔다. 모두가 자신들처럼 믿기만 하면 된다고 생각한 것이다. 그러나 성령의 부흥이 일어나야만 교회가 그리스도의 재림을 준비할 수 있다. 비록 소수이긴 하지만, 복음주의자 중에도 재림 전의 위대한 성령의 폭우를 기대하는 사람들이 있다. 어쨌든 복음주의-은사주의 스펙트럼의 양극단에는 '장차 더 많은 것이 도래한다'는 사실을 받아들이는 사람이 그리 많지 않다.

이스마엘과 이삭은 다르다. 이스마엘은 지금도 건재하다. 하지만 이삭은 여전히 '미래'이다. 물론 이스마엘이 고전을 면치 못하는 곳들도 많으나 여전히 세계 곳곳에서 기세등등하게 번영하고 있다. 반면, 이삭은 여전히 '미래'이다. 아직 '한밤의 외침'은 울리지 않았다.

앞에서도 말했지만, 나의 종말론과 이스마엘-이삭 비유에 동의하는 은사주의자들이 적지 않다. 그들은 이같이 말한다. "우리는 당신의 말이 맞기를 바랍니다. 지금 우리가 경험하고 있는 것이 전부라면, 우리는 절망할 수밖에 없습니다." 게다가 수많은 오순절 계열의 교회, 가정교회, 은사주의 교단 내의 교회들이 이같이 인식하고 있다. "불은 이미 꺼졌다. 우리에겐 무언가 새로운 것이 필요하다."

나는 이 책에 소망의 메시지를 담아 독자들에게 전한다. 단지 격려하고 싶어서가 아니다. 분명 이삭은 도래할 것이다. 나는 지난 수년간, 아니 아주 오랫동안 이삭의 도래를 확신하며 소망을 붙들어 왔다. 앞으로도 이 신념을 지키기 위해 어떠한 불이익도 감수할 것이다. 1956년에 본 환상으로 인해 나는 내 생에 '이삭'이 오리라 기대하게 되었다. 나는 그날이 오기를 바란다. 이제 얼마 남지 않았다! 이삭은 우리의 기대를 훨씬 상회하는 위대한 성령의 부흥이다.

나는 거드름을 피우며 "이 예언적 비유는 주님께 직접 받은 것입니다"라고 말하지 않는다. 그동안 나는 이렇게 말하는 것에 주의하라고 가르쳐 왔다. 그런데 내가 그같이 말한다면, 그동안의 가르침과 반대로 행하는 셈이 된다.

오순절-은사주의 운동을 상징하는 '이스마엘'은 하나님의 계획 중에서도 매우 중요한 자리를 차지한다. 그러나 이스마엘은 최상의 것이 아니다. 최상의 것인 '이삭'은 아직 오지 않았다.

이삭의 출생을 말씀하신 하나님의 약속 앞에서 아브라함은 어리둥절했다. 사라 또한 그 약속의 말씀을 듣고 당황했다. 우리도 '이삭'이 도래한다는 소식에 놀랄 것이다. 노령의 나이에 이삭을 얻게 된다고 생각하니, 아브라함과 사라는 코웃음 칠 수밖에 없었다. '노년에 아들을 얻는다고? 그야말로 억지 아닌가?' 하지만 그들은 곧 진지하게 믿기 시작했다.

나는 당신이 이 책의 내용에 사로잡히기를 기도한다. 성령께서 당신의 마음에 '최상의 것은 아직 오지 않았다'는 확신을 주시길 간구한다. 최고의 것은 예수 그리스도의 재림 전에 임할 것이다.

하나님의 달력에 표기된 다음 부흥은 오순절 성령 강림 사건 이후 가장 강력한 역사가 될 것이다. 그리고 그 부흥은 말씀과 성령의 연합을 통해 최절정에 이를 것이다. 말씀과 성령이 연합할 때, 위대한 부흥이 일어날 것이며 세상의 모든 교회는 크게 놀랄 것이다. 초대교회 시절에는 교회가 온 세상을 뒤집어 놓았는데, 이제는 교회가 뒤집힐 차례이다.

Prepare Your Heart for the Midnight Cry

2부

Prepare Your Heart for the Midnight Cry

열 처녀 비유

'열 처녀 비유'는 예언적 비유이다. '예언적'이라고 말하는 이유는 이 비유가 마지막 때의 일들을 전하고 있기 때문이다. 이 비유는 한밤의 외침이 울리기 전에 교회가 깊이 잠들 것을 예고하고 있다. 또한 한밤중(교회가 깊이 잠든 상태)에 교회가 크게 각성할 것도 예언하고 있다. 다시 말해서 우리가 깊이 잠들어 있을 때, 예상하지 못한 시각에 큰 외침이 울려 퍼진다는 것이다.

3장 열 처녀 비유 소개

그때에 천국은 마치 등을 들고 신랑을 맞으러 나간 열 처녀와 같다 하리니 (마 25:1)

주의 말씀은 내 발에 등이요 내 길에 빛이니이다 (시 119:105)

사무엘이 기름 뿔병을 가져다가 그의 형제 중에서 그에게 부었더니 이날 이후로 다윗이 여호와의 영에게 크게 감동되니라 (삼상 16:13)

>> 열 처녀 비유를 쉽게 이해하기 위한 요약

- 신랑 – 예수님
- 열 처녀 – 일반적으로 '교회'
- 슬기로운 처녀 – 말씀과 성령을 추구하는 크리스천
- 미련한 처녀 – 말씀과 성령을 추구하지 않는 크리스천
- 등 – 말씀

- 기름 – 성령
- 잠들다 – 마지막 때 교회의 영적 상태
- 한밤중 – 교회가 깊이 잠든 상태
- 한밤의 외침 – 예수님께서 곧 오신다는 외침, 교회를 깨우는 소리
- 외치는 자(성경에는 나오지 않음) – 교회를 깨우기 위해 한밤중에 큰 소리로 외치는 크리스천
- 잠에서 깬 모든 처녀 – 잠에서 깬 교회들
- 신랑이 오는 것 – 재림(1단계: 영적 임재, 2단계: 실질적 재림)
- 혼인잔치 – 신부가 신랑을 맞이하기 위해 자신을 준비함, 축제
- 닫힌 문 – 회개하기엔 너무 늦음

당신에게 한 가지 묻겠다. "당신은 슬기로운 처녀인가? 미련한 처녀인가?"

나는 이 책의 독자들이 미련한 처녀가 되지 않기를 바라고 기도한다. 만일 당신이 이 책을 읽고 '나는 미련한 처녀구나'라고 생각하게 된다면, 참으로 다행이다! 그럴 경우, 당신이 경고음을 듣고 있는 것이기 때문이다. 아직은 변화가 가능하다. 시간이 있다. 당신은 얼마든지 슬기로운 처녀로 변화될 수 있다. 이미 슬기로운 처녀라면, 계속해서 슬기로운 처녀로 남아 있을 수 있다.

그러나 일단 '한밤의 외침'이 울리면 그걸로 끝이다. 미련한 처녀가 슬기로운 처녀로 변화될 수는 없다. 그때는 너무 늦다. 그렇다고 미련한 처녀가 영원토록 '잃어버린' 상태이거나 지옥에 간다는 뜻은 아니다.

여기서 '너무 늦는다'는 말은 '자신의 유업을 몰수당한다'는 뜻이다. 그들은 '잔치에 참여하는 것'(유업)을 허락받지 못하므로 혼인잔치, 곧 위대한 부흥을 즐기지 못한다. 이러한 사람의 처지는 매우 비참하다. 이미 말했듯이, 나는 이 책이 독자들의 귀에 울리는 '작은 경고음'이 되기를 바란다. 제발 너무 늦게 잠에서 깨지 말라. 지금 잠에서 깨어나도 늦지 않다.

열 처녀 비유에는 세 부류의 크리스천(슬기로운 처녀, 미련한 처녀, 외치는 자)이 등장한다. 여기서 '외치는 자'는 잠들지 않은 크리스천으로, 마지막 때 교회를 깨우는 일에 쓰임 받는다. 예수님의 재림이 임박했음을 알리는 그들의 외침에 교회는 잠에서 깬다. 일반적으로 말해서 열 처녀 비유는 교회를 예표하는 슬기로운 처녀와 미련한 처녀에 초점이 맞춰져 있다고 할 수 있다. 하지만 세 번째 부류인 외치는 자들도 주시해야 한다. 왜냐하면 이들은 교회를 깨우는 일에 하나님의 도구로 쓰임 받는 사람들이기 때문이다.

마태복음 25장의 열 처녀 비유는 '그때에'로 시작한다(마 25:1). 도대체 '그때'는 언제인가? 누구도 그때가 언제인지 모른다. 열 처녀 비유의 도입이 이와 같은 것은 아무도 예상하지 못한 때에 '한밤의 외침'이 들릴 것이기 때문이다.

예수님은 감람산에 올라 말세에 일어날 일들을 말씀하셨다(마 24장). 흔히 이 말씀을 '감람산 종말론 강화(講話)'라 일컫는데, 그 후 예수님께서는 종말론과 연관된 몇 가지 비유를 전하셨다. 그리고 25장에서 열 처녀 비유가 시작된다.

감람산 종말론 강화 중 예수님은 청중을 향해 항상 대비할 것을 경고하시면서 짤막한 예화들을 곁들여 마치 그림을 그리듯 설명하신다. 24장에 등장하는 첫 번째 예화(비유)는 한밤중 도둑에 대비하지 못해 화들짝 놀라는 어느 집주인의 이야기이다(마 24:43-44). 이어지는 예화는 우리가 간과하기 쉬운 내용인데, 주인이 돌아올 것을 대비하지 못한 불성실한 종의 이야기이다(마 24:45-51).

마태복음 24장은 이렇게 끝이 난다. 하지만 아직 예수님의 종말론 강화는 끝나지 않았다. 이어지는 마태복음 25장은 이렇게 시작된다. "그때에 천국은 마치 등을 들고 신랑을 맞으러 나간 열 처녀와 같다 하리니."

그러므로 열 처녀 비유는 마태복음 24장에 기록된 종말론 강화의 연장선상에 있다고 볼 수 있다. 열 처녀 비유는 마지막 때의 일을 언급하기 때문에 종말론적이고, 교회의 영적 상태를 말하기 때문에 예언적이다. 이 비유 속에는 마지막 때에 교회가 깊은 잠에 빠진다는 예수님의 예언적 설명이 깃들어 있다.

>> **말씀과 성령**

이 비유 속에서 우리는 '말씀'과 '성령'을 찾을 수 있다. 여인들의 손에 들린 '등불'은 말씀을 상징한다. "주의 말씀은 내 발에 등이요 내 길에 빛이니이다"(시 119:105). 그리고 '기름'은 성령을 상징한다. 사무엘은 사울 왕을 대신할 이에게 기름을 붓기 위해 뿔병에 기름을 담아 베들레

헴으로 갔다. 그리고 어린 다윗의 머리에 기름을 부었다. 바로 그때 '여호와의 성령'께서 그에게 임하셨다(삼상 16:13).

마태복음 25장에 등장하는 슬기로운 처녀들은 말씀뿐 아니라 성령도 추구하는 크리스천이다. 그들은 충분한 기름을 준비하였기 때문에 밤새도록 등불을 켜 둘 수 있었다. 25장 4절에서 우리는 그들이 여분의 기름을 준비했음을 알 수 있다. "슬기 있는 자들은 그릇에 기름을 담아 등과 함께 가져갔더니."

하지만 미련한 처녀들에게는 기름이 충분하지 않았다. '기름을 따로 준비'해 가지 않은 것이다(마 25:3). 물론 처음에는 그들의 등불도 켜져 있었다. 이것은 그들이 '거듭났음'을 의미한다. 하지만 어느 정도 시간이 흐르자 등 안의 기름이 사라져 버렸다. 그들은 자신들의 등불이 '꺼져 간다'고 말한다(마 25:8). 등을 켜 둘 만큼 기름이 충분하지 않았던 것이다. 물론 그들은 구원받은 성도이다. 하지만 구원만 받았을 뿐이다.

〉〉 유업

미련한 처녀들은 구원을 잃어버릴까? 그렇지 않다. 그들은 구원을 잃지 않는다. 그래도 그들은 무언가를 잃는데, 그들이 잃는 것은 '구원'이 아니라 '유업'이다.

우리는 크리스천의 유업을 내적 유업(그리스도와의 동행)과 외적 유업(하나님의 부르심)으로 분류할 수 있다. 열 처녀 비유에서 크리스천의 유업은 다음과 같이 설명할 수 있다. 슬기로운 처녀들이 받게 될 유업은 혼인잔치를 즐기고, 이후 그리스도의 심판대 앞에서 상을 받는 것이다. 반면 미련한 처녀들은 유업을 몰수당하여 연회장에 들어가지 못하고, 그리스도의 심판대 앞에서 상을 받지도 못한다. 바울은 이 같은 크리스천을 빗대어 '불 가운데에서 구원받는 사람'이라고 했다(고전 3:15).

하나님께서는 모든 크리스천에게 "유업을 받으라"고 말씀하신다. 그런데 어떤 사람은 그 부르심에 순종하지만, 어떤 사람은 유업을 받지 못한다. 그러므로 유업은 믿음 안에서 끝까지 견디는 자에게 하나님이 주시는 선물이라고 할 수 있다.

하나님께서는 우리를 위해 유업을 예정하셨다(시 47:4). 하나님께 순종하는 종 다윗은 이 사실을 알고 있었기 때문에 다음과 같이 말할 수 있었다. "내게 줄로 재어 준 구역은 아름다운 곳에 있음이여 나의 기업(유업)이 실로 아름답도다"(시 16:6). 우리 또한 다윗처럼 말할 수 있어야 한다. 그러나 모든 크리스천이 하나님께 순종하는 것은 아니다. 또한 순종한다고 해도 순종의 정도는 제각각이다.

'유업'이라는 단어는 '보상', '상급', '기업' 또는 '면류관'이라는 단어와 혼용할 수 있다.

운동장에서 달음질하는 자들이 다 달릴지라도 오직 상을 받는 사람은 한 사람인 줄을 너희가 알지 못하느냐 너희도 상을 받도록 이와 같이 달음질하라 이기기를 다투는 자마다 모든 일에 절제하나니 그들은 썩을 승리자의 관을 얻고자 하되 우리는 썩지 아니할 것을 얻고자 하노라 그러므로 나는 달음질하기를 향방 없는 것같이 아니하고 싸우기를 허공을 치는 것같이 아니하며 내가 내 몸을 쳐 복종하게 함은 내가 남에게 전파한 후에 자신이 도리어 버림을 당할까 두려워함이로다 (고전 9:24-27)

이는 기업의 상을 주께 받을 줄 아나니 너희는 주 그리스도를 섬기느니라 (골 3:24)

나는 선한 싸움을 싸우고 나의 달려갈 길을 마치고 믿음을 지켰으니 이제 후로는 나를 위하여 의의 면류관이 예비되었으므로 주 곧 의로우신 재판장이 그날에 내게 주실 것이며 내게만 아니라 주의 나타나심을 사모하는 모든 자에게도니라 (딤후 4:7-8)

사도 바울은 혹여 상을 받지 못하게 될까 봐 염려했다. '상을 받느냐, 몰수당하느냐'의 문제는 사도 바울에게 매우 중대한 사안이었다. 그러나 아쉽게도 미련한 처녀들에게는 그것이 그리 중요한 일이 아니었다. 결국 그들은 충분한 기름을 준비하지 않았다. 이 책을 읽는 모든 독자의 마음속에 부디 '상급' 또는 '면류관'에 대한 간절함이 있기를 바란다!

구원과 유업(상급)은 다르다. 이 둘은 하나로 볼 수 없다.

- 구원은 하나님의 진노에서 제외되는 것이다.
- 유업(기업)은 끈질긴 믿음에 대한 보상이다.

- 구원에 이르는 믿음은 당신을 천국으로 인도한다.

  끈질긴 믿음은 이 땅에서 기업(유업)을 가져다준다.
- 구원은 우리가 죽을 때 천국에 가는 것을 말한다.

  유업은 그리스도의 심판대 앞에서 상을 받는 것을 말한다.

열 처녀 비유 속에서 슬기로운 처녀들이 받은 유업은 혼인잔치에 초청받는 것이었다. 만일 당신과 내가 슬기로운 처녀들과 같다면, 우리 또한 오순절 이래 가장 큰 성령의 부흥에 초대받아 성령의 역사를 맛보며 즐기게 될 것이다. 이삭이 오고 있다. 이삭은 곧 올 것이다!

'구원'은 크리스천을 크리스천답게 만드는 요소이다. 구원의 동의어로 사용되는 단어에는 거듭남(다시 태어남), 구속(그리스도의 피로 다시 사는 것 또는 대속), 칭의(그리스도의 의가 우리에게 전가되는 것) 등이 있다. 그리고 유업은 끝까지 믿음을 지켜낸 크리스천에게 하나님이 주시는 보상이다. 이 상급은 내적이기도 하고 외적이기도 하다.

내적인 상급은 하나님 안에서의 안식이다. 우리는 믿음에 대한 보상으로 '안식'할 수 있다. 외적인 상급은 당신의 삶을 향한 하나님의 부르심이다. 당신이 어떤 직업을 가졌든지 상관없이 이 땅에서 그 부르심을 체험하는 것이 끈질긴 믿음에 대한 외적 상급이다. 우리 모두는 문자 그대로 '동일한' 내적 유업을 받았다. 그러나 외적 유업은 저마다 다르다. 개개인의 부르심이 다 다르기 때문에 모두가 동일한 외적 유업을 받는 것은 아니다.

>> 두 종류의 믿음

따라서 믿음에는 구원에 이르는 믿음과 인내하는 믿음 두 종류가 있다고 볼 수 있다. 구원에 이르는 믿음은 '의롭게 하는 믿음'으로 불린다. 이 믿음 안에서 그리스도의 의가 우리에게 전가된다. 그러므로 이 믿음은 우리를 천국으로 인도하는 믿음이다. 반면, 인내하는 믿음은 '순종'을 이끌어내는 믿음이다. 이 믿음 안에서 우리는 하나님의 말씀에 순종하고, 순종의 열매로 유업을 얻게 된다. 그러므로 이 믿음은 유업을 가져다주는 믿음이다.

히브리서 11장에서 인내하는 믿음을 통해 유업을 받은 예를 찾아볼 수 있다. 여기서 말하는 믿음은 구원에 이르는 믿음이 아니다. 히브리서 11장에는 포기하지 않는 믿음으로 마침내 유업을 얻은 사람들의 이야기로 가득하다.

물론 유업은 구원에 수반되는 선물이다(히 6:9). 구원받지 못한 사람에게는 '유업'도 없다. 오직 구원받은 사람에게만 유업을 받을 자격이 주어진다. 그러나 오해하지는 말라. 어디까지나 '자격'이 주어지는 것이지 자동으로 유업이 주어지는 것은 아니다. 구원을 받았다고 해서 모두가 다 유업을 손에 쥐는 것은 아니다.

다시 한 번 말하지만, 모든 크리스천은 유업을 얻도록 부름 받았다. 그런데 안타깝게도 그중 어떤 사람은 유업을 얻고, 어떤 사람은 얻지 못한다. 유업을 얻지 못하는 사람은 혼인잔치(부흥)에 참여하지 못하며, 그리스도의 심판대 앞에서 자신의 상급을 몰수당할 것이다.

> 이는 우리가 다 반드시 그리스도의 심판대 앞에 나타나게 되어 각각 선악 간에 그 몸으로 행한 것을 따라 받으려 함이라 (고후 5:10)

물론 이러한 사람들도 불 가운데에서 구원을 받기는 할 것이다(고전 3:15). 그러나 그들은 믿음으로 인내하지 않았기 때문에 유업을 몰수당한다. 열 처녀 비유에 등장하는 미련한 처녀들의 경우가 여기에 해당한다. 그들은 가까스로 구원을 받기는 하지만, 상급을 얻지는 못한다. 반면 끈질긴 믿음으로 자신의 유업을 붙든 사람들은 혼인잔치에 초청받아 기쁨을 누리는데, 슬기로운 처녀들이 여기에 해당한다. 또한 그들은 예수 그리스도의 심판대 앞에서 상을 받을 것이다.

'한밤'의 시대를 사는 동안, 말씀과 성령을 추구하는 크리스천은 장차 일어날 위대한 부흥, 오순절 성령강림 사건 이후 교회사 가운데 가장 위대한 성령의 부흥을 만끽하게 될 것이다. '미련한 처녀들'은 출발은 좋지만, 말씀과 성령을 끈질기게 추구하지 않는 크리스천들을 대표한다. '한밤의 외침'이 울려 퍼지면 그들은 애곡하게 될 것이다.

마태복음 25장에는 세 가지 종말론적 비유인 열 처녀, 달란트, 양과 염소 비유가 등장한다. 이 세 가지는 각기 다른 방법으로 최후의 심판을 설명하고 있다.

십대 시절, 나는 열 처녀 비유를 주제로 한 잊지 못할 설교 한 편을 들었다. 당시 목사님은 커다란 벽시계를 들고 강단에 오르셨다. 시계의 시침과 분침이 가리키는 시각은 11시 55분이었다. 목사님은 자정까지 5분 남아 있는 시계를 회중에게 보이시며 이렇게 말씀하셨다. "자정은 이

시대의 마지막을 의미합니다. 그때 주님께서 이 땅에 재림하실 것입니다. 주님은 곧 오십니다. 시간이 얼마 남지 않았습니다."

목사님의 설교를 들은 후 나는 한밤의 외침이 자정(세상의 끝)을 의미하고, 그때 예수님께서 재림하실 것이라고 생각했다. 그러나 큰 외침이 울려 퍼지는 것은 자정(세상의 끝)이 아니다. 큰 외침은 은유적으로 한밤중 곧 교회가 영적인 잠에 깊이 빠졌을 때 울려 퍼질 것이다. 그야말로 한밤의 외침이다.

〉〉 고대 중동지역의 결혼 풍습

앞에서 나는 예수님의 비유 속 모든 요소에 동등한 비중을 둘 수 없다고 말하였다. 그러므로 우리는 주님이 말씀하고자 하시는 핵심을 찾아내야 한다. 모든 세부사항 하나하나를 어떻게 해서든 '끼워 맞추려고' 해서는 안 된다.

물론 어떤 비유는 상징적으로 해석해야 할 것이다. 나는 열 처녀 비유가 이 범주에 속한다고 생각한다. 그러나 비유에 등장하는 모든 요소가 상징은 아니기 때문에 각별히 주의해야 한다. 각 요소에 일일이 대응하는 의미를 찾아 끼워 맞추려 해서는 안 된다.

열 처녀 비유에서 이상한 점 한 가지는 신부가 등장하지 않는다는 것이다. 결혼 비유에 신부가 등장하지 않다니 이상하지 않은가? 이 비유 속에는 신부의 존재가 암시되어 있을 뿐이다. 열 명의 처녀는 신부의 들러리처럼 보인다(이들은 교회를 상징한다). 신부에 대한 언급이 빠져 있기 때문에 우리는 이 비유의 해석을 한 가지 이상 제안할 수 있다. 물론 예수님이 염두에 두신 핵심 주제를 벗어나지 않는 범위 내에서 말이다.

일단, 열 처녀 비유는 고대 중동지역의 결혼 풍습을 배경으로 하고 있다. 당시 중동지역의 결혼식은 오늘날 우리의 결혼 문화와는 달랐다. 아마도 예수님의 육성으로 이 비유를 직접 들었던 그 당시의 사람들은 비유의 핵심을 우리보다 훨씬 잘 파악했을 것이다.

당시 결혼식은 신랑의 집에서 열렸다. 회당도, 교회도, 치안판사의 사무실이나 동사무소도 아닌 신랑의 집 말이다. 모든 경우가 그랬다고 단정할 수는 없지만, 당시의 결혼식은 대체로 7일 동안 진행되었다. 이 7일 중 어느 특정한 시점에 신랑이 신부의 집으로 찾아가서 신부를 자기 집으로 데리고 돌아와 잔치를 거행한다. 전통대로라면 신랑이 신부를 데려오는 길에 신부의 들러리들(신부의 친구들 중 결혼하지 않은 젊은 처녀들)이 등불을 들고 그 길을 밝히며 신혼부부와 동행하게 된다.

특이한 점은 신랑이 언제 신부의 집을 찾을지 아무도 모른다는 것이다. 신부도 그 시각을 알지 못한다. 신부는 신랑이 언제 찾아와 자신을 데려갈지 모르기 때문에 결혼식 기간 내내 '대기 상태'여야 했다. 우리의 눈에는 이상하게 비치겠지만, 당시 신랑들은 한밤중에 신부의 집을 찾곤 했다고 한다.

이 비유를 직접 들은 회중은 우리보다 훨씬 쉽게 이 비유의 내용을 이해했을 것이다. 그렇다고 해서 그들이 이 비유를 듣자마자 마태복음 24장의 내용(예수님께서 직전에 말씀하신 종말론)과 결부시켜 이해했을지는 미지수이다. 과연 그들이 이 비유를 듣고 마지막 시대의 교회를 떠올렸을까? 나로서는 알 길이 없다. 어쨌든 마태만큼은 우리가 그것을 깨닫기를 기대했을 것이다.

신랑이 언제 올지 모르기 때문에 그 당시 '의식 있는' 들러리들은 등에 기름을 가득 채우고, 기름을 담은 옥합을 따로 준비해 갔다. 한밤에도 계속 등을 밝히기 위해 여분의 기름을 준비한 것이다. 이처럼 신중한 들러리들은 등을 꺼뜨리지 않았다.

예수님이 전하신 비유의 핵심은 바로 이것이다. '신랑이 온다'는 외침은 언제 들려올지 모른다. 그러므로 그 외침이 울려 퍼질 때 기쁨으로 반응할 수 있도록 항상 준비하라! 그 외침은 축제이다! 들러리라면 마땅히 그 외침을 즐겨야 한다! 하지만 예수님의 비유에 등장하는 들러리들은 그 외침에 기뻐할 수가 없었다. 신랑의 도래를 알리는 외침이 울려 퍼지자 슬기로운 처녀들과 미련한 처녀들 모두 당황했다. 적어도 처음에는 그랬다. 모두가 화들짝 놀라 잠에서 깬 것이다. 이때 미련한 처녀들은 꺼져 가는 등불을 보며 슬기로운 처녀들에게 기름을 나눠 달라고 애원했다. 그러자 슬기로운 처녀들은 딱 잘라 거절했다. "우리가 사용하기에도 넉넉하지 않다." 기쁘게 즐겨야 할 축제가 슬픔으로 얼룩지는 순간이다.

잠에서 깬 후 심지를 정리하고 등을 밝힌 슬기로운 처녀들은 보상을 받는다. 그들은 오순절 성령강림 사건 이래, 교회사 가운데 가장 위대한 성령의 역사 한복판에 서게 될 것이다.

>> 시간 간격

마태복음 25장 7-9절은 '한밤의 외침'("신랑이 온다"라는 외침)이 울려 퍼진 시각과 신랑이 도착한 시각 사이에 큰 간격이 있음을 말해 주고 있다.

이에 그 처녀들이 다 일어나 등을 준비할새 미련한 자들이 슬기 있는 자들에게 이르되 우리 등불이 꺼져 가니 너희 기름을 좀 나눠 달라 하거늘 슬기 있는 자들이 대답하여 이르되 우리와 너희가 쓰기에 다 부족할까 하노니 차라리 파는 자들에게 가서 너희 쓸 것을 사라 하니

지금쯤 독자들은 '한밤의 외침'과 '신랑의 도래'(재림)가 동시적인 사건이 아니라는 사실을 이해했을 것이다. 두 사건 사이에는 시간 간격이 있다. 비유에서처럼 미련한 처녀들과 슬기로운 처녀들 사이에 대화가 오고갈 만큼 충분한 시간이다. 뒤에서 살펴보겠지만 '한밤의 외침'이 불러올 결과를 알고자 할 때, 이 '시간 간격'을 고려하는 것이 매우 중요하다.

한밤중에 교회는 깊은 잠에 빠진다. 그러므로 '한밤의 외침'은 축제로 이어지지 못한다. 한밤의 외침이 울려 퍼진 결과, 오히려 두려움이 양산된다. 사람들은 크게 떨며 공포를 느끼는데, 그 양상은 9·11 사태의 충격과 크게 다르지 않을 것이다. 당시 미국 전역과 전 세계는 깊은 충격에 빠졌다. 온 세상이 떨었다. 삽시간에 두려움과 공포가 퍼졌으며 적막감마저 감돌았다.

마지막 때도 마찬가지이다. 사람들은 예수님이 다시 오신다는 사실에 흥분하거나 기뻐하는 대신 충격을 받을 것이다. 미련한 처녀들은 기름이 없다는 사실을 깨닫고 두려워한다. 슬기로운 처녀들은 자신들도 미련한 처녀들과 별반 다를 것 없이 깊은 잠에 빠졌다는 사실을 깨닫고 충격을 받는다. 그리고 이렇게 말한다. "내가 쓰기에도 기름이 충분하지 않구나."

'열 처녀 비유'는 예언적 비유이다. '예언적'이라고 말하는 이유는 이 비유가 마지막 때의 일들을 전하고 있기 때문이다. 이 비유는 한밤의 외침이 울리기 전에 교회가 깊이 잠들 것을 예고하고 있다. 또한 한밤중(교회가 깊이 잠든 상태)에 교회가 크게 각성할 것도 예언하고 있다. 다시 말해서 우리가 깊이 잠들어 있을 때, 예상하지 못한 시각에 큰 외침이 울려 퍼진다는 것이다.

여기에 한마디 덧붙이고 싶다. "지금 우리는 깊은 잠에 빠져 있다." 오늘날의 교회를 이보다 더 잘 설명할 방법은 없다. 우리가 가장 깊이 잠들어 있을 때, 이를테면 새벽 2시를 생각해 보라. 과연 그 시각에 잠에서 깰 수 있겠는가? 지금의 교회가 그와 같다. 영적으로 볼 때, 우리는 깊은 잠에 빠져 있다. 이것이 오늘날 교회의 현주소이다.

>> **두 가지 의미**

예수님의 비유가 지닌 특징 중 하나는 한 가지 이상의 해석이 가능하다는 것이다. 예수님의 비유 중에는 의도적인 '모호함'이 깔려 있는 것들이 있는데, 이러한 의도적 모호성은 마태복음 24장 전체의 밑그림이기도 하다. 마태복음 24장은 크게 두 가지 사건(예루살렘의 멸망과 예수님의 재림)을 이야기하고 있다. 그런데 이 두 사건에 대한 예언이 혼재한다. 그래서 모호하다. 뒤에서 좀 더 자세히 살펴보겠지만, 어느 구절이 예루살렘의 멸망이고, 또 어느 구절이 예수님의 재림을 지목하고 있는지 분별하기가 쉽지 않다. 이 부분에 대해서는 최고의 학자로 추앙받는 사람들의 의견도 분분하다.

어쨌든 내가 말하고자 하는 바는, 예수님의 가르침에 의도된 모호성이 내재한다는 것이다. 그래서 하나의 비유 안에 두 가지 또는 그 이상의 의미가 담기곤 한다. 열 처녀 비유는 이러한 성향이 두드러지는 비유 중 하나이다. 이 비유는 우리를 향해 '예수님의 재림'을 대비하라고 말함과 동시에 재림 전에 울려 퍼질 '한밤의 외침'에 대해서도 준비하라고 말한다. 따라서 우리가 대비해야 할 것은 '재림'과 '한밤의 외침'이다.

그러나 열 처녀 비유에 의하면 교회는 제대로 대비하지 못한다. 재림과 한밤의 외침을 대비해야 옳지만, 예수님의 말씀처럼 교회는 영적으로 잠들 것이다. 밤을 새며 주님이 오실 것을 기다리지 않는다. 마태복음 24장의 말미에 기록된 짤막한 비유를 통해 우리는 재림을 준비하지 못한 사람에게 어떤 끔찍한 일이 닥칠지 알 수 있다.

> 충성되고 지혜 있는 종이 되어 주인에게 그 집 사람들을 맡아 때를 따라 양식을 나눠 줄 자가 누구냐 주인이 올 때에 그 종이 이렇게 하는 것

을 보면 그 종이 복이 있으리로다 내가 진실로 너희에게 이르노니 주인이 그의 모든 소유를 그에게 맡기리라 만일 그 악한 종이 마음에 생각하기를 주인이 더디 오리라 하여 동료들을 때리며 술친구들과 더불어 먹고 마시게 되면 생각하지 않은 날 알지 못하는 시각에 그 종의 주인이 이르러 엄히 때리고 외식하는 자가 받는 벌에 처하리니 거기서 슬피 울며 이를 갈리라 (마 24:45-51)

> > **훈계(훈련)**

한밤의 외침은 최종적인 경고음이다. 우리는 신앙의 여정을 가는 동안 수많은 경고음에 맞닥뜨린다. '훈계'(훈련)를 생각해 보라. 하나님의 훈계는 분명 경고음이다. 하나님은 그분이 친히 우리를 돌보신다는 사실을 알려 주고자 훈계하신다. 훈계는 우리가 하나님의 참된 자녀임을 입증해 주는 증거이다. 하나님께서 사랑하는 자녀를 반드시 훈계하시기 때문이다!(히 12:6-11) 크리스천의 여정 중 이 같은 경고음은 수없이 울린다.

지금 우리가 다루고 있는 비유 속 등장인물들은 모두 크리스천이다. 슬기로운 처녀들과 미련한 처녀들 모두 '거듭난' 사람들이다. 거듭났기 때문에 '크리스천'이라는 이름을 붙이기에 합당하다. 그들은 모두 거듭난 크리스천이다! 우리가 아는 바와 같이 교회를 다닌다고 해서 모두가 거듭

나는 것은 아니다. 그런데 이 사람들은 거듭났다. 단지 교회에 출석만 하는 '선데이 크리스천'이 아니라 '구원받은' 참된 크리스천인 것이다.

이제 이 비유의 상징적 요소들을 간략히 설명하겠다. 첫째, 이들은 모두 '처녀'이다. 이들의 '처녀성'은 그리스도의 순결한 의(義)가 이들에게 전가되었음을 상징한다. 둘째, 미련한 처녀들이 들고 있던 등불은 꺼졌다. '꺼졌다'는 말로 미루어 보아 처음에는 등불이 켜져 있었음을 알 수 있다. 즉, 그들의 등 안에 기름이 있었다는 뜻이다.

성경에서 '기름'은 성령을 상징하곤 한다. 성령 없이는 누구도 거듭날 수 없다(요 6:44, 롬 8:9). 그렇다. 미련한 처녀들은 구원받은 거듭난 성도들이다. 그러나 거기까지이다. 구원받은 크리스천이라고 해서 모두가 슬기로운 것은 아니다. 구원받은 사람도 미련할 수 있고, 말씀과 성령을 추구하지 않을 수도 있다.

당신이 거듭난 사람이라면, 하나님의 훈계(훈련)는 불가피하다. 혹시 훈계를 받아 본 적이 없다고 안심하고 있는가? 안심하기엔 이르다. 어디까지나 시간문제이기 때문이다. 분명, 훈계의 날이 올 것이다. 때때로 하나님의 훈계는 처참하리만치 혹독하다. 그것은 보통 다음과 같이 세 단계로 온다.

- 1단계(내적 훈계) – 하나님께서 말씀으로 우리의 마음에 경고하시는 단계이다. 문제를 해결하시는 가장 명쾌한 최상의 방법이다(시 119:9, 105).

- 2단계(외적 훈계) – 하나님께서 외적 압력을 행사하여 우리의 관심을 하나님께 집중시키시는 단계이다. 이때 동원되는 외적 압력으로는 질병, 재정 상태의 전환(부유함에서 가난함으로), 다양한 손실, 계속되는 오해 등이 있다. 그밖에도 우리를 올바른 길로 인도하시기 위해 하나님이 사용하시는 방법은 많다(요 2:1-5, 고전 11:30).

- 3단계 – 위의 방법이 통하지 않을 경우 하나님께서는 때때로 크리스천을 데려가신다. 말하자면, '때 이른 죽음'이다(고전 11:29-32, 요일 5:16). 혹은 이 땅에서 계속 살아가게는 하시지만, 회복시켜 주시지 않는다. 그들로 하여금 회개하지 못하게 하시는 것이다. 그들의 삶에 회개를 통한 회복은 없다(히 6:4-6).

미련한 처녀들은 회개할 기회를 허락받지 못한 경우(3단계)라고 할 수 있다. 그들은 진심으로 슬퍼하고 크게 후회했다. 하지만 그것은 어디까지나 후회일 뿐 회개는 아니었다. 그들이 슬기로워지기엔 시간이 촉박했다. 아니, 너무 늦었다! 계속 살펴보겠지만, 열 처녀 비유에서 가장 슬픈 대목은 한밤의 외침에 잠이 깼어도 사람들의 운명이 바뀌지 않는다는 것이다. 슬기로운 처녀들은 여전히 슬기롭고, 미련한 처녀들은 미련한 채로 남아 있다. '미련'에서 '슬기'로 넘어간 경우는 없다.

이 책을 쓰게 된 이유 중 하나가 바로 여기에 있다. 나는 마지막 날에 당신이 미련한 처녀로 남아 있지 않기를 바란다. 그 마음으로 나는 펜을 들었다.

>> 미국 교회사 속 두 차례의 큰 부흥(대각성운동)

한밤의 외침은 매우 혹독하고 무서운 훈계이다. 한밤의 외침이 울려 퍼지면, 과연 어떤 일이 일어날까? 우리는 미국 교회사 속 두 차례의 대각성운동에서 그 답을 찾아볼 수 있다.

제1차 대각성운동은 1741년 7월 8일, 조나단 에드워즈가 코네티컷 엔필드에서 전한 역사적인 설교 '진노한 하나님의 손아귀에 붙들린 죄인들'(Sinners in the Hands of and Angry God)을 통해 본격화되었다. 그는 "그들이 실족할 그때에 내가 보복하리라"는 신명기 32장 35절을 본문으로 말씀을 선포했다.

조나단 에드워즈는 영원한 지옥 형벌에 처해질 죄인들의 운명에 대해 전했다. 그러자 설교를 듣던 회중들이 두려워 떨기 시작했다. 지옥에 떨어질까 봐 두려워서 건물 안에서 설교를 듣던 사람들은 장의자를 꼭 잡았고, 밖에서 듣던 사람들은 나무를 꼭 붙잡았다. 그의 설교는 이 같은 결과로 이어졌다. 하지만 거기까지였다. 에드워즈는 이후에도 그와 유사한 설교를 몇 차례 더 전했으나 처음 같은 효과는 나타나지 않았다. 하나님께서 '한 번' 그같이 행하신 까닭은 죄를 향한 하나님의 진노가 얼마나 심각하고 끔찍한지 사람들에게 '살짝' 보여 주시기 위함이었던 것 같다.

제2차 대각성운동은 1801년 켄터키 버본에서 일어났다. 당시 사람들은 최후의 심판이 닥친 것처럼 느껴졌다고 증언했는데, 이것이 바로 미국의 제2차 대각성운동의 핵심인 '케인릿지 부흥'이었다.

1801년 8월 9일 주일 아침, 숲속의 쓰러진 나무 위에 올라선 평신도 출신의 감리교 설교자가 고린도후서 5장 10절을 본문으로 말씀을 전했다. "이는 우리가 다 반드시 그리스도의 심판대 앞에 나타나게 되어 각각 선악 간에 그 몸으로 행한 것을 따라 받으려 함이라." 당시 어림잡아만 오천 명이 운집하여 그의 설교에 귀를 기울였다.

그가 최후의 심판에 대해 언급하자 여호와 하나님을 향한 두려움이 사람들 위에 임했고, 그 즉시 수백 명의 사람들이 땅바닥에 엎드러졌다. 주위에 있는 사람들은 '그들이 죽은 것은 아닐까?' 하고 염려하기까지 했다. 하지만 쓰러졌던 사람들은 몇 시간 후 자리에서 일어나 큰 소리로 기쁨의 탄성을 지르며 자신이 받은 구원을 확신하였다. 이후 또 다른 사람들이 쓰러졌다. 주일 아침부터 수요일까지 사람들이 하나님의 능력에 '번갈아 가며' 쓰러졌다. 기록에 의하면, 그 기간 내내 사람들이 쓰러져 있었는데 어림잡아 500명 이상 되었다고 한다.

조나단 에드워즈의 설교나 감리교 출신 평신도의 외침은 하나님의 공의의 실체를 낱낱이 드러내었다. 또한 장차 하나님의 공의가 어떻게 이루어질지를 보여 주었다. 나는 하나님께서 이 두 사건을 통해 최후의 심판을 살짝 보여 주셨다고 생각한다. 이 사건들은 최후 심판의 맛보기인 셈이다.

어쩌면 앞에서 설명한 1, 2차 대각성운동은 한밤의 외침이 가져올 결과를 시연한 것이라고 할 수 있다. 이 책의 후반부에서 좀 더 자세히 다루겠지만, 한밤의 외침이 울려 퍼지는 날에 말씀을 듣는 모든 사람 위에 두려움이 임할 것이다. 성령께서 강림하신 오순절 날에 모든 영혼

위에 두려움이 임했듯이(행 2:43) 한밤의 외침과 함께 온 세상 수백만의 사람들에게 여호와에 대한 두려움이 임할 것이다.

하나님의 최후의 경고는 하나님의 백성, 곧 슬기로운 처녀와 미련한 처녀 모두에게 닥칠 것이다. 이 비유 속에서 슬기로운 처녀와 미련한 처녀 모두 깊이 잠들었다는 사실을 기억하라. 경고음을 듣고 슬기로운 처녀들이 깊은 잠에서 깬다. 그들은 잠들었다는 사실이 탄로 나자 수치심을 느낀다. 한밤의 외침에 대비하지 못하고 영적으로 잠들었다는 사실이 부끄러운 것이다.

하나님은 '말씀'으로 그들을 훈계하실 것이다. 그 말씀은 날카로운 칼처럼 아주 특별한 방법으로 듣는 이의 마음을 찌를 것이다. 이 같은 일은 오순절 날 처음 일어났다(행 2:37). 슬기로운 처녀들에게는 '영적인 잠'에 대한 회개의 기회가 주어진다. 그들은 회개의 기회가 주어진 것에 대해 크게 기뻐하고 감사한다. 이후 그들은 한 단계 더 높은 영광의 차원으로 올라간다.

한밤의 외침에 미련한 처녀들도 잠에서 깬다. 하지만 그들의 경우, 그동안 잠들었다는 사실뿐만 아니라 하나님의 유업을 추구하지 않았던 사실도 탄로 난다. 가장 슬픈 일은 히브리서 6장 4-6절에 묘사된 것처럼 그들에게는 회개의 기회가 주어지지 않는다는 것이다. 그들의 마음은 큰 슬픔에 짓눌린다. 눈물을 흘리며 회개할 기회, 만회할 기회를 간구해 보았지만 별도리 없었던 에서처럼(히 12:17) 그들도 별 수 없다. 이미 늦었기 때문이다.

미련한 처녀들은 자신들의 어리석음을 후회하며 슬기로운 처녀들에게 다가가 도움을 구한다. "우리 등불이 꺼져 가니 너희 기름을 좀 나눠 달라"(마 25:8). 그러나 슬기로운 처녀들은 그들을 도와줄 수 없었다. "우리와 너희가 쓰기에 다 부족할까 하노니 차라리 파는 자들에게 가서 너희 쓸 것을 사라"(마 25:9).

한밤의 외침은 자신의 유업을 지키지 못한 크리스천에게 매우 끔찍한 사건이 될 것이다. 그러나 말씀과 성령을 꾸준히 추구한 사람들에게 '이삭'의 도래는 형언할 수 없는 큰 기쁨이 될 것이다.

〉〉 마지막 때의 표식들

- 거짓 교사들이 일어나 자신을 참 교사로 가장함(마 24:5)
- 전쟁과 전쟁의 소문(마 24:6)
- 이상 기후, 기근, 지진(마 24:7)
- *쓰나미(눅 21:25)
- 악(惡)의 증가(마 24:12)
- 사람들의 사랑이 차갑게 식음(마 24:12)
- 전 세계에 복음이 전파됨(마 24:14)
- 하나님께 선택받은 사람들이 거짓 선지자들에게 속음(마 24:24)
- 번영: 사고팔고, 심고, 집을 지음(눅 17:28)
- 이성 간의 음행, 동성애(눅 17:26-29)
- 이상한 질병들(눅 21:11)

- 경건의 모양은 갖추었으나 능력이 없는 신앙(딤후 3:5)

- 올바른 교리를 거부함(딤후 4:3)

- 진리를 타협(타락)시킨 교사들이 성도들에게 사랑을 받음(딤후 4:3-4)

- 이동(속도)의 증가(단 12:4)

- 지식의 증가(단 12:4, 딤후 3:7)

* "땅에서는 민족들이 바다와 파도의 성난 소리로 인하여 혼란한 중에 곤고하리라"(눅 21:25)는 예수님의 말씀에 암시된 쓰나미와는 다르지만, 2016년 3월 17일자 런던 '메트로' 신문의 헤드라인을 장식한 기사는 다음과 같다. "65년 동안 목격된 것 중 대서양에서 가장 큰 파도." 이때, 파고(波高)는 평상시보다 45퍼센트나 높았다. 이에 영국의 해안이 크게 침식되었는데, 이는 기후 변화에 따른 결과였다.

4장 기대의 중요성

주인이 올 때에 그 종이 이렇게 하는 것을 보면 그 종이 복이 있으리로다 (마 24:46)

깨어 있으라 내가 너희에게 하는 이 말은 모든 사람에게 하는 말이니라 하시니라 (막 13:37)

솔직하게 말해 보자. 당신은 지금 주 예수 그리스도의 재림을 기대하고 있는가? 이 질문에 당황했는가? 혹시 "그러는 당신은 기대하고 있습니까?"라고 되묻고 싶은가?

오늘날 대부분의 사람들이 매우 바쁜 삶을 살고 있다. 매일같이 해야 할 일과 책임질 일에 파묻혀 살다 보니 예수님의 재림에 대해 생각할 겨를이 없다. 나는 하루 24시간 내내 예수님의 재림을 생각하라고 명령하는 것이 아니다. 다만 온화한 태도로 일종의 '도발'을 하는 중이다. 우리는 매우 불안한 시대를 살아가고 있다. 나는 이 사실을 일종의 경고 차원에서 당신에게 알리려는 것이다. 하지만 대다수의 사람들은 조금도 개의치 않을 것이다.

요즘 예수님의 재림에 대한 찬양이 있는가? 재림을 기대하라는 주제의 설교가 얼마나 되는지 알고 있는가? 임박한 심판에 대한 메시지는 어떤가? 지옥과 영원한 형벌에 대한 설교를 마지막으로 들은 것은 언제인가? 설교 중 '지옥'이나 '형벌'이라는 단어를 들어 보기는 했는가?

열 처녀 비유는 종말론적 비유이다. 이 비유의 시간적 배경은 재림 전 '마지막 때'이다(성경에서 예수님의 재림은 '주의 날'로도 언급된다). 이 비유는 예수님의 재림이 기록된 마태복음 24장과 최후의 심판이 기록된 25장 사이에 놓여 있다.

여기서 열 처녀 비유의 개요를 한 번 더 정리해 보자. 열 처녀 비유는 재림 전 한밤의 외침에 대한 비유이다. 한밤의 외침은 경고음과 큰 능력으로 임하시는 성령(다른 말로 하면 '예수님의 영적 도래')의 두 단계로 이뤄진다. 예수님의 재림도 두 단계로 이뤄진다. 먼저 예수님의 영적 도래(예수님께서 성령을 보내시는데, 이때 성령께서 큰 능력을 행하시므로 모든 원수가 그분의 발아래에 놓인다)가 있다. 그리고 예수님의 실질적 재림으로 주님께서 이 땅으로 내려오신다. 이후 예수님은 최후의 심판을 준비하신다. 서론에서 말했듯이 한밤의 외침의 2단계와 재림의 1단계는 같다.

이제 임박한 주님의 재림을 대비하는 것이 얼마나 중요한지에 대해 이야기하겠다.

›› 당신은 문 근처에 있는가?

웨스트민스터채플의 성도 중에 매우 생기발랄한 나이지리아 출신의 여성이 있었다. 그녀의 이름은 '메리'로, 이슬람교에서 개종한 후 그녀가 직접 그 이름을 선택했다고 한다. 메리는 나이지리아에서 고통스러운 박해를 당했는데, 박해자들이 그녀의 손을 강제로 불 속에 집어넣어 화상을 입어 손이 오그라들었다. 메리는 "언제든 섬길 수 있도록 준비하라"(눅 12:35-36)는 예수님의 말씀을 되뇌면서 이렇게 말하곤 했다. "저는 문 곁에 머물고 싶어요."

만약 문에서 멀리 떨어져 있으면, 보고 싶은 이가 찾아와서 노크하더라도 그 소리를 듣지 못할 것이다. "저는 예수님의 노크 소리가 들리는 순간, 곧바로 문을 열어 드리고 싶어요. 그래서 항상 문 가까이에 머물 거예요." 메리는 이렇게 고백했다.

아주 중요한 사람이 당신의 집을 찾아왔는데 당신이 문에서 멀리 떨어져 있어서 그의 노크 소리를 듣지 못하여 그가 문 밖에서 서성거리다가 떠나 버려 결국 만나지 못한다면 얼마나 안타깝겠는가! 예수님께서는 마지막 때에 대비하지 못할 경우 각 사람에게 어떤 일이 일어날지에 대해 경고하셨다(마 24:42-51). 이 말씀 후 곧바로 '열 처녀 비유'를 전하신 것이다.

그 후로 2천 년이란 시간이 지났다. 어떤 사람은 이렇게 묻는다. "2천 년 이상 연기되어 온 약속입니다. 그런데 왜 지금 그것을 대비해야 합니까? 그렇게 해야 할 이유가 있습니까?" 그 말에 나는 이렇게 대답한다. "각 세대는 자신의 때에 주님께서 재림하시리라 믿고 대비해야 합니다."

당신은 하나님께서 당신의 기도에 응답하셔도 될 만큼 충분히 준비되어 있는가? 기도 응답을 받을 준비가 되어 있는가? 기도가 응답되었는데 "제가 언제 그런 기도를 드렸죠?"라며 되묻는 것은 아닌가? 언제든 한밤의 외침이 울려 퍼져도 괜찮을 만큼, 언제든 예수님께서 재림하셔도 괜찮을 만큼 준비되어 있는가?

항상 사역을 위해 준비하고 '등을 켜 두라'(눅 12:35)는 주님의 명령은 종말론적 사건에만 국한되지 않는다. 앞으로 계속 살펴보겠지만 인자가 오실 그날, 곧 '우리가 예상하지 못한 때'는 '재림'만을 언급한다고 볼 수 없다(눅 12:40). 하나님의 자녀라면 언제든 그리스도의 재림이 일어나리라 기대해야 한다. 이것이 하나님께서 바라시는 것이다.

>> 잠을 깨운 선례

성경의 사건 중 이스라엘 백성이 하나님과의 만남에 대비하지 못한 선례를 한 가지 소개한다. 이것은 구약시대 초반에 일어난 사건으로, 약속의 땅을 정탐한 열두 정탐꾼들의 이야기이다. 그들은 가나안 땅을 둘러본 후 가데스바네아로 돌아왔다. 정탐꾼들의 공통된 의견은 가나안이 정말 '젖과 꿀이 흐르는' 땅이라는 것이었다. 그러나 열두 명 중 열 명의 태도가 돌변했다. 그들은 위축된 자세로 불평하기 시작했다. 그들이 싸워 정복해야 할 가나안의 거주민이 '강하다'는 이유로 크게 낙담했다. 그 사실 앞에 주저앉은 것이다.

이때, 갈렙이 나섰다. "우리가 곧 올라가서 그 땅을 취하자 능히 이기리라!"(민 13:30) 하지만, 그의 목소리는 다수의 불평에 묻혀 버렸다. 갈렙과 함께 길을 나섰던 열 명의 정탐꾼은 이스라엘 백성 앞에서 가나안 땅을 악평하기 시작했다. 방금 전까지 젖과 꿀이 흐르는 땅이라며 호평했던 사람들이 너나 할 것 없이 그 땅을 폄하하고 나선 것이다.

그들은 이렇게 말했다. "우리가 두루 다니며 정탐한 땅은 그 거주민을 삼키는 땅이요 거기서 본 모든 백성은 신장이 장대한 자들이며 거기서 네피림 후손인 아낙 자손의 거인들을 보았나니 우리는 스스로 보기에도 메뚜기 같으니 그들이 보기에도 그와 같았을 것이니라"(민 13:32-33). 이러한 다수의 불평이 소수의 믿음을 눌러 버렸다. 결국 이들의 말에 설득된 이스라엘 백성은 가나안 땅에 들어가려 하지 않았다.

하나님은 이스라엘 백성에게 진노하셨다. 사실 그들은 출애굽 과정에서 전례 없는 유월절을 몸소 체험했다. 또한 그들의 눈앞에서 홍해가 갈라지는 기상천외한 광경도 목격했다. 바다 사이로 드러난 마른 땅을 두 발로 밟아 건너기까지 했다. 이외에도 그들은 수많은 기적과 표적을 체험했다. 하지만 그들은 갈렙의 믿음을 거부했다.

이 사건으로 하나님께서는 이같이 맹세하셨다. "애굽에서 나올 때 스무 살 이상이었던 사람은 결단코 가나안에 들어가지 못하리라!" 가나안 땅은 하나님의 '안식'을 상징한다. 즉, 하나님께서 크게 진노하시는 가운데 "이 백성은 결단코 나의 안식에 들어올 수 없다"고 말씀하신 것이다. 그리고 "이 결정은 돌이킬 수 없다"는 말씀을 덧붙이셨다. 결국 이스라엘 백성은 하나님의 안식에 들어가지 못하였다.

〉〉하나님의 맹세

포기하지 말라며 사람들을 격려할 때, 우리는 종종 요기 베라(미국 메이저리그의 전설적인 야구선수 - 역자 주)의 명언을 인용하곤 한다. "끝날 때까지 끝난 것이 아니다." 그러나 하나님이 맹세하신 경우에는 이 말이 적용되지 않는다. 하나님이 맹세하시면, 그걸로 끝이다! 하나님은 결코 마음을 바꾸지 않으신다. 하나님께서 긍휼 가운데 맹세하셨든, 진노 중에 맹세하셨든지 한 번 선포된 맹세는 되돌릴 수 없다.

가데스바네아에서 열 명의 정탐꾼과 함께 입을 모아 불평했던 이스라엘 백성은 하나님께서 자신들의 태도에 얼마나 크게 진노하셨는지, 또 자신들이 얼마나 어리석었는지를 깨닫고 마음을 돌이켰다. 회심한 그들은 하나님께서 자신들을 긍휼히 여겨 주시리라 기대했다. 또한 자신들의 잘못을 만회하고자 했다. 그들은 '하나님을 힘입어 가나안 땅을 정복하리라' 다짐했다. "우리가 여호와께서 허락하신 곳으로 올라가리니 우리가 범죄하였음이니이다"(민 14:40).

하지만 그들이 깨닫지 못한 사실이 있었다. 그것은 바로 하나님께서 맹세하시면 무엇으로도 그분의 마음을 바꿀 수 없다는 것이다! 우리는 맹세한 후에도 마음을 바꾸지만, 하나님은 자신의 맹세를 변개치 않으신다.

기본적으로 하나님께서는 그분의 백성과 '약속'과 '맹세' 두 단계로 소통하신다. 약속과 맹세 각각은 모두 동등하고도 절대적인 진리이다. 히브리서 6장은 하나님께서 거짓말을 하실 수 없는 두 가지에 대해 말한다. 하나님은 변하지 않는 사실만을 말씀하시는데, 그 두 가지가 바로 '약속'과 '맹세'이다(히 6:18). 약속과 맹세는 모두 변하지 않는 진리이다. 그런데 이 둘에는 차이가 있다.

약속에는 종종 조건이 붙는다. 여기에는 '만일'이라는 말이 명시되거나 암시된다. 그것이 명시되든 암시되든 모두 '조건부' 약속이다. 즉, 특정 사항이 약속이행의 전제조건으로 제시된다. 이 말은 우리 편에서 무언가 할 일이 있다는 뜻이다. 이를테면, '순종'이 그것이다.

역대하 7장 14절은 성경에 등장하는 가장 유명한 약속 중 하나로, 조건부 약속이다. "내 이름으로 일컫는 내 백성이 그들의 악한 길에서 떠나 스스로 낮추고 기도하여 내 얼굴을 찾으면, 내가 하늘에서 듣고 그들의 죄를 사하고 그들의 땅을 고칠지라"(대하 7:14).

하지만 맹세는 조건부 약속과 다르다. 맹세에는 어떤 조건도 붙지 않는다. 그리고 일단 한 번 '발설'되면 돌이킬 수 없다. 쉽게 말해서 하나님께서 맹세하시면 그걸로 끝이다. 그분의 마음을 돌이키기 위해 우리가 할 수 있는 일은 아무것도 없다. 순종해도, 죄를 고백해도, 간절히 기도해도 소용없다. 그 무엇으로도 하나님의 마음을 움직일 수 없다.

그 옛날 가데스바네아의 이스라엘 백성은 뒤늦게 이 사실을 깨달았다. 하지만 이미 너무 늦었다. 하나님께서 맹세를 하신 결과, 출애굽 당시 스무 살 이상이었던 사람은 모두 광야에서 죽었다.

이처럼 하나님의 맹세는 돌이킬 수 없다. 이 사실은 듣기만 해도 무섭다. 하지만 좋은 소식이기도 하다. 하나님께서 긍휼과 사랑으로 맹세하실 경우에도 그 효력이 동일하기 때문이다. 그분의 마음은 변하지 않는다.

하나님께서 긍휼과 사랑으로 맹세하신 첫 번째 사례는 아브라함의 이야기에서 발견된다. "이르시되 여호와께서 이르시기를 내가 나를 가리켜 맹세하노니 네가 이같이 행하여 네 아들 네 독자도 아끼지 아니하였은즉 내가 네게 큰 복을 주고 네 씨가 크게 번성하여 하늘의 별과 같고 바닷가의 모래와 같게 하리니 네 씨가 그 대적의 성문을 차지하리라"(창 22:16-17). 이것은 결코 되돌릴 수 없는 맹세이다.

그런데 이 영원한 하나님의 맹세는 이삭의 후손이 바닷가의 모래처럼 많아질 것에만 국한되지 않는다. 이 맹세가 궁극적으로 예수 그리스도를 지목하고 있기 때문이다. "이 약속들은 아브라함과 그 자손에게 말씀하신 것인데 여럿을 가리켜 그 자손들이라 하지 아니하시고 오직 한 사람을 가리켜 네 자손이라 하셨으니 곧 그리스도라"(갈 3:16).

>> 약속과 맹세 – 변하지 않는 진리

약속과 맹세 둘 다 '진리'이긴 하지만, 맹세가 약속보다 강하다. 우리가 사용하는 언어도 마찬가지 아닌가? '맹세'가 '약속'보다 훨씬 강한 의미로 다가온다. 흔히 '맹세'라고 하면, 어떠한 조건도 붙지 않는 약속을 생각한다. 바꾸어 말해서, 맹세는 반드시 이뤄질 것이 보장된 약속이다.

하나님께서는 이삭에 대한 약속의 말씀을 주시며 아브라함에게 맹세하셨다. 맹세하셨으니 그걸로 '끝'이다. 조건을 이행하기 위해 초조해할 필요도 없고, 약속이 이뤄질지 여부를 타진하며 염려할 필요도 없으며, 약속 때문에 갈등하거나 애쓸 필요도 없다. 하나님의 맹세는 마치 하나님이 갑자기 개입하셔서 이같이 말씀하신 것과 같다. "내게 맡겨라." 아브라함은 자신의 자손(씨)에 대한 약속의 보장 안에서 평안과 안식을 누릴 수 있었다. 하나님이 맹세하시면, 그걸로 끝이기 때문이다.

이스라엘 백성에게도 기회는 있었다. 하지만 그들은 그 기회를 날려 버렸다. 광야에 들어선 후 2년도 채 지나지 않아서 그들은 가나안 땅에 들어갈 기회를 얻었다. 그것은 분명 영광스러운 기회였으나 안타깝게도 그들은 불신앙의 늪에 빠져 버렸다. 불신에 대해서는 변명의 여지가 없다.

갈렙의 말이 옳았다. "여호와께서 우리를 기뻐하시면 우리를 그 땅으로 인도하여 들이시고 그 땅을 우리에게 주시리라 이는 과연 젖과 꿀이 흐르는 땅이니라"(민 14:8). 그런데 갈렙 외에는 누구에게도 이러한 믿음이 없었다. 왜 그럴까? 애굽을 떠나 광야를 지나면서 모든 이스라엘 백성이 하나님의 놀라운 능력과 신실하심을 두 눈으로 목격하지 않았던가?

가나안 땅에 들어갈 기회가 눈앞에 열렸지만, 그들은 준비되어 있지 않았다. 이런저런 다양한 통로로 그들의 삶에 불신앙이 파고들어 와 있었던 것이다. 결국 그들은 하나님을 만날 기회를 놓쳤다. 앞에서 소개한 메리의 말처럼, 그들은 '문에서 멀리 떨어진' 곳에 있었던 것이다. 애굽 땅에서, 또 광야에서 하나님이 행하신 그 모든 기적은 기억의 저편으로 날아가 버렸다. 그들의 마음속에는 아무런 기대감도 없었다. 이러한 가운데 하나님께서 맹세하셨다. "그들은 결단코 나의 안식에 들어올 수 없다"(히 3:11).

이제 '기대'가 중요한 이유를 이해하겠는가? 기대는 '지속되는 믿음'의 열매이다. 그래서 기대가 중요하다. 끈질긴 믿음을 통해 열매 맺는 기대를 다른 말로 '소망'이라고 한다. 믿음과 소망, 사랑은 영원할 것이다(고전 13:13). 그런데 소망은 '믿음'이 '확실한 기대'로 발전한 결과이다.

까치발을 딛고 서서 기다리고 기대하라. '기대'는 우리 영혼에 믿음이 내재한다는 증거이다. 예수님께서 우리에게 재림을 '기대'하라고 강권하신 이유가 여기에 있다. 물론 예수님께서는 자신의 재림만을 기대하라고 말씀하시지는 않았다(디도서에는 재림에 대한 기대가 '복스러운 소망'으로 소개되었다). 주님은 그분의 임재와 관련된 모든 것(가능성)을 '기대'하라고 강권하셨다.

〉〉 기도가 응답될 때, 당신은 준비된 상태인가?

예수님은 기도가 응답될 것에 대해서도 "기대하라"고 명령하셨다. 끈질긴 과부의 비유는 기도할 때 포기하지 말아야 함을 가르쳐 준다. 한껏 용기를 북돋워 주는 이 비유는 이렇게 시작된다. "항상 기도하고 낙심하지 말아야 할 것을 비유로 말씀하여"(눅 18:1). 이 비유는 쉽게 읽힌다. 굳이 부연할 필요가 없다.

> 이르시되 어떤 도시에 하나님을 두려워하지 않고 사람을 무시하는 한 재판장이 있는데 그 도시에 한 과부가 있어 자주 그에게 가서 내 원수에 대한 나의 원한을 풀어 주소서 하되 그가 얼마 동안 듣지 아니하다가 후에 속으로 생각하되 내가 하나님을 두려워하지 않고 사람을 무시하나 이 과부가 나를 번거롭게 하니 내가 그 원한을 풀어 주리라 그렇지 않으면 늘 와서 나를 괴롭게 하리라 하였느니라 주께서 또 이르시되 불의한 재판장이 말한 것을 들으라 하물며 하나님께서 그 밤낮 부르짖는 택하신 자들의 원한을 풀어 주지 아니하시겠느냐 그들에게 오래 참으시겠느냐 내가 너희에게 이르노니 속히 그 원한을 풀어 주시리라 그러나 인자가 올 때에 세상에서 믿음을 보겠느냐 하시니라 (눅 18:2-8)

예수님께서는 왜 이 비유의 끝에 "인자가 올 때에 세상에서 믿음을 보겠느냐?"라는 질문을 던지신 것일까? 이 질문에는 주님의 재림이 암시되어 있다. 그런데 어째서 이 질문이 이 비유에 삽입된 것일까?

답은 의외로 간단하다. 예수님이 말씀하신 '인자의 도래'는 예수 그리스도의 재림과 하나님과의 만남(하나님의 방문)을 뜻한다. 또한 이것은 '기도가 응답되는 때'를 뜻한다. 간혹 우리가 간구하다가 포기해 버린 기도에 하나님께서 갑자기 응답해 주실 때가 있다. 이때, 예수님께서는 우리에게서 믿음을 보실 수 있을까? 우리는 종종 끝까지 기도하지 못하고 중도에 포기하곤 한다. 자주 기대감을 잃어버린다. 그래서 예수님께서 "인자가 올 때(기도가 응답될 때)에 믿음을 보겠느냐?"고 말씀하신 것이다.

과부와 재판관의 비유는 사가랴 제사장의 경험과 잘 맞는다. 그는 하나님께서 응답하실 것을 믿고 기도하다가 중도에 포기해 버렸다. 그러던 어느 날, 전혀 예상하지 못한 사건이 일어났다. 눈앞에 가브리엘 천사가 나타나 그에게 이 같은 말씀을 전했다. "너의 간구함이 들린지라"(눅 1:13). 사가랴는 '뭐라고 하는 거야? 도대체 내가 무엇을 간구했단 말인가?' 하며 어리둥절해하는 모습을 보인다. 사가랴는 자신이 드렸던 기도에 대해 잊은 지 오래였다. 그런데 하나님께서 그 기도에 응답해 주신다는 것이다. 가브리엘이 그에게 말했다. "네 아내 엘리사벳이 네게 아들을 낳아 줄 것이다."

안타깝게도 사가랴는 천사가 전한 말을 믿지 못했다. 이에 가브리엘이 한 마디를 덧붙였다. "보라 이 일이 되는 날까지 네가 말 못하는 자가 되어 능히 말을 못하리니 이는 네가 내 말을 믿지 아니함이거니와 때가 이르면 내 말이 이루어지리라"(눅 1:20).

한때, 사가랴는 아들을 구했다. 그러나 오랫동안 아들이 태어날 기미가 보이지 않자 기도를 중단해 버렸다. 하나님이 자신의 기도에 응답하실 것을 예상하지 못하고 포기해 버렸다. 기도 응답의 가능성에 대해 기대하지 않았던 것이다.

사가랴의 경험 배후에는 두 가지 원칙이 자리하고 있다. 첫째, 하나님의 뜻대로 드린 기도는 반드시 응답된다. 요한일서 5장 14절의 말씀처럼 하나님께서는 자신의 뜻에 맞는 기도는 반드시 들어 주신다. 둘째, 기도가 응답될 때, 응답의 형태는 우리의 준비 상태 및 기대감에 따라 달라진다.

사가랴의 기도는 하나님의 뜻에 부합했다. 그래서 하나님은 그의 기도를 들어 주셨다. 하지만 안타깝게도 그는 응답받을 만큼 준비되어 있지 않았다. 그래서 가브리엘의 말이 그에게 아무런 기대감을 주지 못했던 것이다. 어쨌든, 그의 기도는 응답되었다. 그러나 그의 기도 응답에는 고통과 당혹감이 동반될 수밖에 없었다. 하나님께서 그의 입을 치셔서 그는 벙어리가 되었다. 그는 응답을 받기는 했지만, 그 기쁨을 온전히 누릴 수 없었다.

이 장의 목적은 '기대'가 필수임을 알리는 것이다. 기대는 단순히 중요한 요소가 아니라 '필수' 요소이다. 하나님은 우리 모두가 '기대감'을 갖고 살기 원하신다. 그러니 매일 기대하면서 살아가라!

시편 기자의 말을 들어 보자. "나 곧 내 영혼은 여호와를 기다리며 나는 주의 말씀을 바라는도다 파수꾼이 아침을 기다림보다 내 영혼이 주를 더 기다리나니 참으로 파수꾼이 아침을 기다림보다 더하도다"(시 130:5-6). 이 말씀이 그리는 상황은 다음과 같다. 어떤 파수꾼이 망대에 올라 성읍을 지키며 긴 밤을 지새운다. 그는 새벽이 밝기를 기다린다. 지평선 저 끝에서 한 줄기 빛이 비치기를 기대한다. 참으로 멋진 그림 아닌가?

다음의 말씀도 함께 살펴보자. "상전의 손을 바라보는 종들의 눈같이, 여주인의 손을 바라보는 여종의 눈같이 우리의 눈이 여호와 우리 하나님을 바라보며 우리에게 은혜 베풀어 주시기를 기다리나이다"(시 123:2). 여기서 종은 주인의 손을 바라본다. 주인의 얼굴이 아니라 손을 바라본다. 이것은 주인의 작은 손짓에도 즉시 민감하게 반응할 준비가 되어 있다는 뜻이다. 주인이 손가락을 튕겨 '탁' 소리를 내거나 손바닥을 살짝 뒤집기만 해도 좋은 주인이 자신에게 무슨 일을 시킬지 알고 있다. 그러므로 그는 주인의 지시를 '기대하면서' 그의 손을 주시하는 것이다. 종이 온전한 '주의 집중' 상태로 살아가는 것처럼 우리도 매 순간 이 같은 기대감을 갖고 살아가야 한다.

그리스도의 재림이나 한밤의 외침에 대비하는 것과는 별개로, 예수님께서는 언제든 하나님과의 만남이 이루어질 수 있음을 말씀하시며 항상 준비하라고 경고하셨다. 여기서 하나님과의 만남은 하나님의 임재, 하나님께서 자신을 드러내시는 것, 하나님의 개입, 상황의 전환, 하나님께서 상황의 주도권을 빼앗으시는 것, 기도의 응답 등을 뜻한다.

항상 준비하고, 대비하고, 기대하라. 이러한 예수님의 경고는 전혀 새로울 것이 없다.

>> 하나님을 만날 준비가 되어 있는가?

당신이 좋아하든, 싫어하든 상관없이 하나님께서는 우리가 그분을 전혀 기대하지 않을 때 자신의 모습을 나타내시기도 하고, 우리의 기도에 응답해 주시기도 한다. 이것도 하나님께서 일하시는 방법이다.

그러므로 깨어 있으라 어느 날에 너희 주가 임할는지 너희가 알지 못함

이니라 (마 24:42)

그러나 주의 날이 도둑같이 오리니 (벧후 3:10)

주의 날이 밤에 도둑같이 이를 줄을 너희 자신이 자세히 알기 때문이라 (살전 5:2)

보라 내가 도둑같이 오리니 누구든지 깨어 자기 옷을 지켜 벌거벗고 다니지 아니하며 자기의 부끄러움을 보이지 아니하는 자는 복이 있도다 (계 16:15)

나는 이 말씀들이 참으로 무섭다. 모두 다 가볍게 흘려들을 말씀이 아니기 때문이다. 하지만 한편으로는 매우 흥미진진하기도 하다. 하나님은 업신여김을 받지 아니하신다(갈 6:7).

예기치 못한 때에 하나님께서 우리를 방문하신다. 이러한 방법에는 우리와 함께 생생한 관계, 살아 있는 관계, 서로 소통하는 관계를 맺기 원하시는 하나님의 갈망이 스며 있다.

하나님은 밤낮으로 우리와 동행하신다. 하나님은 밤낮으로 우리를 권념하신다. 그래서 우리도 밤낮으로 하나님을 생각하기를 바라신다. 이것은 하나님이 부르실 때, 언제든 쓰임 받을 수 있도록 준비하라는 말이 아니다. 언제든 하나님과 만날 수 있다는 사실을 '기대'하라는 뜻이다.

몇 년 전, 예루살렘의 '정원 무덤'(예수님의 시신을 안치한 곳으로 추정되는 돌무덤 – 역자 주)에서 설교한 적이 있다. 예배를 마친 후 스코틀랜드에서 온 한 부부가 다가와서 이렇게 말했다. "목사님, 혹시 저희를 알아보시 겠어요?" 내가 알아보지 못하자, 그들은 이렇게 말했다. "오래전에 목사님께서 에든버러에 있는 우리 교회에 오셔서 '기도 응답'에 대비하라는 말씀을 전해 주셨어요. 목사님의 설교에 용기를 얻은 우리 부부는 한동안 중단했던 기도를 다시 시작했어요. '언젠가 성지순례를 갈 수 있게 해 주세요' 하고 말이에요. 목사님의 설교는 우리 부부에게 도전을 주었어요. 이후 우리는 이곳에 올 수 있기를 끊임없이 기도했고, 마침내 이곳에 왔습니다. 그런데 바로 여기서 목사님을 만나게 되다니, 정말 놀랍네요!"

>> **소망을 포기하지 말라**

과거에 하나님께 간구했던 기도제목들을 떠올려 보라. 하나님께 요청했고 또 이루어 주시길 간구했던 기도제목들 말이다. 하나님의 뜻대로 구하였는가? 혹은 그 기도가 하나님의 뜻에 부합한다는 사실을 뒤늦게라도 알게 되었는가? 만일 그것이 하나님의 뜻에 맞는 기도라면, 반드시 응답될 것이다. 그러나 하나님께서 응답하실 때, 당신의 준비상태와 기대하는 마음자세에 따라 그 양상은 달라질 것이다.

요한일서 5장 14절 말씀을 주의 깊게 살펴보자. "그를 향하여 우리가 가진 바 담대함이 이것이니 그의 뜻대로 무엇을 구하면 들으심이라." 이 구절에서 요한이 언급한 '들음'은 히브리적 사고로 이해해야 한다. 경건한 유대인이라면 '쉐마'('쉐마[들으라] 이스라엘'로 시작하는 신명기 6장 4-9절의 말씀 - 역자 주)를 떠올릴 것이다. "이스라엘아 들으라 우리 하나님 여호와는 오직 유일한 여호와이시니"(신 6:4). 히브리어 '쉐마'에는 '들으라' 외에 '듣고 순종하라'는 뜻도 있다.

당신도 종종 자녀에게 이렇게 말하지 않는가? "내 말 좀 들어!" 히브리적 사고에서 '진심으로 듣는 것'은 곧 '순종하는 것'이다. 하나님의 입장에서도 마찬가지이다. 만일 하나님께서 우리의 기도를 '들으신다'면, 그것은 곧 하나님께서 우리의 간구에 '순종하시는' 것과 같다. 극단적인 설명이긴 하지만, 정말 그렇다.

물론 주권자이신 하나님이 우리의 간구에 순종하실 필요는 없다. 하나님께서는 그분의 주권을 발휘하셔서 우리의 간구를 들어주기로 '선택'하신다. 어쨌든 우리가 하나님의 뜻대로 구하면, 하나님은 우리의 기도를 들어주신다. 하나님 편에서는 아무 문제가 없다. 문제는 우리이다. 우리가 하나님의 뜻을 항상 제대로 분별하는 것이 아니기 때문이다.

요한은 다음과 같은 말씀을 덧붙였다. "우리가 무엇을 구하든지 하나님이 우리의 청을 들어주신다는 것을 알면, 우리가 하나님께 구한 것들을 우리가 받는다는 것도 압니다"(요일 5:15, 새번역). 이 말씀대로라면 하나님께서 우리의 기도를 들으시고, 우리는 그 사실을 안다. 그런데 우리의 기도가 응답되었다는 것을 언제, 어떻게 알 수 있을까? 답은 간단하다. 하나님께서 우리에게 말씀해 주실 때이다! 하나님이 말씀해 주실 때, 우리는 기도 응답을 확신할 수 있다.

크리스천으로 살아가는 동안 우리는 종종 지극히 높으신 하나님 앞에 기도가 상달되었음을 '직감할' 때가 있다. 그런 경우 그 기도는 응답된다. 쉽게 말해서 '사건 종료'이다. 하나님은 성령의 직접적인 증언으로 우리의 내면에 말씀해 주신다. 우리의 기도가 응답된다는 사실을 확실한 내적 증거를 통해 알려 주시는 것이다.

하지만 이처럼 기도 응답을 확실히 알려 주시는 경우는 극히 드물다. 적어도 내 경험상 그렇다. 기도한 즉시 하나님께서 "내가 네 기도를 들었다"라고 직접 말씀해 주신다면, 당신은 기도 응답을 100퍼센트 확신할 것이다. 그러나 솔직히 말해서 이러한 일이 자주 일어나지는 않는다. 사가랴도 마찬가지였다.

오래전, 그는 아내 엘리사벳과 함께 아들을 달라고 간구했다. 하지만, 기도 응답을 보장하시는 하나님의 맹세는 없었다. 그래서 사가랴는 자신의 기도가 상달되었으리라고 생각하지 못했다. 그렇게 오랜 시간이 지난 후 그 부부의 기도가 응답되었다. 그런데 애석하게도 사가랴는 가브리엘의 말을 믿지 못했다. 하지만 그것과 상관없이 그의 기도는 응답되었다. 왜냐하면 하나님의 뜻대로 드린 기도는 반드시 응답되기 때문이다! 이것이 바로 요한일서 5장 14절의 골자이자 사도 요한의 확신이다!

만일 하나님께서 작정하시면, 우리가 기도할 때마다 응답의 약속을 맹세하실 수도 있을 것이다. 그런데 하나님께서 즉시 응답을 약속해 주신다면, 우리는 '어차피 응답될 테니 적당히 하자'는 생각을 품을지도 모른다. 오히려 응답 여부를 모를 때, 우리는 더욱 간절한 마음과 믿음으로 반응할 것이다. 그러므로 나는 이렇게 추측해 본다. "하나님은 우리와의 동행을 기뻐하셔서 종종 기도 응답의 맹세를 보류하신다."

하나님께서는 우리가 매일 믿음 안에서 '기대'하며 살아가기를 바라시기 때문에 기도 응답의 맹세를 보류하신다. 이것이 사실이라면, 우리가 해야 할 일이 있다. 그것은 바로 기도가 응답될 때까지 '기대'하며 기도하는 것이다!

내 고향 켄터키 애슐랜드에서 한 부부가 마을의 남부 지역에 교회를 개척했는데, 많은 사람들이 교회 개척을 반대했다. 어떤 사람은 놀리는 투로 이렇게 말했다. "애슐랜드 남부 지역에 교회가 세워졌는데, 글쎄 지난 주일에는 열 명의 성도가 교회를 떠났다고 하네." 나 또한 그 소문을 들었다. 하지만 그 부부는 언젠가 교회가 성장할 것이라고 믿으며 예배처소를 달라고 간구했다.

수년 후 그들의 기도가 응답되었다. 약 400명가량 수용할 수 있는 교회가, 그것도 그 마을에서 가장 아름다운 건물이 세워진 것이다. 이윽고 헌당예배를 드리는 날이 되었다. 그들은 소속 교단의 총회장을 초청하여 설교를 부탁하였다. 모든 것이 완벽했다. 정말 아름다운 교회 성장 스토리 아닌가?

그런데 이 교회가 이처럼 성장하는 동안 참으로 안타까운 일이 벌어졌다. 초창기에 교회 개척의 비전을 품고 이 교회를 창립했던 멤버 한 사람이 죄를 범하여 쓴 뿌리와 수치심을 안은 채 교회를 떠나 버린 것이다. 헌당예배를 드리던 날, 그는 끝내 나타나지 않았다. 사람들의 증언에 의하면, 그는 차 안에서 잠시 교회에 운집한 수많은 사람들을 지켜보다가 떠났다고 한다. 과거에 그가 드렸던 기도는 응답되었다. 하지만 기도가 응답되었을 때, 그는 기도 응답을 받을 만큼 준비되어 있지 않았다. 이처럼 우리가 어떤 기대를 품고 있는지에 따라 기도 응답의 양상은 달라진다.

항상 대비하라고 권고하신 예수님의 말씀(마 24:42-51) 뒤에 '열 처녀 비유'가 이어진다. 마태복음 25장 1절의 열 처녀 비유는 "그때에"라는 말과 함께 시작된다. 항상 대비하라는 말씀의 무대 위에 이 거대한 종말론 비유가 등장하는 것이다.

주님은 우리에게도 동일하게 말씀하신다. "대비하라!" 그날이 이를 때에 깜짝 놀라지 않으려면, 우리는 반드시 기대해야 한다. 잊지 말라. 우리가 미처 예상하지 못한 때, 하나님께서 나타나실 것이다. 하나님은 이렇게 일하신다. "나는 도적처럼 올 것이다"(계 16:15). 이러한 이유로 예수님은 우리에게 "항상 깨어 있으라"고 권고하셨다(막 13:35). 우리가 미처 예상하지 못한 때, 하나님께서 오신다. 이것은 주권자의 특권이다.

> > '한밤의 외침'은 하나님의 맹세이다

우리는 왜 '맹세'에 대한 가르침을 '열 처녀 비유'와 함께 살펴보는가? 하나님께서 '한밤의 외침'을 맹세하셨기 때문이다. 그분의 맹세대로 한밤에 외침이 울리면, 그것으로 끝이다. 미련한 처녀들은 기름을 얻을 수 없다. 성령을 추구하기엔 시간이 턱없이 부족하다. 너무 늦었기 때문에 미련한 처녀들은 슬기로운 자가 될 수 없다.

한밤의 외침이 울리면 수많은 사람들이 자신의 영적 게으름을 후회하며 애통해할 것이다. 그러나 변화를 위한 시간은 주어지지 않는다. 이미 너무 늦었다. 결국 그들은 성령의 역사에 동참하지 못하는 끔찍한 운명과 마주해야만 한다.

하나님께서 왜 이렇게 일하시는지 묻고 싶은가? 이에 대한 나의 대답은 이것이다. "하나님께서 질투하시는 분이기 때문이다"(출 34:14). 하나님은 우리가 항상 오직 주님만을 바라보기를 원하신다. 하나님께서 이렇게 일하시는 이유가 여기에 있다. 답은 간단하다.

"저는 경고의 말씀을 듣지 못했는데요?" 그러나 그날에는 누구도 핑계를 댈 수 없다.

5장 교회 안의 슬기로운 처녀와 미련한 처녀

> 그 중의 다섯은 미련하고 다섯은 슬기 있는 자라 미련한 자들은 등을 가지되 기름을 가지지 아니하고 슬기 있는 자들은 그릇에 기름을 담아 등과 함께 가져갔더니 (마 25:2-4)

> 형제들아 내가 신령한 자들을 대함과 같이 너희에게 말할 수 없어서 육신에 속한 자 곧 그리스도 안에서 어린아이들을 대함과 같이 하노라 … 너희는 아직도 육신에 속한 자로다 너희 가운데 시기와 분쟁이 있으니 어찌 육신에 속하여 사람을 따라 행함이 아니리요 … 너희 중에 심지어 음행이 있다 함을 들으니 그런 음행은 이방인 중에서도 없는 것이라 누가 그 아버지의 아내를 취하였다 하는도다 … 이런 자를 사탄에게 내주었으니 이는 육신은 멸하고 영은 주 예수의 날에 구원을 받게 하려 함이라 (고전 3:1, 3, 5:1, 5)

고대 중동지역의 결혼식을 다시 한 번 떠올려 보자. 보통 결혼하지 않은 젊은 처녀들이 신부의 들러리 역할을 한다. 아마도 이들은 남자를 경험해 본 적이 없는 여성이었을 것이다. 어쨌든 예수님의 비유 속에서 그들은 처녀로 불린다.

그런데 열 처녀는 '신부'(교회)를 상징하기도 한다. 이들은 순결하기 때문에 처녀라고 불린다. 마찬가지로 하나님의 눈에 교회는 순결하다. 그리스도의 의가 신부인 교회에 전가되었기 때문이다. 요약하면, 순결한 열 처녀는 거듭난 하나님의 백성, 곧 교회를 상징한다.

그러나 그리스도의 신부(교회) 그룹에 속해 있다고 해서 모든 사람의 처지가 같은 것은 아니다. 모든 크리스천이 "유업을 얻으라"고 부름 받지만, 유업을 얻는 사람이 있는가 하면 그렇지 못한 사람도 있다. 어떤 신부는 슬기로우나 어떤 신부는 어리석다.

'유업'은 신약성경의 용어로, 순종에 대해 하나님이 주시는 선물을 말한다. 여기서 '선물'이라는 표현에 주목하라. 일한 대가로 돈을 받는 것처럼, 유업을 하나님으로부터 무언가를 '버는' 것으로 생각해선 안 된다. 하나님께서 순종에 대한 상급으로 유업을 주셨다고 해도, 어디까지나 은혜이지 결코 노력의 대가가 아님을 명심하라.

그리스도를 믿는 순간, 당신에게는 그 선물을 받을 자격이 주어졌다. 그런데 비유에 등장하는 인물들 중 유업을 추구한 사람은 슬기로운 처녀들뿐이다. 미련한 처녀들은 자신들의 유업을 등한시했다.

크리스천도 미련할 수 있을까? 그렇다. '구원'은 잃어버리지 않지만, '유업'은 잃어버릴 수 있다. 하나님께서는 당신에게 전가된 '의'를 빼앗아가지 않으신다. 그러나 순종에 대한 보상으로 약속하신 상급은 철회하실 수 있다. 하나님은 당신에게 주신 생명을 취소하지 않으신다. 물론 이 생명도 하나님의 것이다. 이 말은 하나님께서 마음대로 처분하실 수 있다는 뜻이다.

하나님이 주신 영원한 생명은 우리를 '하나님을 아는 지식'으로 인도한다. 당신이 하나님을 깊이 안다면, 그것은 당신의 영혼 안에 영생이 자리하고 있기 때문이다. 하지만 모두가 하나님을 깊이 아는 데까지 나아가는 것은 아니다.

기름을 준비하지 않은 미련한 처녀들에게는 슬픔의 시간이 다가올 것이다. 그들이 아무리 잔치에 들여보내 달라고 애원해도 주님은 고개를 저으시며 "나는 너희를 알지 못한다"고 말씀하실 것이다. 크리스천이라고 해서 모두가 마태복음 25장 10절의 '혼인잔치'에 참여하는 것은 아니다. 주님과의 친밀한 교제를 추구한 사람, 등에 쓸 기름을 준비한 슬기로운 처녀들만이 그 잔치에 참여할 수 있다.

믿음이 두 종류인 것처럼 '하나님을 아는 지식'에도 두 종류가 있다. 첫째는 거듭난 모든 사람에게 주어지는 '하나님을 아는 지식'이다. 거듭난 후 우리는 하나님의 길에 들어선다. 거듭난 사람은 '그리스도 안'에 있다(고후 5:17). 우리에겐 아주 풍성한 '영적 은사'가 주어지며, 아무것도 부족하지 않다(고전 1:7). 이는 우리 안에 성령께서 내주하시기 때문이다! 하나님의 생명이 우리에게 닿는 순간, 우리는 하나님을 아는 '참 지식'을 맛보게 된다. 이때부터 성령의 모든 은사를 받고 성령의 모든 열매를 맺을 '가능성'이 열린다.

우리 모두에겐 구원의 확신이 있다. 언젠가 우리 모두는 천국에 갈 것이다. 우리는 거듭났기 때문에 성경이 말하는 하나님을 알 수 있다. 하나님은 거룩하시고, 공의로우시며, 은혜로우시고, 전능하시며, 전지하시고, 무소부재한 주권자이시다.

'하나님을 아는 지식'은 하나님께서 우리에게 주신 특권이다. 구원받은 사람은 모두 하나님을 안다. 하지만 하나님을 아는 지식의 분량은 사람마다 다르다. 또한 하나님께서 각 사람에게 나눠 주신 '믿음의 분량'도 다르다(롬 12:3).

구원받았다고 해서 모든 사람이 부지런히 주님을 따르며 그분과의 친밀한 관계를 누리는 것은 아니다. '주님을 깊이 아는 지식'은 우리가 빛 가운데 걸을 때(요일 1:7), 유혹을 물리칠 때(약 1:12), 성령을 근심시키지 않을 때(엡 4:30)에만 얻을 수 있다. 이것이 두 번째 종류의 하나님을 아는 지식이다.

자신의 유업을 끈질기게 추구하는 사람은 하나님과의 친밀한 관계를 통해 '주의 길'을 깨닫는다. 이러한 사람이야말로 기름을 준비한 슬기로운 처녀이다. 기름을 준비하지 않은 사람은 하나님을 아는 지식을 빼앗길 뿐만 아니라 주님으로부터 거절당할 것이다. "내가 너희를 알지 못하노라"(마 25:12).

물론 주님은 모든 사람을 아신다. 고대 중동지역의 혼인잔치 풍습에 따르면, 피로연장의 문지기는 초청받은 하객을 모두 알고 있어야 했다. 그런데 그의 입에서 다음과 같은 끔찍한 말이 나온다. "내가 너희를 알지 못하노라." 이것은 자신의 유업을 잃어버린 크리스천들을 향해 선포되는 말씀이다. 모든 크리스천이 더 깊은 차원의 '친밀함'으로 초청받았건만, 안타깝게도 미련한 처녀들에게 주어지는 주님의 말씀은 "나는 너희를 모른다"는 것이다.

교회사 속에서 '교회란 무엇인가?', '누가 교회를 구성하는가?'에 대한 논란이 오랫동안 지속되어 왔다. 교회는 하나님의 말씀이 선포되는 곳, 성례가 집전되는 곳으로 정의된다. 그런데 여기에 징치가 이뤄지는 곳이라는 정의를 덧붙이는 사람도 있다. 여기서 '징치'는 올바르지 못한 사람을 출교한다는 뜻이다.

'눈에 보이는 교회'와 '보이지 않는 교회' 사이에는 뚜렷한 차이점이 있다. 눈에 보이는 교회는 그리스도를 믿기로 '고백'한 사람들의 모임을 말한다. 우리는 사람들 앞에서 고백하는 것으로 그들이 누구인지 알 수 있다. 하지만 그들이 실제로 거듭났는지는 알 수 없다. 반면, 눈에 보이지 않는 교회는 거듭난(하나님께 선택받은) 사람들의 모임을 의미한다. 누가 거듭났는지는 하나님만 아신다. 그래서 '눈에 보이지 않는 교회'이다.

열 처녀 비유와 관련하여, 어떤 주해가는 이렇게 말한다. "슬기로운 처녀는 구원을 받은 사람인 반면 미련한 처녀는 구원받지 못한 사람이다." 슬기로운 처녀와 미련한 처녀 모두가 '눈에 보이는 교회'를 구성하지만, '눈에 보이지 않는 교회'는 오직 슬기로운 처녀뿐이라는 말인데, 나는 이 해석에 동의하지 않는다.

자세한 설명을 듣기 전에 '등불'은 말씀, '기름'은 성령을 상징한다는 것을 기억하기 바란다. 미련하든 슬기롭든, 모든 처녀는 구원받은 자들을 상징한다. 처녀성은 '순결함'을 말해 주는데, 이것은 그리스도의 '의'가 모든 처녀에게 전가되었음을 뜻한다. 하나님의 눈에는 슬기로운 처녀, 미련한 처녀 모두가 '순결'하다.

미련한 처녀들은 여분의 기름을 준비하지 못했을 뿐 그들의 등 안에는 기름이 있었다. 그래서 비유 후반부에 그들의 등불이 '꺼져 간다'는 표현이 나오는 것이다(마 25:8). 등 안에 기름이 있었다는 것은 그들 안에 성령이 계시다는 것을 의미한다. 생명을 주시는 분은 오직 성령님뿐이다(요 6:63). 그리스도의 영(성령)이 없는 사람은 그리스도께 속한 자가 아니다(롬 8:9).

미련한 처녀들은 성령을 받았다. 그러므로 이 비유 속에 등장하는 미련한 처녀들은 의심의 여지없이 회심한 자들이다. 그들의 문제는 성령을 받지 못한 것이 아니라 성령을 추구하지 않았다는 데 있다. 슬기로운 처녀들과 달리 여분의 기름을 준비하지 못한 것이 그들의 문제이다. 그러므로 (슬기로운 처녀와 미련한 처녀로 구성된) '눈에 보이는 교회'와 (슬기로운 처녀로만 구성된) '눈에 보이지 않는 교회'의 개념은 열 처녀 비유와 맞지 않는다.

크리스천 중에 교회는 다니지만, 거듭나지 못한 이들이 있을 수도 있다. 이것은 충분히 있을 수 있는 일이다. 또 항상 일어나는 일이기도 하다. 구원받지 못했지만, 믿음을 고백하는 경우도 허다하다. 거듭나지 않았어도 설교 말미에 강단 앞으로 나아가 헌신을 다짐할 수 있다. 복음을 깨닫지 못해도 강대상 앞에서 무릎 꿇고 눈물 흘리며 죄를 고백할 수 있다. 세례는 받았으나 구원에 이르는 믿음을 소유하지 못할 수도 있다. 회심하지 않고도 성찬에 참여할 수 있다. 사실 사람들은 갖가지 이유로 교회에 등록한다.

>> **중요한 설명**

교회를 다니는 모든 사람을 '크리스천'이라고 부를 수는 없다. 믿음을 고백했다고 해서 그들 모두가 거듭났다고 말할 수는 없다. 그러나 지금 우리가 다루는 비유 속의 미련한 처녀와 슬기로운 처녀는 모두 '눈에 보이지 않는' 교회를 구성한다.

'눈에 보이지 않는 교회'는 하나님께서 자기 백성을 구별하시는 방법이다. 눈에 보이지 않는 교회는 하나님께서 선택하신 사람들의 모임이다. 누가 하나님의 선택을 받았는지는 오직 하나님만 아신다(딤후 2:19).

놀랍게도 미련한 처녀들 역시 슬기로운 처녀들처럼 하나님의 선택을 받았다. 분명 그들은 천국에 들어갈 것이다. 그러나 하나님의 선택을 받았다고 해서 그들 모두가 자신의 유업을 추구하는 것은 아니다. 선택된 사람들 중 어떤 이들은 어리석게도 자신의 유업을 날려 버린다. 이들은 그리스도의 최후의 심판대 앞에서 상급을 받지 못한다. 상급을 몰수당하긴 하지만, 앞에서도 말했듯이 가까스로 구원은 받는다(고전 3:14-15).

열 처녀 비유에서 보는 것처럼, 열 명 다 구원을 받았으나 그들 모두가 성령을 추구하지는 않았다. 이들의 미련함은 '한밤의 외침'을 통해 낱낱이 드러난다.

어떤 사람은 이렇게 물을 것이다. "히브리서 6장 4-6절에 나오는 사람들은요? 그들은 떨어져 나갔잖아요? 미련한 처녀들과 이들의 차이점은 어떻게 설명할 수 있나요?" 일단, 해당 구절을 읽어 보자.

한 번 빛을 받고 하늘의 은사를 맛보고 성령에 참여한 바 되고 하나님의 선한 말씀과 내세의 능력을 맛보고도 타락한 자들은 다시 새롭게 하여 회개하게 할 수 없나니 이는 그들이 하나님의 아들을 다시 십자가에 못 박아 드러내 놓고 욕되게 함이라 (히 6:4-6)

이 구절에 언급된 사람은 '참된 크리스천'이다. 첫째, 이들을 묘사한 네 가지 수식어가 그 증거이다. '빛을 받고,' '그리스도를 맛보고'(하늘의 은사를 맛보고 성령에 참여하고), '하나님의 말씀을 맛보고,' '내세의 능력을 맛보고'와 같은 수식어는 그들의 신앙이 '회심' 수준에 머물지 않고 상당히 진전된 상태임을 말해 준다.

어쩌면 당신은 이렇게 반박할지도 모른다. "그들은 '맛만 보았지' 제대로 체험한 게 아니잖아요?" 만일 당신이 '맛보다'라는 수식어를 반론의 근거로 삼는다면, 나는 이 수식어가 사용된 또 다른 성경구절을 제시할 것이다. "죽음의 고난 받으심으로 말미암아 영광과 존귀로 관을 쓰신 예수를 보니 이를 행하심은 하나님의 은혜로 말미암아 모든 사람을 위하여 죽음을 맛보려 하심이라"(히 2:9). 당신의 논리대로라면, 여기서 예수님은 죽음이 어떤 것인지 맛만 보셨다는 뜻이 된다. 그렇다면 예수님이 죽음을 겪지 않으셨다는 말인가? 그렇지 않다. 예수님은 정말로 죽으셨다. 같은 논리로, 히브리서 6장 4-6절의 '맛본' 사람들도 온전히 회심한 크리스천이며, 어느 정도 신앙이 성장한 사람들이다.

둘째, 그들은 회개한 사람들이다. 다음을 유심히 살펴보자. "다시 새롭게 하여 회개하게 할 수 없나니"(히 6:6). 이제 알겠는가? 이것은 전에 이들이 회개했음을 암시한다. 하지만 '다시' 또는 '한 번 더'의 기회는 없다. 더 이상은 새롭게 될 수 없다는 뜻이다. 물론 과거에는 수없이 회개를 반복했을지도 모른다. 그러나 어느 지점에선가 그들은 선을 넘어 버렸다. 이에 하나님은 진노를 내리기로 맹세하셨다. 그들은 더 이상 회개의 은혜를 향해 나아갈 수 없다.

열 처녀 비유 속의 미련한 처녀들이 뜨뜻미지근한 크리스천이거나 세속적인 삶을 살았을 것이라고 단정하지 말라. 물론 뜨뜻미지근한 신앙을 유지하면서 세속적으로 살아가는 크리스천은 누가 보더라도 '미련'하다. 반면, 미련한 처녀인데도 믿음 좋아 보이고, 경건해 보이며, 크게 헌신하는 것처럼 보일 수도 있다. 어떻게 그럴 수 있을까? 그리 의아해할 필요 없다. 라오디게아 교회를 보면 금방 고개를 끄덕이게 될 테니 말이다.

라오디게아 교회의 성도들은 뜨뜻미지근한 신앙인들이었다. 그들은 점잔 빼는 위선자들이었고, 스스로 위선자임을 알고 있었다. 그들에겐 부족한 것이 없었다. 그러나 그들은 객관적인 눈으로 자신을 바라보지 못했다.

이러한 그들을 향해 예수님께서 말씀하셨다. "네가 말하기를 나는 부자라 부요하여 부족한 것이 없다 하나 네 곤고한 것과 가련한 것과 가난한 것과 눈먼 것과 벌거벗은 것을 알지 못하는도다"(계 3:17). 이것을 다른 말로 설명하면, 지금 교회 안에서 지극히 경건해 보이고 크게 존경받는 사람들 중에 미련한 사람이 있다는 뜻이다. 그들 중에 성령의 역사를 방해하는 자들이 있다.

어쩌면 당신은 이렇게 물을 것이다. "만일 그들이 구원받은 사람이라면, 도대체 무슨 일이 있었기에 그처럼 '떨어져 나간' 것입니까?" 이 질문에 나는 이렇게 대답할 것이다. "그들의 귀가 돌처럼 꽉 막혀서 그렇습니다. 성령의 음성을 듣지 못하게 된 것이지요." 한 번 빛을 받고 하늘의 은사를 맛보고 성령에 참여한 바 되고 하나님의 선한 말씀과 내세의 능력을 맛보고도 타락한 사람들의 말로는 참으로 비참하다. 그런데 그들이 이러한 지경에 이르기까지의 과정은 히브리서 5장 11절에 설명되어 있다. "너희가 듣는 것이 둔하므로 설명하기 어려우니라"(히 5:11).

히브리서 기자는 '듣는 귀의 둔함'에 대해 일찍이 경고했다. 귀가 둔해졌다는 말은 '들어도 깨달을 능력이 없다'는 뜻이다. 이미 심각한 상황에 놓인 것이다. 물론 그들의 귀가 아직은 '돌처럼 꽉 막히지'는 않았다. 여전히 들을 수는 있다. 그러나 '듣기만' 할 뿐 깨닫지 못한다. 그나마 그런 상태가 그대로 유지되면 좋으련만 여기서 끝나지 않는다.

최악의 시나리오를 상정하여 풀어 보자면, 그들의 귀는 돌처럼 꽉 막힌, 전혀 듣지 못하는 상태로 악화될 것이다. 그들은 여전히 구원받은 상태이다. 그러나 더 이상은 하나님의 말씀을 듣지도, 깨닫지도 못한다. 이에 히브리서 기자는 일찍이 다음과 같이 권면했다. "그러므로 성령이 이르신 바와 같이 오늘 너희가 그의 음성을 듣거든 광야에서 시험하던 날에 거역하던 것같이 너희 마음을 완고하게 하지 말라"(히 3:7-8).

수년간 목회 현장에 몸담았던 목사로서 말하자면, 내가 만난 사람들 중에도 이 같은 사람들이 있었다. 물론 나는 재판관이 아니므로 그들을 정죄할 수 없다. 다만 내가 만난 사람들 중에 히브리서 6장 4-6절에 묘사된 사람들이 있었던 것은 사실이다.

물론 그들도 천국에 갈 것이다. 만일 내가 "그들은 구원받은 적이 없다"거나 "그들은 구원을 잃어버렸다"고 말한다면, 그것은 옳지 않은 말이다. 지금도 교회 안에는 이러한 사람들이 많다. 진정 거듭났지만, 어리석게도 자신의 유업을 몰수당할 사람들 말이다.

참된 크리스천인데 귀가 막혀서 성령의 음성을 듣지 못한다면, 그것만큼 불행한 일도 없을 것이다. 이러한 사람들은 고린도후서 3장 18절에 언급된 '영광에서 영광에 이르는' 변화의 특권을 잃어버렸다.

나는 히브리서 6장에 대한 주해를 바탕으로 쓴 《당신은 성령의 음성을 전혀 듣지 못하십니까? 아니면 하나님을 다시 발견하는 일에 무관심하십니까?》(Are You Stone Deaf to the Spirit or Rediscovering God?)에서 이와 관련된 모든 내용을 자세히 설명하였다. 요약하자면, 그들은 구원은 잃지 않으나 유업을 잃게 된다. 한밤의 외침이 울려 퍼지면, 미련한 처녀들은 성령을 추구하지 않았던 자신들의 어리석음을 깨닫는다. 그러나 이미 때는 너무 늦었다!

이 모든 사실을 염두에 둔 채, '슬기로운 처녀들의 특징'과 '미련한 처녀들의 특징'을 읽어 보기 바란다.

> > **미련한 처녀들의 열 가지 특징**

- 매일의 기도와 성경 읽기에 관심이 적다. 또는 관심이 전혀 없다.
- 쓴 뿌리와 마음의 상처로 인해 남을 용서하지 않는다. '용서하지 않는 것'이 죄라는 사실을 알고도 아무런 죄책감을 느끼지 못한다.

- 동료 성도들에게 아무런 책임 의식도 느끼지 못한다.
- 하나님께서 자신에게 주신 빛 가운데 살아가지 않는다.
- 성경의 권위 아래 자신의 삶을 맡기지 못한다. 자신은 예외라고 생각하며 자신의 결심을 말씀보다 높인다.
- 경건한 사람들의 조언이나 훈계를 받아들이지 않는다.
- 성령의 열매는 추구하지만, 성령의 은사는 추구하지 않는다. 이를테면 '말씀만' 강조하는 사람이다.
- 성령의 은사는 강조하지만, 성령의 열매는 추구하지 않는다. 이를테면 '성령만' 강조하는 사람이다.
- 구원받은 사실에만 기뻐한다. 그러나 그리스도의 최후 심판대 앞에서 받게 될 상급에 대해선 조금도 신경 쓰지 않는다.
- 성령이 일하시는 방법에 민감하지 않다. 영적 민감성을 계발하려는 의지가 없다.

한마디로, 미련한 처녀들은 자신들의 유업을 얻는 것에 대해 그리 신경을 쓰지 않는 사람들이다. 그들은 구원은 받지만, 마치 불 가운데에서 얻듯 그리스도의 최후 심판대 앞에서 가까스로 구원만 받을 뿐 상급은 얻지 못한다(고전 3:14-15).

〉〉슬기로운 처녀들의 열 가지 특징

- 매일 기도하고 성경 읽는 것이 삶의 습관(훈련)으로 자리 잡은 사람이다.
- 남을 온전히 용서하는 사람이다.
- 동료 성도들을 책임진다.
- 하나님께서 주신 빛 가운데 살아간다.
- 성경의 권위에 전적으로 복종한다.
- 경건한 사람들의 조언과 훈계를 받아들인다.
- 성령의 열매뿐만 아니라 성령의 은사도 추구한다.
- 성령의 은사뿐만 아니라 성령의 열매도 추구한다.
- 그리스도의 최후 심판대 앞에서 받게 될 상급에 깊은 관심을 갖고 있다.
- 성령이 일하시는 방법에 민감하다. 영적 민감성을 계발한다.

정리하자면, 슬기로운 처녀들은 자신들의 유업을 얻기로 결단한 사람들이다. 이들은 결국 그리스도의 최후 심판대 앞에서 상급을 받게 된다.

6장 지연

신랑이 더디 오므로 (마 25:5)

만일 그 악한 종이 마음에 생각하기를 주인이 더디 오리라 하여 동료들을 때리며 술친구들과 더불어 먹고 마시게 되면 생각하지 않은 날 알지 못하는 시각에 그 종의 주인이 이르러 엄히 때리고 외식하는 자가 받는 벌에 처하리니 거기서 슬피 울며 이를 갈리라 (마 24:48-51)

지금까지 신랑의 도래는 2천 년이나 지연되었다. 1세기의 기독교인 중 예수님께서 2천 년 넘도록 하나님의 우편에 앉아 계실 것이라고 생각한 사람은 아무도 없었을 것이다. 그들은 자신들의 생애에 예수님의 재림을 볼 수 있으리라 기대했다. 감람산에 나타난 두 천사는 "너희 가운데서 하늘로 올려지신 이 예수는 하늘로 가심을 본 그대로 오시리라"(행 1:11)고 말하며 제자들의 마음에 확신을 주었다.

어쩌면 제자들은 예수님의 재림을 1주일 뒤 또는 두 주 후로 예상했을지도 모른다. 길어야 몇 달 정도, 아무리 늦어도 그들의 생애 중에 주님께서 재림하실 것이라 기대했을 것이다. 뒤에서 자세히 살펴보겠지만, 데살로니가 교회의 성도들은 주님의 재림이 임박한 줄 알고 크게 기대했다. 그래서 바울은 두 번째 서신인 데살로니가후서를 보내어 그들의 다급함을 잠재워야만 했다. 그는 특정한 일들이 일어나기 전에 '그날은 임하지 않을 것'이라고 못 박아 두었다.

바울이 언급한 '특정한 일들'은 반역과 배도, 불법의 사람(또는 죄의 사람)이 나타나는 것(살후 2:3)이었다. 수세기에 걸쳐 '배도'나 '불법의 사람'이 무엇을 지칭하는지를 두고 예측과 말들이 참으로 많았다. 20세기에 들어서는 특히 더 그랬다. 적지 않은 사람들이 '불법의 사람'에 대해 의견을 내놓았는데, 아돌프 히틀러부터 스탈린까지, 혹은 교황에서 버락 오바마에 이르기까지 참으로 다양했다!

크리스천이 자신의 생애에 주님의 재림이 있을 것이라고 기대하는 것은 바람직한 일이다. 이것은 신앙인으로서 매우 건강한 태도이다. 왜냐하면 그들의 삶 가운데 '기대'와 '소망'이 작동한다는 증거이기 때문이다. 나는 자신의 생애에 그리스도의 재림이 일어날 것이라 믿었던 사람들을 알고 있다. 그들은 지금 모두 이 세상을 떠나 주님과 함께 있다.

무언가를 간절히 바랄 경우, 우리는 그것을 주님의 계시라고 생각하기 쉽다. 나 또한 내 생애에 주님의 재림을 볼 것이라고 믿는다. 나는 지금도 이 소망을 포기하지 않고 있다. 하지만 나는 내 생애에 이 일이 일어나지 않을 수도 있다는 것을 안다. 그러나 적어도 '한밤의 외침'이 가져올 초창기의 열매는 목도할 수 있으리라 소망한다.

주님의 재림은 왜 이렇게 지연되는가? 분명 '사고'는 아닐 것이다. 일이 꼬여서 지연되는 것이 아니란 말이다. 또 우리가 주님의 재림을 촉진하기 위해 무언가 할 때까지 하나님이 기다리시는 것도 아닐 것이다. 그렇다면 주님의 재림은 왜 지연되는 것일까? 우리는 열 처녀 비유에서 그 힌트를 얻을 수 있다. 결론부터 말하자면, '지연'은 계획의 일부이다! 주님은 "내가 수일 내로 돌아오겠다"고 말씀하신 적이 없다.

열 처녀 비유를 말씀하실 때, 예수님께서 그 당시 중동지역의 결혼 풍습을 모르셨을 리 없다. 그 시대의 관례에 의하면, 신랑들은 종종 예정된 시각보다 훨씬 늦게 신부의 집에 도착하곤 했는데, 예수님도 이 사실을 간과하지 않으셨다.

신부와 들러리들은 언제 신랑을 만나게 될지 예상할 수 없었다. 그저 "기다리라"라는 말을 듣는 게 전부였다. 예수님도 이러한 가능성을 내비치셨다. 성부 하나님께서 지연을 지시하셨기 때문에 예수님은 비유 속에서 재림의 '지연' 가능성을 말씀하셨다. 예수님은 오직 성부 하나님의 명령대로 말씀하시기 때문에(요 5:19) 예수님 자신도 그날과 그 시각을 알지 못한다고 하셨다. "그날과 그 시각은 오직 아버지만 아신다!"(마 24:36) 주님은 이렇게 확실히 못 박으셨다.

주님의 재림이 언제일지, 그날과 그 시각을 아는 분은 오직 하늘 아버지뿐이다. 이 사실을 절대 잊지 말라. 우리에겐 여전히 '미래'이지만, 하나님의 달력에는 분명 그 날짜가 표기되어 있다. 어떤 사람은 자신의 기도와 전도를 통해 그날을 앞당길 수 있다고 믿는다. 물론 그들 중에는 선량하고 신실한 사람들이 많다.

어떤 점에선 그들의 생각이 옳을 수도 있다. '그때'의 징조 중 하나가 '세상 끝이 이르기 전에 복음이 모든 민족에게 전파되는 것'이기 때문이다. 그러므로 이 땅의 모든 민족에게 복음이 더 빠르게 전해진다면, 예수님의 재림 시점도 빨라지지 않겠는가? 이렇게 생각하면, 주님의 재림을 앞당길 수 있다고 말할 수도 있을 것이다.

그렇다 해도 그날은 여전히 미래의 '정해진' 시간이다. 그리고 오직 하나님만이 그 시간을 아신다. 어떤 이유에서인지 예수님께서는 천사를 언급하시며 "천사들도 그날을 알지 못한다"고 말씀하셨다(마 24:36). 왜 예수님께서는 천사를 언급하셨을까?

예수님의 말씀을 다시 한 번 살펴보자. "그날은 인자도 모르고, 천사들도 모른다. 오직 하늘 아버지만 그날을 아신다." 이 구절에서 예수님은 일종의 '반복법'을 사용하셔서 그날이 언제 임할지 아무도 모른다는 사실을 강조하셨다. "인자도 모르고, 천사들도 모른다." 지금 예수님은 반복적인 표현으로 제자들을 실망시키고 계신다!

예수님은 하늘로 올라가시기 전, 더 정확하게는 십자가를 지시기 전에 이 말씀을 하셨다. 제자들은 예수님께서 재림하시는 날에 이스라엘 왕국을 회복시켜 주실지가 궁금했다. 메시아가 와서 이스라엘 왕국을 회복시킨다는 생각은 그들의 사고에 깊이 박혀 있는 '메시아 사상' 때문이었다. 그래서 재림하실 예수님이 과연 이스라엘 왕국을 회복시켜 주실지 알고 싶었던 것이다.

예수님께서는 그들의 그릇된 집착을 지적하시는 대신 우회적으로,

아주 능숙하게 해결해 주셨다. "때와 시기는 아버지께서 자기의 권한에 두셨으니 너희가 알 바 아니요"(행 1:7). 이 말씀에 담긴 의미가 무엇이든, 우리가 확실히 알 수 있는 한 가지는 하나님께서 정해 두신 때가 따로 있다는 것이다.

어째서 이 가르침이 중요한가? 이 가르침에 하나님의 전지(全知)하심이 담겨 있기 때문이다. 논리적으로 볼 때, 하나님은 모든 것(과거와 현재와 미래의 일)을 아시거나 그렇지 못하시거나 둘 중 하나이다. 바꿔 말하면, 하나님은 과거를 훤히 아시듯 미래의 일도 훤히 아시거나 그렇지 않거나 둘 중 하나란 뜻이다. 당신은 어느 쪽을 선택하겠는가? 하나님은 모든 것을 아신다. 과거를 훤히 꿰시듯 미래의 일도 정확히 알고 계신다. 우리의 하늘 아버지는 모든 것을 알고 계시는 분이다. 그러므로 하나님은 어떤 것에도 의지하지 않으신다!

그렇다면 하나님의 전지하심을 아는 것이 왜 중요할까? 한 가지 실질적인 이유를 꼽자면, 특정 그룹에 파고든 이단적 교훈 때문이다. 그 가르침의 영향은 참로 끔찍한데, 다름 아닌 '개방적 유신론'(또는 '열린 신론', open theism)이 그것이다. 개방적 유신론을 수용하는 순간, 당신은 성경에 기록된 모든 예언의 근간을 내팽개쳐 버리게 된다. 왜냐하면 "하나님은 전지한 분이 아니다"가 개방적 유신론의 골자이기 때문이다.

이 가르침을 믿는 사람들은 하나님이 미래의 일을 알지 못하신다고 말한다. 그들의 입장대로라면 하나님은 오직 '현재'만 파악하실 뿐이다. 심지어 앞으로 어떤 일이 일어날지 알기 위해 인간이 제공하는 정보에 의지하셔야 한다. 이 신학 사조는 지극히 인간 중심(인본주의)적인 특성을 띠고 있다. 따라서 이를 따르는 사람은 하나님의 절대 주권을 부인할 수밖에 없다.

반면, 예언은 미래에 대한 하나님의 절대적이고, 전적이고, 무오한 지식에 근간한다. 미래를 훤히 아시는 하나님으로부터 앞으로 일어날 일에 대해 듣고 대언하는 것이 예언이기 때문이다. 만일 성부 하나님께서 언제 예수님이 탄생할지 모르셨다면, 구약성경에 기록된 방대한 예언은 휴지조각에 불과한 것이 된다. 예수님은 '때가 찼을 때' 태어나셨다(갈 4:4). 성부 하나님은 영원 전부터 예수님이 언제 태어나실지 알고 계셨다. 그 날을 정하신 분이 바로 하나님이시기 때문이다. 예수님의 재림도 마찬가지이다. 성부 하나님은 그날과 그 시각을 알고 계신다.

하나님은 한밤의 외침이 울릴 시점도 알고 계신다. 한밤의 외침은 예수님의 재림 전에 울려 퍼질 것이다. 그 아들 예수 그리스도에게 '열 처녀 비유'를 전하라고 명령하신 때에도 성부 하나님은 재림의 때가 언제일지 알고 계셨다. 다만 아무에게도, 심지어 그 아들에게도 알리지 않으셨을 뿐이다. 그러므로 신랑의 도래가 '지연'되었다는 구절은 주님의 재림 없이 2천 년이 흘러간 것이 결코 사고나 우연이 아니라는 사실을 알려 준다.

신랑이 더디 오는 것에 대해 하나님은 놀라지 않으신다! 이어지는 달란트 비유에도 이와 비슷한 점이 발견되는데, '지연'이 바로 그것이다. 그러므로 달란트 비유는 열 처녀 비유와 대구를 이룬다고도 할 수 있다. 간단히 말해서, 달란트 비유는 여행을 떠났다가 '한참 지나서야' 돌아오는 사람의 이야기이다(마 25:19).

예수님은 왜 더디 오시는가? 오직 하나님만이 이 질문에 답하실 수 있다. 나는 주님의 재림이 1935년 전에 일어나지 않아서 참 다행이라고 생각한다. 그렇지 않았다면, 나는 태어나지도 못했을 것이다! 또 1942년 4월 5일 이전에 주님이 재림하시지 않아서 천만다행이다. 이날은 바로 당시 여섯 살이던 내가 회심한 날이다. 당신은 어떤가?

하나님은 이 세상의 기초가 놓이기 전에 이미 당신을 알고 계셨다. 성 어거스틴은 이렇게 말했다. "하나님은 모든 사람을 사랑하시되 마치 이 세상에 사랑할 사람이 딱 한 명밖에 없는 것처럼 각 사람을 사랑하신다." 하나님에게는 엄청난 수의 식구가 있다. 그야말로 대식구를 자랑하는 '가족'이다. 아무도 그 수를 능히 셀 수 없다(계 7:9).

가족 구성원의 수는 많지만, 하나님은 그들 각 사람을 알고 계신다. 그중 어떤 사람은 B.C. 5000년, 또 어떤 사람은 B.C. 500년, 어떤 사람은 B.C. 100년, 또 어떤 사람은 A.D. 2000년에 태어났을 것이다. 여기서 예수님의 재림이 지연되는 이유를 찾아볼 수 있지 않을까? 예수님의 재림이 지연되는 까닭은 '선택받은 백성 모두가 이 땅에 태어나 구원을 받아야 하기 때문'일 것이다.

하나님께서 지금까지 그리스도의 재림을 지연시키신 데는 분명 이유가 있다. 그런데 그 이유를 우리가 정확히 알 수는 없다. 하지만 하나님께서 여태껏 그분의 아들 예수 그리스도에게 "이제 네 보좌에서 일어나서 다시 내려가라"고 명령하지 않으신 데는 분명 이유가 있다.

그러나 사람들은 재림이 지연되는 것을 보며 코웃음 친다. "과연 주님이 재림하실까?" 베드로는 사람들이 재림의 가르침을 비웃을 것이라고 예언했다. "먼저 이것을 알지니 말세에 조롱하는 자들이 와서 자기의 정욕을 따라 행하며 조롱하여 이르되 주께서 강림하신다는 약속이 어디 있느냐 조상들이 잔 후로부터 만물이 처음 창조될 때와 같이 그냥 있다 하니"(벧후 3:3-4). 사랑하는 독자들이여, 부디 이처럼 비웃는 자들의 무리에 속하지 않도록 주의하라.

예수님이 제자들에게 열 처녀 비유를 말씀하실 때, 하늘 아버지께서는 그날(재림의 때)이 크게 지연될 것을 알고 계셨다. 그리고 오늘에 이르렀다. 그러나 이 지루한 '지연'도 언젠가는 끝난다. 과연 언제일까? 이것에 대해서는 예수님이 분명히 말씀하셨다. "그것은 아무도 모른다"(마 24:36).

이전의 경건한 세대들은 예수님께서 자신이 사는 날 동안 오실 것이라고 확신했다. 앞에서도 말했지만, 조나단 에드워즈는 그의 생애에 일어난 뉴잉글랜드의 부흥이 세상 끝에 임할 마지막 성령의 폭우라고 믿었다. 이처럼 예수님께서 자신의 생애 중에 재림하실 것이라고 믿었던 사람은 어느 시대에나 항상 있었다. 그들은 하나님께서 이렇게 오래 기다리게 하실 것이라고는 생각하지 못했다.

하지만 하나님께서는 그렇게 하셨다. 그렇다면 예수님의 재림이 임박하지 않은 것일까? 그렇지 않다! 한밤의 외침이 가까웠다는 믿음을 내려놓아야 하는가? 그렇지 않다! 나는 믿음을 내려놓지 않을 것이다. 부디 당신도 그러기를 바란다.

물론 그날은 여전히 '미래'이다. 주님은 아직 오시지 않았다. 그러나 예수님은 분명 다시 오실 것이다. 오순절 이후 성령의 가장 큰 부흥은 어느 때라도 일어날 수 있다.

7장 잠든 교회

신랑이 더디 오므로 다 졸며 잘새 (마 25:5)

그러므로 우리는 다른 이들과 같이 자지 말고 오직 깨어 정신을 차릴지라 (살전 5:6)

오늘날의 교회를 어떻게 묘사할 수 있을까? A. W. 토저 박사는 이렇게 말했다. "오늘날 성령님이 교회를 떠나신다면 어떻게 될까? 그렇다 해도 지금 우리가 교회에서 하고 있는 일의 95퍼센트는 그대로 유지될 것이다. 게다가 변화를 감지하는 사람도 없을 것이다. 그러나 만일 성령께서 신약시대 초반에 교회를 떠나셨다면, 그 시대 성도들이 했던 일의 95퍼센트는 중단되었을 것이고, 성도들 모두가 변화를 감지했을 것이다."9)

마틴 로이드 존스 목사는 오늘날의 교회를 언급하면서 "가장 좋게 표현해도 '겉모습만 교회'"라고 했다. 그는 이같이 말하곤 했다. "지금 우리는 사사기의 시대를 살고 있습니다. 모든 사람이 자기 소견에 옳은 대로 행하고 있으니까요."

제임스 패커 박사는 미국의 기독교를 빗대어 이렇게 말했다. "1000마일 정도로 넓지만, 깊이는 겨우 1인치 정도이다."10) 중국 출신의 어느 목회자에게 미국의 몇몇 초대형 교회들을 보여 준 후 미국 기독교에 대한 의견을 묻자 이렇게 대답했다고 한다. "미국 교회가 성령님 없이 이렇게 큰일을 이루어 내다니, 참으로 놀랍습니다."11)

예수님은 마지막 때의 교회를 한마디로 요약하셨다. "잠들어 있다." 물론 이것은 영적인 잠을 뜻한다. 유의어로는 '무감각한,' '민감하지 않은,' '느끼지 못하는,' 또는 '코마(coma) 상태에 빠진' 등을 들 수 있고, 반의어로는 '경각심을 갖다,' '생기발랄하다,' '끓고 있다' 등이다.

열 처녀 비유는 마지막 때를 그리고 있는 예언적인 이야기이다. 그러므로 우리가 살고 있는 이 시대가 마지막 때라면, 교회가 깊은 잠에 빠져 있는 현실은 당연하다고 볼 수 있다. 그리 놀라운 일이 아니다. '잠든 교회'는 오늘날 대다수의 교회를 가장 잘 묘사한 표현이라고 할 수 있다. 물론 모든 교회가 그런 것은 아니다. 몇몇 예외도 있다.

비록 소수이긴 하지만, 어두운 세상 가운데 크리스천의 활력과 기대로 환하게 빛을 발하는 '점'들도 있다. 이들 교회의 지도자들과 성도들이 바라는 것은 '(동등한 비중의) 말씀과 성령의 위대한 연합'이다. 그러나 이러한 교회는 극히 소수에 불과하다. 일반적으로 볼 때, 오늘날의 교회는 영적으로 깊은 잠에 빠져 있다. 이러한 교회들을 향해 예수님은 거듭 이렇게 경고하셨다. "깨어 있으라"(막 13:35).

오랫동안 궁금했던 것이 있는데, 이것에 대해서는 사실 지금도 이해가 되지 않는다. 예수님의 최측근인 베드로와 야고보와 요한은 예수님의 지상 사역 중 가장 중요한 순간에 두 번이나 깊이 잠들었다. 어떻게 그럴 수 있을까? 첫 번째 순간은 '변화산 사건'이다. 당시 예수님의 옷이 눈부실 정도로 하얗게 변했고, 모세와 엘리야가 예수님의 곁에 나타났다. 그들은 예수님이 당하실 '죽음'에 대해 이야기를 나눴다. 그런데 이 엄중한 순간에 베드로와 야고보와 요한은 무엇을 하고 있었는가? 깊은 잠에 빠져 있었다(눅 9:32). 다른 때에 잠을 자면 좋으련만, 하필 왜 이런 중요한 순간에 깊이 잠들었던 것일까? 이런 상황이 믿어지는가?

이들이 잠들었던 두 번째 순간은 겟세마네 동산에서였다. 거기서 예수님은 십자가 죽음을 앞두고 기도하셨는데, 그 어느 때보다 제자들의 중보가 절실했다. 그러나 예수님께서 기도하시는 내내 제자들은 자고 있었다. 주님께서 여러 차례 "깨어 기도하라"고 말씀하셨지만, 제자들은 계속 자고 있었다. 예수님은 급기야 제자들에게 "단 한 시간만 깨어 있어 달라"고 부탁하시기까지 했다. 그러나 그들은 계속 잤고, 주님은 결국 포기하셨다. "이제는 자고 쉬라"(마 26:45). 나는 베드로, 야고보, 요한이 이처럼 중요한 순간에 잠들었다는 사실을 이해할 수가 없다.

베드로와 야고보와 요한은 말 그대로 잠을 잔 것이지만, 혹시 이들의 잠이 오늘날 교회가 처해 있는 '영적인 잠'을 가리키고 있는 것은 아닐까? 지금 교회는 과거 어느 때보다도 경각심을 가져야 한다. 교회가 깨어 있어야 할 이유는 참으로 많다. 하지만 안타깝게도 오늘날 교회는 그 어느 때보다 깊은 잠에 빠져 있다.

거듭 말하지만, 열 처녀 비유 속에 등장하는 슬기로운 처녀와 어리석은 처녀 모두 깊은 잠에 빠졌다. 그들 모두가 졸았고 잠들었다(마 25:5).

>> 잠의 특징

이제 '잠'에 대해 세 가지 사실을 살펴보자.

잠에서 깰 때까지 우리는 잠들었다는 사실을 깨닫지 못한다

잠과 관련된 이 사실은 재미있기도 하지만, 동시에 두렵기도 하다. 먼저 이 사실이 왜 재미있는지, 우리의 일상 가운데 흔히 벌어지는 일을 통해 알아보자.

당신은 육신과 마음에 쉼을 얻기 위해 잠시 자리에 눕는다. 잠을 잘 생각은 없다. 그저 1-2분 정도 누웠다가 일어날 예정이다. 잠들지 않겠다고 다짐하며 살짝 눈을 감지만, 눈을 떠 보니 한 시간이 훌쩍 지나가 버렸다. 충격이다! '아, 내가 잠들었구나!' 이처럼 잠에서 깨기까지는 자신이 잠들었는지 깨닫지 못한다. 잠에서 깬 후에야 그 사실을 알게 되는 것이다.

이것은 일상 가운데 흔히 겪는 일이다. 일상에서는 웃고 넘길 일이지만, 동일한 상황을 영적 영역으로 옮겨 보면 무시무시한 이야기가 되어 버린다. 오늘을 살아가는 크리스천들은 자신이 영적인 잠에 빠졌다는 사실을 알지 못한다. 경고음을 듣고 화들짝 놀라 잠에서 깨기까지는 이 사실을 전혀 깨닫지 못한다.

만일 당신에게 "당신은 깊이 잠든 상태입니다"라고 말한다면, 어떻게 반응할 것 같은가? 아마도 모욕감을 느끼며 방어적인 자세를 취할 것이다. "내가 잠들었다고요? 말도 안 돼!" 그러나 잠자는 동안에는 누구도 자신이 잠들었다는 사실을 인지하지 못한다.

영적인 잠의 특징은 '기한이 없다'는 것이다. 어쩌면 영원히 잠에서 깨어나지 못할 수도 있다. 여기에 영적인 잠의 위험성이 있다. 물론 물리적인 수면도 아주 오랜 시간 지속될 수 있다. 그러나 언젠가는 끝난다. 반면, 영적인 잠은 영원토록 지속될 수 있다. 효과적인 경고음이 울리지 않는 한, 수면상태가 수년간 지속되기도 한다.

물리적인 수면은 육체적·심리적 필요를 채워 준다. 그러나 영적인 잠은 일말의 유익도 없다. 영적인 잠에 빠질 경우, 우리는 집중해야 할 일에 집중하지 못하며 하나님께서 부탁하신 일을 수행하지 못한다. 세상 돌아가는 일에 관심이 없어지고, 의분을 일으켜야 할 일 앞에서 눈을 감아 버린다. 문자 그대로 '생명력'이 없는 상태가 되는 것이다.

육체의 잠은 육체적 필요를 채워 주지만, 영적인 잠은 영혼의 필요를 채워 주지 못한다. 영적인 잠은 오히려 영혼을 파멸시킨다. 하나님의 은혜가 개입되지 않으면, 우리는 절대로 잠에서 깨지 못한다.

영적인 잠은 '영적 퇴보'와는 다르다. 물론 어떤 경우에는 이 둘이 같아 보이지만, 엄연히 다르다. 퇴보는 단계적(점진적)으로 일어난다. 우리는 언젠가 한 번은 영적 퇴보를 겪는다. 나 또한 영적 퇴보를 경험했다. 어떤 이유로든 경각심을 갖고 대비하지 않는 태도는 건강하지 못하다.

영적 퇴보를 겪을 때에는 경건한 크리스천도 기운을 잃는다. 전진하는 대신 적정선에서 안주해 버린다. 예수님의 비유 속 슬기로운 처녀들의 경우 심각한 영적 퇴보 상태는 아니었다. 그나마 다행이긴 하지만, 여전히 영적인 잠에 빠져 있는 상태이다. 어쨌든 이들 슬기로운 처녀들에게는 회개의 기회가 주어진다. 비록 잠든 상태이긴 하나 그들의 삶은 '빛 가운데로 행하는' 쪽으로, '자신의 유업을 추구하는' 쪽으로 향한다.

반면, 오르막길에서 굴러 떨어진 사람, 곧 영적 퇴보자(backslider)는 어느 지점에선가 미끄러져 아래로 떨어진 사람들을 지칭한다. 그들은 한때 하나님의 선하심을 맛보아 알고 회심했다. 그러나 나의 영국 친구들이 입버릇처럼 말하듯이, 그들의 현재 상태는 이전만 못하다. 쉽게 말해서 그들은 열정을 잃어버렸다.

영적 퇴보자는 '자신의 의지로 가득한 사람'을 말한다(잠 14:14). 그런데 이 구절이 ESV성경에는 '자신의 행위에 대한 보응으로 가득한 사람'으로 번역되어 있다. 우리의 마음에 '자신의 의지가 가득할' 경우, 우리는 누구의 조언도 들으려 하지 않는다. 이러한 사람에게 다가가 조언을 건네는 것은 결코 쉽지 않다. 그들은 라오디게아 교회처럼 '나는 아무것도 필요치 않다'고 확신한다(계 3:17).

'나는 누구의 훈계도 들을 필요가 없다'라고 생각하는 사람은 다른 사람이 퇴보하는 것은 보지만, 자신이 미끄러져 내려가는 것은 보지 못한다. 따라서 주변의 누군가 퇴보하는 모습을 보인다면, 그에게 다가가 온화한 태도로 조언해 주어야 한다. 하나님께서 그렇게 하라고 말씀하셨기 때문이다. 하지만 당신 자신도 얼마든지 그렇게 될 수 있다는 사실을 잊지 말라. 퇴보하지 않으려면, 타인을 돌봄과 동시에 자신을 살펴야 한다(갈 6:1).

수면에도 여러 단계와 깊이가 있듯이, 퇴보에도 여러 단계가 있다. 이제 막 가까스로 잠든 경우엔 쉽게 깰 수 있다. 그러나 (겨울잠처럼) 매우 깊이 잠든 경우에는 거친 폭풍 가운데에서도 잘 잔다. 그의 귀에는 천둥소리도 들리지 않는다.

기본적으로는 두 단계의 영적 퇴보가 있다. 첫째, 간음을 저지르는 경우처럼 '명백한 퇴보'의 단계이다. 명백한 퇴보는 그리스도의 이름에 치욕을 안긴다. 목회자로 섬기는 기간 동안, 나는 간음죄에 무너져 버린 크리스천들을 많이 만났다. 어떤 사람은 자신의 행위가 옳지 않음을 인정한다. 그러나 어떤 사람은 자신의 행위가 잘못이라는 것을 깨닫지 못한다. 죄에 대한 '무감각'을 드러낸 것이다.

하지만 가장 다루기 힘든 퇴보자는 '자기 의'에 사로잡힌 사람들이다. 이들은 불륜에 빠진 채 살아가면서도 스스로를 의롭게 여긴다. 그들은 '하나님도 내 상황을 이해해 주실 거야'라고 생각하며, 마치 자신은 예외인 듯 '그렇게 해도 되는' 사람인 양 당당하게 살아간다.

또 다른 단계의 퇴보는 '눈에 보이지 않는 퇴보'이다. '명백한 퇴보'의 정반대편에는 이처럼 인식하기 힘든 퇴보가 자리하고 있다. 예를 들어, 특정인에 대해 악감정을 품고 용서하지 않는 경우가 여기에 해당

된다. 이러한 퇴보는 남의 눈에 보이지 않는다. 그들은 간음죄를 지은 사람과 달리 그리스도의 이름에 치욕을 안기지는 않지만, 성령의 역사를 방해한다. 이들의 죄는 공개되지도 않고, 그리 뻔뻔하지도 않다. 그러므로 이들의 경우, 자기 내면의 죄와 직면하기가 훨씬 어렵다. 그 결과 그들은 종종 '자기 의'의 함정에 빠져 버린다.

'자기 의'로 충만한 사람들을 만나 본 적 있는가? 그들은 대부분 겉으로는 윤리적인 모양새를 취하고 있다. 또 교회의 모임에도 빠지지 않는다. 그러나 이들에게 다가서기란 거의 불가능하다. 이들은 항상 자신을 좋게 생각할 뿐, 자신이 독단적이고 이기적이며 냉혈한임을 깨닫지 못한다. 그들은 자신이 마땅히 하나님의 복을 누릴 만하다고 생각하며 객관적인 눈으로 자신을 살피지 못한다. 이러한 자들을 변화시킬 수 있는 것은 하나님의 경고음뿐이다.

나에게도 이러한 일이 있었다. 내가 쓴 뿌리의 죄에 빠져 있을 때마다 사람들은 내 앞에서 안절부절못했다. 그들은 매우 조심스럽게 다가와야 했다. 또 그럴 때마다 나는 극도로 방어적인 자세를 취했다. 사람들이 나에게 "지금 당신이 그릇 행하고 있음을 아십니까?"라고 말하면, 나는 속으로 '건방진 소리하고 있네!'라고 생각했다. 그러나 사람들이 올바른 판단과 풍부한 지혜로 나의 잘못을 지적하며 경고음을 울릴 경우, 감사하게도 나는 나의 영적 무지와 고집과 냉랭함을 깨달을 수 있었다. 내가 나 자신의 모습을 정확히 보게 될 때, 비로소 잠에서 깬다. 그리고 내가 그러한 처지에 있었다는 사실에 깜짝 놀란다.

몇몇 독자는 내가 다른 책에서 언급했던 이야기를 떠올릴 것이다.

내가 가장 어두운 시기를 보내고 있을 때, 요시프 티손이 온화하면서도 단호한 어조로 이렇게 말하였다. "당신은 그들을 용서해야 합니다. 그들을 온전히 용서하지 않으면, 결국 억압당하는 것은 당신이니까요!" 나는 이러한 경고음을 허락하신 하나님께 감사드린다.

최근에 나는 미국과 영국의 교회들이 성에 관련된 온갖 문제들을 용인하고 있다는 소식을 듣고 깜짝 놀랐다. 이들은 크게 추앙받는 복음주의 노선의 교회들이며 목회 리더십에 대한 지식도 풍성한 교회들이다. 그런데도 혼전 성관계나 동성 간의 성관계 그리고 크게 문제 삼을 만한 여러 성적 행위들을 그대로 용인하고 있었다. 아무도 그러한 죄에 대해 말하지 않았다. 강단에서 이러한 행위를 죄로 단정하는 경우는 더더욱 보기 힘들었다.

최근 어느 저명한 목사가 혼전 성관계를 비판하는 내용으로 설교를 한 적이 있었다. 그런데 회중 가운데 많은 사람들이 몹시 못마땅해하는 기색이 역력했다. 예배 후 그 목사는 자신의 설교 영상을 교회의 홈페이지에 올렸다. 하지만 1주일도 안 되어 그 영상을 내려야 했다. 수많은 사람들이 그의 설교에 불만을 제기했기 때문이다.

사실이 아니길 바라지만, 열린 마음으로 성령의 은사를 수용하고 또 그 은사를 마음껏 발휘하는 교회 중 사람들의 발걸음이 끊길까 봐 두려워서 성적 죄악을 공개적으로 용인하는 교회가 굉장히 많다고 한다.

한번은 싱가포르에 있는 큰 교회의 담임목사의 사모가 회중 앞에서 노출이 심한 옷차림에 적절치 못한 동작으로 워십 댄스를 추는 것을 본 적이 있다. 싱가포르에 갔을 때 그 교회에 가 보았는데, 그들은 이것이 '복음의 확장을 위해 사람들에게 다가서는 방법'이기 때문에 용인한다고 말했다. 하지만 이러한 관용은 '도를 넘어선 은혜'(hyper grace)의 가르침에 속한다고 할 수 있다. 이 가르침의 골자는 "예수님이 십자가에서 모든 죄에 대한 대가를 치르셨기 때문에 더 이상 우리가 죄를 고백할 필요가 없다"는 것이다.

혹시 당신도 이와 같은 가르침을 따르고 있는가? 당신도 이러한 행위를 용인하고 있지는 않은가? 혹시 지금 불륜을 저지르고 있는가? 신약성경이 '죄'로 규정한 행위들을 일삼고 있지는 않은가? 만일 그렇다면, 당신 앞에 무릎 꿇고 애원한다. "제발 멈추라! 지금 당장 멈추라. 끊어내라. 지체하지 말라."

하나님은 은혜로운 분이시다. 주님은 우리가 냉담할 때, 또 퇴보할 때 우리를 어떻게 어루만져야 할지 아신다. 하지만 한밤의 외침이 깊이 잠든 교회에 '온화한 어루만짐'으로 다가올 것이라고는 생각하지 않는다. 만일 하나님이 갈라디아서 6장 1절의 원칙대로 교회를 다루신다면, 그럴 수도 있겠지만 말이다. 물론 동료 성도가 죄에 빠져 넘어질 경우에는 미혹되지 않도록 온화한 태도로 그들을 회복시켜 주는 것이 옳다.

하지만 나는 한밤의 외침은 이와 다를 것이라고 생각한다. 한밤의 외침은 9·11 사태 이상의 충격으로 다가올 것이다. 매우 끔찍하고 급작스런 충격에 우리 모두는 화들짝 놀라 깊은 잠에서 깰 것이다. 잠에서 깬 슬기로운 처녀들은 '내가 잠들었구나. 이런 일이 생긴 것은 다 내 책임이야'라고 생각하며 두려워 떨기 시작할 것이다. 그들은 수치스러운 마음을 부여잡고 괴로워할 것이다. 그리고 회개할 것이다. 또한 잠에서 깨워 주신 하나님의 은혜에 감격하며 감사드릴 것이다.

그러나 미련한 처녀들의 양상은 매우 다르다. 그들의 경우, 잠들었다는 사실보다 말씀과 성령을 추구하지 않았다는 사실이 더 크게 부각되기 때문이다. 그들의 등에는 더 이상 기름이 남아 있지 않다. 앞에서 보았듯이 처음부터 기름이 없었던 것은 아니다. 왜냐하면 그들이 이렇게 말했기 때문이다. "우리의 등불이 꺼져 간다"(마 25:8). 그들은 여분의 기름이 필요할 것이라고는 생각하지 못했다. 성령과 관련지어 말하자면, 미련한 처녀들은 영성을 원하지 않는 이들이다. 슬기로운 처녀들은 더 많은 기름(성령)을 준비했지만, 미련한 처녀들은 그러지 못했다.

나는 이 비유를 극단으로 몰고 갈 생각이 없다. 하지만 이 비유를 살펴보면, 말씀만 추구하며 '그것으로 족하다'고 생각하는 크리스천들이 머릿속에 떠오른다. 그들은 "말씀 이외에는 어떠한 것도 필요치 않다"고 말한다. 그러므로 '성령 추구'(성령의 은사와 열매를 갈구함)는 그들이 좋아하는 구호가 아니다. 이상하게 들릴 수도 있겠지만, 어떤 크리스천은 특정한 이유 때문에 성령을 두려워한다.

잠자는 동안에는 잠에서 깨면 하지 않을 행동을 한다

꿈속에서는 깨어 있는 동안 결코 하지 않을 행동을 할 수도 있다. 지그문트 프로이트는 이렇게 말했다. "꿈은 표출되지 않은 잠재의식 속의 욕망이나 두려움에 기인한다." 정말 그런 것 같기도 하다. 꿈에서 했던 일들을 생각해 보면 맨 정신으로는 결코 하지 않을 행동들이 많다. 어떤 꿈은 참으로 민망하다. 또 꿈속에서 어리석은 일을 한 적도 많다. 나는 '왜 이런 끔찍한 꿈을 꾸는 것인지' 이상하다고 생각하곤 했다.

　꿈이 소원 성취나 두려움에 기인하는지, 그렇지 않은지는 내가 알 바 아니다. 꿈의 원인 분석은 심리학자에게 맡겨 두겠다. 내가 말하고자 하는 바는 위대한 성도들도 '잠자는 동안' 맨정신으로는 결코 하지 않을 행동들을 한다는 것이다. 잠에서 깨면 그들은 '아, 내가 이런 일도 꿈꿔 왔나?' 하며 부끄러워한다.

　영적인 잠도 마찬가지이다. 하나님과의 만남을 대비하지 않으면, 퇴보하기 십상이다. 깨어 대비하지 않을 때, 우리는 '죄는 아니지만 그렇다고 선하지도 않은' 것들을 천천히 받아들이기 시작한다. 그것은 일상적인 업무처럼 작은 요소일 수도 있다. 또 사람들이 도움을 제공할 때 거부하는 '방어적인 태도'일 수도 있다. 성경을 읽지 않고 말씀을 묵상하지 않는 습관일 수도 있다.

　그러나 겉으로 볼 때 아무 문제없는 일들이 나중에는 큰 문제가 될 수 있다. 이를테면 평소보다 더 많이 통화를 하거나 친구들과 좀 더 많은 시간을 보내는 것 등이 그렇다. 이렇게 우리는 '절대로 받아들이지 않을' 것이라고 생각했던 의견이나 습관, 태도 등을 조금씩, 아주 천천히 받아들이기 시작한다. 이후엔 수순에 따라 이러한 문젯거리들을 합리화한다. 이유가 뭘까? 우리의 마음이 "만물보다 거짓되고 심히 부패한 것"(렘 17:9)이기 때문이다. 따라서 스스로 방비하지 않으면, 이 땅 위의 가장 경건한 사람도 가장 끔찍한 죄를 저지를 수 있다.

　비유 속의 슬기로운 처녀들도 잠들었다는 사실을 기억하라. 즉, 말씀과 성령을 추구하는 사람들도 얼마든지 잠들 수 있다.

"퇴보는 무릎에서부터 시작된다." 이것은 과거 켄터키에 있을 때 자주 들었던 말이다. 당신은 '너무 바쁜' 사람인가? 당신의 삶이 바빠진다는 것은 기도와 말씀에 할애할 시간이 줄어든다는 뜻이다. 업무나 스케줄에 변화가 생겨 기도할 시간이나 말씀 읽을 시간이 전무(全無)해 보일 경우, 당신은 이렇게 말할 것이다. "하나님도 이해해 주실 거야." "언젠가는 다시 기도할 날이 있겠지." "언젠가는 다시 교회에 나갈 날이 있겠지." "언젠가는 다시 교회에서 섬길 날이 오겠지."

충격적인 사실은 우리의 행동을 합리화하기 시작할 때, 나쁜 습관이 장착된다는 것이다. 적정선에서 타협하는 자세, 경건하지 못한 태도, 그리고 쓴 뿌리들이 밀치고 들어와 옛 사람의 생활 습관을 도로 장착시킨다. '옛 사람'이 현재의 삶을 차지하는 것이다.

언제부턴가 TV 시청이 기도와 묵상생활보다 더 중요해졌다. 어느새 연예계 뉴스가 우리 삶의 주요 관심사로 자리 잡았다. 이처럼 아무 생각 없이 몇 달을 지내다 보면, 그렇게 몇 년이 훌쩍 지나 버린다. 그리고 이러한 습관은 우리 중 수많은 사람들을 성적인 죄, 육체의 야망, 정직성의 상실, 불충의 죄 등으로 넘어뜨린다. 이 모든 것은 "잠깐일 뿐이야. 금방 멈출 텐데 뭐," "한 번만 더 하고 그만둘 거야" 같은 식의 핑계에서 시작된다.

경고음이 울리면, 우리는 정신을 차린다. '내가 이렇게 멀리 왔어? 내가 이렇게까지 넘어진 거야?' 회심하기 이전의 세속적인 삶으로 타락했다는 사실을 깨닫는 순간, 무척이나 괴로울 것이다.

그렇다면 말씀과 성령을 추구하던 사람도 얼마든지 영적인 잠에 빠져 육체의 일을 탐닉할 수 있다는 것인가? 그렇다. 하지만 다행스러운 것은 '일시적으로' 그렇게 될 뿐이라는 것이다. 예수님의 모습이 변화되자 베드로와 야고보와 요한은 화들짝 놀라 잠에서 깼다. 그리고 그분의 영광을 목도했다. 솔직히 우리도 다 이와 같은 경험이 있지 않은가?

마지막으로, 퇴보에도 '정도'(degree)가 있다. 거의 무해한 수준인 1부터 수치스러운 수준인 10까지 눈금이 새겨진 저울에 자신의 '퇴보' 상태를 달아볼 수 있다. 이 저울에 자신의 삶을 달아볼 때, 과연 "나는 퇴보한 적 없다"고 자신 있게 말할 사람이 있을까? 눈금 1은 '상한 감정,' '성냄,' '냉담함,' '잠시 기도 시간을 빼먹음'으로 볼 수 있고, 눈금 10의 예로는 '성적인 죄'를 꼽을 수 있다. 하나님의 이름에 큰 모욕을 안기는 행위들이 눈금 10의 범주에 속한다.

'하나님의 마음에 합한 자'로 평가받은 다윗 왕을 잊지 말자. 그는 간음했고 살인까지 저질렀다(삼하 11장). 그러나 그는 용서받았고(삼하 12장) 회복되었다(시 51편). 나단 선지자가 그의 죄를 지적했을 때, 그는 곧바로 회개했다. 이것은 말씀과 성령을 추구하는 사람에게 회개의 기회가 주어진다는 것을 증거해 준다. 그러나 뒤에서 좀 더 살펴보겠지만, 미련한 처녀들처럼 말씀과 성령을 따르지 않는 사람들에게는 회개의 기회가 주어지지 않는다.

아마도 오늘날 교회의 현실에서 가장 우려되는 점이 이것이 아닐까 한다. 지금 교회는 사회의 윤리적 퇴보에 익숙해져 있다. 따라서 도덕적 타락을 별로 괘념치 않는다. 우리는 사회 문제에 등을 돌린 채 다시 잠들어 버린다. 마약 밀매, 인종차별에 근간한 폭력, 점증하는 테러, TV에까지 노골적으로 등장하는 포르노그래피 등 목록은 점점 많아지는데, 의분을 일으켜야 할 사람들은 어디에 있는가? 과연 이러한 것들에 분노를 일으킬 만한 정신상태인가?

잠든 자들은 경고음을 싫어한다

이것은 미련한 처녀들의 특징이다. 특히 부도덕하면서 반항적인 사람들 또는 성격이 부정적이면서 직선적인 태도를 지닌 성도들을 만날 경우, 그들을 일깨우려는 시도는 종종 헛수고로 돌아간다. 그들은 자신의 생활태도나 삶의 방식을 바꾸도록 강요하는 '새로운 견해'를 혐오한다. 이것은 내가 목회 중 여러 차례 경험한 일이다.

그러나 슬기로운 처녀들은 경고음을 환영한다. 기본적으로 말씀과 성령을 추구하는 사람이라면, 퇴보하다가도 누군가 다가와 자신을 일깨워 줄 때 감사를 표한다. 물론 처음에는 방어적인 자세를 취할 수도 있다. 하지만 영적인 사람은 자신이 잘못된 길로 가는 것은 아닌지, 영적으로 잠든 것은 아닌지 확인하고자 할 것이다.

앞에서 보았듯이 경고음은 말씀을 통한 내적 징계와 같다. 혹은 하나님께서 우리의 관심을 '빼앗기 위해' 행하시는 외적 징계일 수도 있다. 그것이 어떤 형태이든, 말씀과 성령을 추구하는 사람은 방어적인 자세를 취하더라도 결국 성령의 경고음을 두 손 들어 환영할 것이다.

〉〉 교회가 영적으로 잠든 상태임을 알려 주는 표식

- 죄책감의 부재
- 하나님을 두려워하는 마음의 결핍
- 사회의 경건하지 못한 모습에 분노를 느끼지 못함
- 포르노그래피를 보면서도 '그럴 수 있어'라며 정당화함
- 탐욕과 욕심 그리고 재정 영역에서의 정직성 결여
- 세상에서 교회가 신뢰받지 못하는 현실에 분노하지 않음
- 지옥에 가는 사람들에 대해 관심이 없음
- 하나님의 말씀을 잘 알지 못하는 것을 대수롭지 않게 여김
- 원한을 품고 용서하지 않는 일을 대수롭지 않게 여김
- 그리스도를 전하는 일에 무관심함
- '개방적 유신론' 또는 '도를 넘어선 은혜'(과잉 은혜) 등의 이단적 가르침을 용인함
- 성경에 오류가 없다는 사실을 인정하지 않음
- 기도와 말씀 묵상에 관심이 없음

나는 이 책이 한밤의 외침 전에 작게나마 울리는 '경고음'이 되기를 기도한다. 성령께서 이 책을 사용하셔서 누군가를 정상 궤도에 올려놓으실 수만 있다면, 이 책을 집필한 주된 목적이 이미 달성된 것이다.

당신도 영적인 잠에 빠질 수 있다고 생각하는가? 혹시 그것이 불가능하다고 생각하는가? 아니면 이미 잠들어 있는 것은 아닌가?

8장 일반 은총, 이스라엘, 그리고 잠든 세상

너희는 세상의 소금이니 소금이 만일 그 맛을 잃으면 무엇으로 짜게 하리요 후에는 아무 쓸 데 없어 다만 밖에 버려져 사람에게 밟힐 뿐이니라 너희는 세상의 빛이라 산 위에 있는 동네가 숨겨지지 못할 것이요 (마 5:13-14)

그러므로 이르시기를 잠자는 자여 깨어서 죽은 자들 가운데서 일어나라 그리스도께서 너에게 비추이시리라 하셨느니라 (엡 5:14)

나는 이스라엘처럼 영국이나 미국이 하나님과의 특별한 관계 가운데 번영했다는 믿음을 신봉하는 사람은 아니다. 그러나 이 두 나라의 번영과 이스라엘의 번영 사이에 유사성이 있음을 부인할 수는 없다. 우리는 이스라엘이, 특히 예루살렘이 하나님의 특별한 언약 아래 있었다는 사실을 알고 있다. 다음의 말씀을 읽어 보자.

너는 여호와 네 하나님의 성민이라 네 하나님 여호와께서 지상 만민 중에서 너를 자기 기업의 백성으로 택하셨나니 (신 7:6)

예루살렘을 택하여 내 이름을 거기 두고 (대하 6:6)

너희를 범하는 자는 그의 눈동자를 범하는 것이라 (슥 2:8)

나의 형제 곧 골육의 친척을 위하여 내 자신이 저주를 받아 그리스도에게서 끊어질지라도 원하는 바로라 그들은 이스라엘 사람이라 그들에게는 양자 됨과 영광과 언약들과 율법을 세우신 것과 예배와 약속들이 있고 조상들도 그들의 것이요 육신으로 하면 그리스도가 그들에게서 나셨으니 그는 만물 위에 계셔서 세세에 찬양을 받으실 하나님이시니라 아멘 (롬 9:3-5)

〉〉 하나님의 가족

예수님은 제자들에게 "너희는 세상의 소금이다"(마 5:13)라고 말씀하셨다. 하나님께서 아담과 하와를 창조하셔서 에덴동산에 두신 이래로, 하나님께는 늘 '가족'이 있었다. 바울은 이렇게 말했다. "이러므로 내가 하늘과 땅에 있는 각 족속에게 이름을 주신 아버지 앞에 무릎을 꿇고 비노니"(엡 3:14-15).

하나님의 가족은 '하나님의 백성,' '하나님의 언약을 받은 자,' '택함 받은 자,' '하나님께서 선택하신 사람' 등 다양한 이름으로 불렸다. 사도 바울은 하나님의 선택을 받은 백성을 '감람나무'로 표현했다(롬 11:24). 감람나무는 아브라함과 그의 씨(후손)로 구성된 무리이다. 여기서 '아브라함의 씨'는 아브라함처럼 하나님의 약속을 믿은 사람만을 지칭한다. 자연적인 출생을 통해 아브라함의 후손이 되는 것으로는 하나님의 언약을 받기에 충분하지 않다는 뜻이다.

하나님의 약속을 믿는 사람만이 감람나무에 속한다. 생물학적으로 아브라함의 자손이라고 해서 반드시 아브라함의 '참된' 후손인 것은 아니다. 예를 들어 보자. 생물학적으로 아브라함에게는 이스마엘과 이삭, 두 아들이 있었다. 그런데 아브라함의 후손으로 인정된 사람은 오직 이삭뿐이었다(창 21:12). 바울도 이와 같은 의미로 다음과 같이 말했다. "곧 육신의 자녀가 하나님의 자녀가 아니요 오직 약속의 자녀가 씨로 여기심을 받느니라"(롬 9:8). 이러한 이유로 바울은 "이스라엘에게서 난 그들이 다 이스라엘이 아니요"라고 말했다(롬 9:6).

이스라엘 백성은 '유대인'으로 불린다. 성경대로 복음은 먼저 유대인에게 전해졌다(롬 1:16). 유대인들은 자연적 감람나무에 속한 자들이다. 하지만 모든 유대인이 복음을 믿은 것은 아니다. 복음을 믿지 않은 유대인들은 하나님의 진정한 가족(사도 바울이 말한 '감람나무')의 일원이 되는 특권을 빼앗겼다. 그리고 유대인들이 예수님을 거절한 결과 이방인들이 감람나무의 일원이 되었다.

예수님을 거절한 유대인들은 '꺾인 가지'(롬 11:17)로 불린다. 꺾인 가지인 유대인들 역시 믿지 않는 이방인과 마찬가지로 '잃어버린 영혼'이다. 반면 믿는 이방인은 '접붙여진 돌감람나무' 가지라 불린다. "돌감람나무인 네가 그들 중에 접붙임이 되어 참감람나무 뿌리의 진액을 함께 받는 자가 되었은즉"(롬 11:17).

그러므로 이제 유대인과 이방인 사이에는 아무런 차이가 없다고 말할 수 있다. 유대인이나 이방인이나 예수 그리스도의 복음을 믿을 때에만 구원받을 수 있기 때문이다. 이방인처럼 유대인도 불신앙 가운데 저항하면 소망이 없다. "이는 그들을 접붙이실 능력이 하나님께 있음이라"(롬 11:23). 반면, 복음을 받아들일 준비가 된 유대인들은 "얼마나 더 자기 감람나무에 접붙이심을 받으랴?"(롬 11:24)

우리는 크리스천으로서 이스라엘을 위해 기도해야 한다. 유대인들에게 복음을 전해야 한다. 우리는 로마서 11장의 구절들을 언급하며 그들도 복음을 믿고 그리스도께 나와야 한다는 사실을, 그리고 언젠가는 큰 무리의 유대인들이 그리스도께 나올 것이라는 사실을 이야기해야 한다. 분명, 바울은 이것을 소망했다.

나는 현재 유대인들의 눈을 가리고 있는 영적 가리개가 한밤의 외침에 더 빨리 벗겨질 것이라고 생각한다. 그들이 예루살렘에 있든, 텔아비브에 있든, 런던에 있든, 마이애미 해변에 있든, 어디에 있든지 상관없다!

〉〉 잠든 세상

이렇게 말하는 사람도 있을 것이다. "세상은 항상 잠든 상태 아닙니까?" 그렇다. 세상은 하나님께서 자기 아들을 보내신 것과 그 아들이 '꽉 찬 때에'(갈 4:4) 베들레헴에서 여인의 몸을 통해 태어났다는 사실을 알지 못한다. 크리스마스 캐럴의 가사 그대로 이 일은 '고요한 밤, 거룩한 밤'에 이루어졌다. 하나님께서는 세상이 알지 못한 때에 일하기를 기뻐하신다.

그러나 잠에도 단계가 있고, 정도가 있다. 지금 세상은 그 어느 때보다 깊이 잠들어 있다. 오래전 복음이 번성했던 지역, 이를테면 영국을 포함한 유럽 일대와 미국은 더 깊은 잠에 빠져 있다.

그렇다면, 세상은 어떠한가? 두말할 것도 없이 세상은 더욱 깊은 잠에 빠져 있다. 그것은 교회가 깊이 잠들었기 때문이다. 나는 교회가 더 이상 이 세상에 아무런 영향도 주지 못하게 될까 두렵다.

예수님께서 그의 제자들(곧 우리들)에게 하신 말씀처럼 교회는 세상의 소금이다(마 5:13). 우리는 이 세상의 소금이다. 적어도 그래야 한다. 주님은 이 말씀을 덧붙이셨다. "소금이 짠 맛을 잃으면 후에는 아무 쓸데 없어 버려질 것이다"(마 5:13).

《산상수훈》(The Sermon on the mount)에서 나는 소금의 특성을 방부성, 갈증 유발, 보존 기능, 맛과 풍미 향상, 상처에 뿌릴 경우 통증 강화 등 다섯 가지로 설명했다. 만일 교회가 이 세상의 소금이라면, 교회는 앞에 나열한 다섯 가지 특징을 나타내야 한다.

교회는 죄악 된 세상의 부패를 방지해야 한다(방부성). 이 세상은 교회가 가진 것을 부러워하며 영적 유익들을 체험하고 싶어 하는 갈증을 느껴야 한다(갈증 유발). 교회는 이 사회를 혼잡해지는 것으로부터 지켜내야 한다(보존). 그리고 이 세상을 맛깔 나는 곳으로 만들어야 한다(풍미). 마지막으로 우리의 복음은 어두운 세상을 계속 찔러야 한다(통증 강화).

하지만 교회는 이미 '맛'을 잃어버렸다. 이 세상의 부패를 방지하기는커녕 오히려 부추기고 있다. 사람들은 더 이상 우리가 가진 것을 부러워하지 않는다. 아니, 관심조차 보이지 않는다. 교회는 이 세상이 혼잡해지는 것으로부터 지켜 주지 못하고 있다. 그 결과 이 세상은 과거 어느 때보다도 많은 폭력과 무질서로 혼잡해지고 있다. 교회는 이 세상을 행복하고 안전한 곳으로 만들어 주지 못하고 있으며, 그로 인해 세상은 두려움으로 가득 찬 곳이 되었다.

오늘날 대부분의 교회가 '복음'이라며 사람들에게 제시하는 내용은 조금도 '공격적이지' 않다. '영적 아버지들'이 아닌 수많은 '스승들'이 나타나 그저 사람들의 가려운 귀를 긁어 주는 형국이다. 교회는 사람들이 들어야 할 말을 전하는 대신 그들이 듣고 싶어 하는 말을 전하고 있다. "때가 이르리니 사람이 바른 교훈을 받지 아니하며 귀가 가려워서 자기의 사욕을 따를 스승을 많이 두고"(딤후 4:3).

> > **일반 은총**

16세기의 종교개혁은 우리에게 귀한 가르침을 전해 주었다. 그러나

8장 일반 은총, 이스라엘, 그리고 잠든 세상

우리는 그 가르침에 좀처럼 주목하지 않는다. 그 가르침은 바로 '일반 은총'이다. 일반 은총은 온 인류에게 베풀어 주시는 '하나님의 선하심'을 말한다. 이 은혜를 '일반 은총'이라고 부르는 까닭은 '그저 그런' 은혜라서가 아니라 '모든 사람'에게 적용되는 은혜이기 때문이다. 하나님은 의인과 죄인, 선인과 악인 모두에게 햇빛을 비춰 주시고 비를 내려 주신다(마 5:45).

칼빈은 일반 은총을 '자연계에 임한 특별 은혜'라고 불렀다('특별 은총'은 택함 받은 자에게 주시는 '구원의 은혜'로 요약된다 - 역자 주). 이 은혜 덕분에 세상은 전복되지 않으며, 여러 가지 법칙과 질서가 작동한다.

이를테면 교통 신호나 사회 폭력을 제재하는 규범 등이 여기에 속한다. 병원, 의사, 간호사, 경찰, 소방관의 역할 배후에는 이러한 '일반 은총'이 자리하고 있다. '우리는 왜 태어났는가? 왜 하필 지금 이 시대, 이곳에 태어났는가?'라는 질문에도 '일반 은총'이 답해 준다(행 17:26). 창의력 역시 일반 은총이다. 당신의 지능, 음악적 기호, 과학에 대한 열정, 재능 등이 모두 일반 은총이다. '구원'과 무관한 일반 은총은 모든 사람에게 적용된다. 이 세상에 태어나 살아간다는 이유만으로 우리는 모두 일반 은총의 혜택을 입는다.

하지만 우리는 타락하고 죄악된 세상에 태어났다. 하나님의 아들이 오신 세상은 이처럼 부패한 세상, 악의가 가득한 세상이다. 그런데 교회는 세상의 '소금'이다. 세상이 이보다 더 패역하지 않고 딱 지금만큼만 악한 까닭은 어쩌면 이 세상에 '소금'이 존재하기 때문일지도 모른다. 그러나 소금도 소금 나름이다. 만일 소금이 그 맛을 잃으면, 이 세상은 (이미 부패한 상태이지만) 더 심하게 부패할 것이다.

오늘날 세상은 이전보다 더 심하게 부패했을까? 나는 이 장을 집필하다가 잠시 TV를 켜 보았다. 선거유세가 한창인 때라 선거관련 광고가 나왔는데, 8-9세 정도 되어 보이는 아이들이 특정 대선 후보를 향해 욕설을 퍼붓는 장면이 그대로 방영되었다. 아이들이 내뱉은 욕설은 자막 처리가 불가능할 정도로 저속했다. 그리고 그 장면이 여과 없이 전파를 탔다. 10년 전만 해도 이러한 일은 용인될 수 없었다. 아니 상상조차 못했다!

마이클 유세프는 오늘날의 미국이 사사시대처럼 변모하는 과정을 지켜보았다. 사사시대는 다음의 한 문장으로 요약할 수 있다. "사람이 각기 자기의 소견에 옳은 대로 행하였더라"(삿 21:25). 그 당시 이스라엘은 거짓 신들을 용인했다. 그들은 적정선에서 만족하며 안주했고, 열린 마음으로 이방 종교를 수용했다. 이러한 태도는 그들과 하나님의 관계를 악순환의 소용돌이로 밀어 넣었다. 사사시대의 악순환은 다음과 같다.

1) 백성은 '이쯤하면 됐지' 만족하며 안주한다.
2) 신앙을 지키지 못하고 타협한다.
3) 하나님의 진노가 한계선까지 차올라 하나님께서 움직이시기 시작한다.
4) 하나님께서 그 백성을 압제자의 손에 붙이신다.
5) 백성은 압제를 견디다 못해 하나님께 도움을 요청한다.
6) 하나님께서 그들의 간구를 듣고 구원자(사사)를 일으키신다.

하지만 여기서 끝나는 것이 아니다. 이스라엘 백성은 또 다시 1단계로 되돌아가고 이후의 단계로 이어지는 동일한 패턴이 반복된다. 이처럼 악순환의 고리는 끝없이 반복된다.[12]

유세프 박사는 아직 끝이 아니라고 말한다. 매번 악순환이 반복되고, 다시 시작될 때마다 더 깊은 수렁으로 빠져 들어가기 때문이다. 세상의 문화는 점점 더 짙은 어둠으로 덮여 간다. 이 악순환을 답습하는 각 세대는 이전 세대보다 더욱 부도덕해진다.

제1차 세계대전 이후, 세상은 전례 없던 풍요를 누렸다. 과도한 물질적 풍요 때문에 심지어 '광란의 1920년대'라 불렸다. 이 시기에 성적으로 문란해진 여성들의 수가 많아졌고, 대중매체에서는 동성애를 용인하기 시작했다. 하지만 '광란의 1920년대' 앞에 큰 재앙이 도사리고 있음을 누가 알았겠는가? 광란의 1920년대는 1929년의 경제대공황으로 막을 내렸다. 경제공황이 발발하자 자신의 죄악을 회개하며 하나님께로 돌아오는 사람들이 속속 생겨났다.[13]

유세프 박사는 말한다. "21세기의 미국은 영적으로나 도덕적으로나 타락하는 추세이다. 어떤 객관적 잣대를 들이대더라도, 결과는 동일하다. 미국은 타락하고 있다. 많은 연구자들이 미국의 타락이 시작된 시점을 1962년으로 보고 있다. 당시 미연방 대법원은 공립학교에서 기도하는 것을 금지시켰다. 한편 미국의 타락이 시작된 시점을 1973년으로 보는 이들도 있다. 이때, 미연방 대법원은 '제한 조건 없는' 낙태를 합법화했다. 이러한 연방 대법원의 결정은 온 나라에 거센 파도 같은 악영향을 끼쳤다. 1973년부터 2013년까지 합법적 낙태로 약 5천 6백만 명의 태아가 목숨을 잃었다."14)

이어서 유세프 박사는 말한다. "1963년의 통계에 의하면, 미국의 어린이 93퍼센트가 정상적으로 결혼한 가정에서 태어났다. 그러나 2010년에는 어린이 중 오직 59퍼센트만이 정상적인 가정에서 태어난 것으로 나타났다. 편부모 가정의 자녀 중 '빈곤'한 상태에 놓인 어린이는 37.1퍼센트에 달한다. 양부모 가정이 6.8퍼센트인 것에 비하면 굉장히 높다. 그리고 편부모 가정에서 자란 자녀가 성인이 되어 빈곤해질 확률은 양부모 가정에서 자란 자녀보다 82퍼센트나 높다."15)

포르노그래피에 대해선 말할 것도 없다. 유세프 박사는 이것에 대해 다음과 같이 말한다. "미국 내 인터넷 사이트 중 약 12퍼센트가 음란성이 있다. 인터넷 검색어의 25퍼센트가 포르노그래피와 연관되어 있고, 인터넷 사용자 중 2만 5천 명은 언제든 포르노를 시청한다고 답했으며, 전체 인터넷 사용자 중 43퍼센트는 가끔씩 포르노 사이트에 접속하는 것으로 조사되었다."16)

몇 해 전, 어느 큰 도시에 목회 관련 컨퍼런스가 열려 수많은 목회자들과 교회의 리더들이 컨퍼런스에 등록했다. 그들은 일찌감치 인근 지역의 호텔을 예약했는데, 컨퍼런스 기간 중 그 지역 호텔의 거의 모든 투숙객이 컨퍼런스 참가자들이었다. 호텔 지배인들은 그 기간의 투숙객이 거의 대부분 목회자들이기 때문에 객실 내 포르노 TV 이용률이 현저하게 줄거나 0퍼센트가 될 것으로 예상했다. 하지만 결과는 정반대였다. 성인 채널 주문이 오히려 높아진 것이다. 심지어 그 기간의 성인 채널 이용률은 평균 이상이었다고 한다. 단편적인 사실이기는 하지만, 이

8장 일반 은총, 이스라엘, 그리고 잠든 세상

는 세간에 널리 보도된 내용을 입증해 준다. 오늘날 수많은 목회자들의 은밀한 죄가 바로 포르노그래피라는 사실 말이다!17)

문화는 일반 은총과 분리될 수 없다. 증가 추세에 있는 세속적이고 불경한 문화는 이제 미국 땅에서 확실한 승기를 잡았다. 이로 인해 (크리스 천들을 포함하여) 전통적 가치를 대적하는 다수의 트렌드 수용자들에 의해 한때는 '비주류'로 분리되었던 가치들이 이제는 '주류'가 되어 버렸다.

얼마 전, 나는 뉴욕 브롱크스에 있는 양키즈 스타디움에 가서 뉴욕 양키즈의 야구 경기를 관전했다. 홈팀의 7회 초 수비가 마무리되고 7회 말 공격이 시작되기 전, 양키즈 스타디움에선 케이트 스미스가 부른 '주여, 미국에 복을 내려 주소서'(God Bless America)가 울려 퍼진다. 이것은 매우 오래된 전통인데, 나는 이 전통이 얼마나 지속될지 궁금하다. 양키즈 구단 측에서 이 전통을 없앨 것 같아서 걱정이다.

이 장의 요점이 무엇인지 알겠는가? 하나님의 가족은 이 땅의 소금으로 부름 받았다. 특별 은총을 통해 하나님의 가족이 된 크리스천은 이 세상에 선한 영향력을 끼쳐야 한다. 소금과 같은 크리스천은 일반 은총의 영역에서도 선한 영향력을 끼쳐야 한다. '모든' 사람에게 임한 일반 은총도 이 세상에 선한 영향력을 끼치는데, '크리스천'에게 임한 은총은 얼마나 더 선한 영향력을 널리 퍼뜨리겠는가?

영국이 이 세상에 끼친 영향력을 생각해 보라. 왜 영어를 사용하는 나라가 이토록 많은가? 왜 아직도 영어가 전 세계 공용어의 지위를 유지하고 있는가? 그뿐만이 아니다. 온 세상에 미친 영국인들의 영향력은 문자 그대로 '측정 불가'이다. 나는 이러한 양상이 영국의 기독교 유산과 무관하지 않다고 생각한다. 물론 모든 영국인이 크리스천인 것도 아니고 거듭난 것도 아니지만(모든 영국인이 특별 은총을 받은 것은 아니다), '일반 은총'으로 불리는 하나님의 은혜가 여러 다른 나라보다 영국이란 나라에서 더 큰 영향력을 발휘한 것은 분명한 사실이다.

그렇다면 특별 은총을 입은 하나님의 가족은 얼마나 더 큰 영향력을 발휘하겠는가? 교회는 세상의 소금이다! 하나님께서는 영국의 언어를 통해 온 땅에 복음이 전파되게 하셨다. '근대 선교의 아버지'로 추앙받는 영국인 윌리엄 캐리는 인도로 파송 받아 그 땅에 기독교를 심었다. 영국의 영향력은 실로 대단하다. 다시 말하지만, 이는 영국이 갖고 있는 기독교적 유산 때문이다.

미국은 세계 최강대국이 되었다. 지금도 미국은 온 세계에 선교사들을 파송하고 있다. 하나님의 가족은 이 땅의 소금이다. 미국을 건국한 선조들의 마음에는 하나님을 향한 경외심이 자리하고 있었다. 이것은 오늘날 미국이 강대국이 된 이유를 가장 잘 설명해 준다.

지금 나는 미국과 영국의 번영에 공통점이 있음을 이야기하고 있다. 바로 기독교적 유산 말이다! 이러한 점에서 이 두 나라를 옛 이스라엘과 비교할 수 있다. 물론 내가 '브리티시 이스라엘리즘'(British Israelism 옛 이스라엘의 열 지파가 유럽, 특히 영국의 선조가 되었다는 가설 – 역자 주)을 이야기하는 것이 아니다. 게다가 이러한 믿음은 성경적이지도 않다. 다만 영국과 미국에서 유대-기독교 유산의 영향력을 부인할 수 없을 뿐만 아니라, 이 영적 유산이 두 나라의 번영에 크게 이바지했음을 말하는 것이다.

하나님의 일반 은총이 이 세상에 어떻게 역사했는지 생각해 보라.

알버트 아인슈타인, 헨리 키신저, 벤자민 디즈레일리, 조지 거슈윈, 레너드 번스타인, 어빙 벌린, 그루초 막스, 밥 딜런, 스티븐 스필버그, 보리스 파스테르나크, 제롬 컨, 마틴 부버, 지그문트 프로이트, 아서 루빈스타인의 공통점이 무엇지 아는가? 이들 모두가 탁월한 유대인들이라는 것이다. 내가 아는 한, 이들 중 예수 그리스도를 자신의 메시아로 인정한 사람은 단 한 명도 없다. 그러나 이들은 지극히 재능 있는 사람들로 하나님의 일반 은총 곧 '자연계에 내린 특별 은혜'의 특징을 잘 드러낸다. 물론 이들은 일반 은총이란 개념을 인정하지 않겠지만 말이다.

앞에서 언급한 어빙 벌린의 노래 '주여, 미국에 복을 내려 주소서'는 작곡가 자신에게 임한 하나님의 선하심을 잘 보여 주는 예라고 할 수 있다. 이와 관련하여 나는 이렇게 묻는다. "미국의 기독교적 유산이 없었다면, 과연 어빙 벌린이 이 같은 노래를 만들 수 있었을까?" 아마 불가능했을 것이다. 나는 이 나라에 있는 '세상의 소금'(교회)과 위대한 재능가들의 업적 사이에 긴밀한 상관관계가 있다고 생각한다.

하지만 소금이 맛을 잃으면 무슨 소용이 있는가? 맛을 잃은 소금은 어디에도 사용할 수가 없다. 오랫동안 미국과 영국에 무언가 불길한 일들이 진행되고 있는 것 같다. 그것은 바로 크리스천의 영향력이 시들어 버린 것이다! 그 결과 이 사회의 경건하지 못한 풍조가 점점 더 기승을 부리고 있다. 불경건은 범죄, 공포, 증오, 제어할 수 없는 성적 타락, 어둠 등으로 이어졌다. 오늘날의 문제는, 바비 코니가 이야기했던 것처럼 "우리가 어둠에 익숙해져 있다"는 것이다. 그래서 나는 매우 두렵다.

이것이 오늘 우리의 현주소이며, 앤 그레이엄 라츠(빌리 그레이엄 목사의 딸 – 역자 주)가 방송에서 말한 것과 같다. "최근 미국은 하나님을 향해 오직 'No'라고만 말해 왔습니다. 하지만 하나님께서는 그 한 단어에 대해 수많은 단어로 대답하셨습니다. '좋다. 너희가 나를 원하지 않는구나. 그렇다면 나는 너희가 선택한 대로 너희를 내버려 둘 것이다.'" 그렇게 미국은 현재의 상태로 퇴보하였다.

오늘날 교회가 잠들었다. 그래서 세상은 더 깊은 잠에 빠져 버렸다. 그리고 우리는 어둠에 익숙해졌다.

9장 갑작스런 외침

밤중에 소리가 나되 (마 25:6)

내가 내 사자를 보내리니 그가 내 앞에서 길을 준비할 것이요 또 너희가 구하는 바 주가 갑자기 그의 성전에 임하시리니 … 그가 임하시는 날을 누가 능히 당하며 그가 나타나는 때에 누가 능히 서리요 (말 3:1-2)

오순절 날이 이미 이르매 … 홀연히 하늘로부터 급하고 강한 바람 같은 소리가 있어 (행 2:1-2)

한밤의 외침은 이전의 어떤 사건보다 훨씬 더 끔찍한 재앙을 수반할 것이다. 사람들은 공포에 휩싸일 것이고, 재앙으로 인해 수많은 사람이 목숨을 잃을 것이다. 앞으로 살펴보겠지만, 이 끔찍한 참사 직전(혹은 직후)에 수많은 사자들이 일어나 하나님의 메시지를 전할 것이다. 재앙은 메시지의 진정성을 입증해 주고 그 메시지에 높은 신뢰도를 부여할 것이다. 그와 동시에 하늘에는 여러 가지 표적이 나타날 것이다.

오순절 날에 베드로가 인용했던 요엘의 예언을 살펴보자. "내가 이 적을 하늘과 땅에 베풀리니 곧 피와 불과 연기 기둥이라 여호와의 크고 두려운 날이 이르기 전에 해가 어두워지고 달이 핏빛같이 변하려니와"(욜 2:30-31, 행 2:19-20). 베드로가 설교한 그날, 요엘의 예언이 가시적으로 성취되었는지는 확실하지 않다. 그러나 '한밤의 외침'이 울려 퍼질 때, 이 징조가 그대로 성취될 것은 분명하다.

그날 사람들은 할 수만 있다면 어린 양의 진노를 피하려고 애쓸 것이다. 어떤 사람은 얼굴을 땅에 묻고 숨을 것이다. 수많은 사람들이 두려움에 사로잡힐 것이다. 문자 그대로 그들의 '머리부터 발끝까지' 크게 떨릴 것이다. 오순절 날에 성령께서 '홀연히' 하늘로부터 임하신 것처럼(행 2:2) 한밤의 외침 또한 갑작스럽게 울려 퍼질 것이다. 한밤의 외침은 정확히 예수님의 재림 전에 울려 퍼진다. 누누이 말했듯이 그 외침은 '한밤중'에 울려 퍼질 것이다.

마태복음 25장 6절의 '밤중'은 세 단어로 이뤄진 헬라어 구문 '메세스 데 눅토스'의 역어이다. '한밤'은 세상 도처에 있는 하나님의 백성들마저 깊은 잠에 빠진 시간대를 말한다. 그들은 아무것도 예상하지 못한 채 잠들어 있다. 바로 그때, 온 세상 사람들의 귀에 명확한 메시지가 선포될 것이다. 그 말씀은 '외침'의 형태로 울려 퍼진다. 그 소리는 교회를 흔들어 깨울 만큼 무섭고도 명확한 메시지이다. 외침을 들은 교회는 긴 겨울잠에서 깨어난다.

한밤의 외침은 하나님께서 하시는 말씀이다. 사람들은 그것이 하나님의 말씀임을 알 것이다. 그 외침을 들은 자마다 "이것은 결코 사람이 만들어 낼 수 없는 내용이다"라며 그 사실을 곧바로 인식하게 될 것이다. 그것은 큰 나팔 소리처럼 명쾌한 메시지이며, 간단하고 이해하기 쉬운 말씀이다. 그 말씀을 듣는 사람은 모두 정신을 차릴 것이다. 이 세상의 그 어떤 설교도 이러한 결과를 낸 적이 없다.

그 외침은 장황하지 않으며 심오하지도 않다. 학자들의 고지식함이 담겨 있지도 않고, 유창하지도 않다. 지성에 호소하는 외침도 아니다. 희망을 부추기거나 사람들의 귀를 간지럽히는 속삭임도 아니다. 정치적 공정성을 염두에 둔 발언도 아니며, 특정 집단의 신학적 견해를 표방하는 말도 아니다. 특정 교단의 교리에 호소하는 메시지도 아니다. 사람들의 자존감을 높여 주는 말도, 기분 좋게 해 주는 말도 아니다.

그 말을 듣고 그 즉시 기뻐할 사람은 없다. 그 메시지는 우리 마음속의 어두운 생각을 낱낱이 드러낼 것이다. 또한 교회를 향한 하나님의 생각과 우리 각 사람에 대한 하나님의 뜻을 고스란히 나타낼 것이다. 그 소리는 우리의 방어기제를 해제하고 자존심을 짓밟으며 수치를 드러낸다. 좋든 싫든, 우리는 그 메시지를 받아들여야 한다. 수많은 사람이 그 메시지에 분개할 것이다. 그러나 한편으로 그 메시지에 감사할 사람도 많다.

과거에 어떤 부흥은 서서히 시작된 반면, 어떤 부흥은 갑자기 시작되었다. 뉴잉글랜드 대각성운동은 설교를 통해 서서히 시작되었다. 그리고 그 부흥의 여파는 거의 한 세대 동안 지속되었다. 반면 1801년의 케인릿지 부흥은 갑자기 일어났고, 그 여파도 며칠간만 이어졌다.

웨일즈 부흥은 기도모임을 통해 시작되었는데, 갑작스레 불길이 타오른 경우이다. 당시 청년이었던 에반 로버츠는 오랫동안 이같이 기도하였다. "주님, 제 뜻을 굽혀 주십시오!" 그러다가 부흥이 일어났다. 오순절 성령강림 사건도 갑자기 일어난 일이었다. 다만 그 전에 사람들이 열흘 정도 지속적으로 기도했을 뿐이다.

한밤의 외침과 동시에 곳곳에서 설교와 권면이 울려 퍼질 것이다. 이 점을 제외하고는 한밤의 외침과 오순절 성령강림 사건의 양상은 동일하다. 물론 한 사람이 한곳에서 설교하는 형태는 아닐 것이다. 세계 곳곳에서 수많은 그리스도의 종들이 일어나 말씀을 전하고 사람들을 권면할 것이다. 오순절에 선포된 메시지는 '이것은 저것이었다'(베드로가 성령강림 사건을 요엘 선지자의 예언 성취로 설명함)인 반면 한밤의 외침 가운데 선포될 메시지는 '이것이 바로 그것이다'(마태복음 25장 6절의 말씀이 성취된 것)일 것이다.

예수님은 나사렛의 회당에 들어가셔서 이사야 61장 1-2절 말씀을 낭독하시고 '이것이 바로 그것이다'라고 말씀하셨다. 다음은 예수님이 낭독하신 말씀이다.

> 주의 성령이 내게 임하셨으니 이는 가난한 자에게 복음을 전하게 하시려고 내게 기름을 부으시고 나를 보내사 포로 된 자에게 자유를, 눈먼 자에게 다시 보게 함을 전파하며 눌린 자를 자유롭게 하고 주의 은혜의 해를 전파하게 하려 하심이라 하였더라 (눅 4:18-19)

만일 예수님께서 "이 글이 오늘 너희 귀에 응하였느니라"(눅 4:21)는 말씀을 덧붙이지 않으셨다면, 별 소란 없이 끝났을 것이다. 하지만 그 말씀을 덧붙이시는 바람에 소동이 일어났다. 바로 그것이 사람들을 언짢게 했던 대목이다.

"대각성의 때가 다가오고 있다"라는 말과 "이것이 바로 그것이다"라는 말은 사뭇 다르다. 전자의 경우, 사람들은 별다른 반응을 보이지 않는다. 그러한 말을 듣고도 평안하게 잘 살아갈 것이다. 그러나 "이것이 바로 그것이다"라는 말은 사람들의 심기를 건드린다. 후자의 경우(이를테면 "이것이 바로 예수님께서 말씀하신 한밤의 외침이다"라는 말을 들을 경우) 사람들은 분노와 원한으로 반응할 것이다. 오순절 날에 일어난 일도 마찬가지였다. 현장에 모여 있던 수많은 사람들이 분노와 원한을 드러냈다. 한밤의 외침은 전 세계를 흔들어 깨울 경고음이다. 그 외침은 수개월 동안 지속될 수도 있다.

뒤에서 좀 더 자세히 살펴보겠지만, 때가 되면 임박한 주님의 재림을 의심하지 않고 전파할 수많은 그리스도의 종들이 세계 도처에서 일어날 것이다. 그들은 무대 중앙에 올라 신랑의 도래가 임박했음을 알리며 교회를 깨울 것이다. 오순절 베드로의 설교에 대한 사람들의 반응과 한밤의 외침이 울려 퍼질 때 메신저들의 설교에 대한 사람들의 반응은 동일할 것이다. "우리가 어찌해야 할까?"(행 2:37)

오순절 날, 베드로의 설교에 찔림을 받고 회개한 사람은 3천 명이나 되었다. 한밤의 외침이 울려 퍼지는 날, 이들의 메시지를 듣고 회개할 사람은 전 세계적으로 수백만 명에 달할 것이다. 영국에서 러시아까지, 미국에서 필리핀까지, 남아프리카에서 중국에 이르기까지 세계 모든 나라

곳곳에서 수많은 사람들이 가슴을 치며 회개할 것이다.

>> 무슨 일이 일어나겠는가?

한밤의 외침, 그 첫 번째 메시지의 칼끝은 교회를 향한다. 그러나 이후 이 외침은 교회 밖의 사람들에게도 닿는다. 일반적으로 접촉하기 힘든 부유층, 유명인사들, 가난한 사람들, 소외된 사람들, 안락하고 평범하게 사는 중산층, 증오로 가득한 인종차별주의자들, 하나님을 믿지 않는 사람들 모두가 그 외침을 듣고 충격을 받을 것이다. 그들의 마음속 떨림은 손가락 마디마디에까지 전달될 것이다.

마태복음 25장 6절에 '소리'로 번역된 헬라어는 '크라우게'이다. 이 단어가 사도행전 23장 9절에서는 '크게 떠들새'로, 히브리서 5장 7절에서는 '심한 통곡'으로 번역되었다. 겟세마네 동산에서 예수님이 드리신 기도를 '심한 통곡'으로 설명한 대목이다.

고대 헬라 문화권에서 '크라우게'는 '선포'의 의미로 사용되었다. 대등한 의미를 지닌 히브리어 단어가 국가적 위기 상황에서 하나님을 부르는 경우에 사용되었다. 어쨌든 마태복음 25장 6절에 등장하는 '크라우게'의 효과는 상당했다. "이에 그 처녀들이 다 일어나 등을 준비할새"(마 25:7). 한밤의 외침은 매우 효과적이어서 이 소리를 듣고도 잠에서 깨지 못할 처녀는 없다.

당신은 이렇게 생각할 것이다. '이 외침은 어떤 방법으로 우리의 귀에 닿겠는가? 무엇이 대각성을 촉진할 것인가? 한밤의 외침은 하늘에서 울려 퍼지는 음성인가? 그래서 온 세상 사람들이 동시에 그 소리를 듣게 되는 것인가?'

나는 그렇게 생각하지 않는다. 하늘에서 소리가 울려 퍼지는 것이 아니라 하나님의 백성 중 한 부류인 외치는 자들이 소리를 낼 것이다. 그렇다면 사람들은 어떻게 이들의 음성을 들을까?

솔직히 모르겠다. 교회를 깨우시기 위해 하나님이 사용하시는 방법은 많다. 하나님께서는 성령 충만한 수천 명의 사람들을 통해 이 일을 이루실지도 모른다. 그들이 한 목소리를 내어 교회를 깨울 수도 있다. 혹은 소수의 사람들을 통해 이 일을 이루실지도 모른다. 그 옛날 기드온의 때, 하나님께서는 자신의 능력을 나타내시기 위해 300명만 선택하셨다(삿 7:7). 어쩌면 하나님은 단 한 사람을 통해 이 일을 시작하실 수도 있다.

소수의 사람들을 통해 하나님께서 역사하시는 방법으로 '스마트폰'을 생각해 볼 수 있다. 스마트폰만 있으면 특정 메시지 한 편으로도 이 엄중한 시대에 수많은 사람에게 하나님의 마음을 명확히 그려 보일 수 있다. 오늘날 스마트폰은 전 세계를 아우르는 의사소통 도구가 되었다.

지난 2011년 1월 25일, 스마트폰 메시지를 통해 5만여 명의 무슬림들이 이집트 카이로의 타흐리르 광장에 집결했다(북아프리카 및 중동지역에서 일어난 반정부 민주화 시위운동인 '아랍의 봄'을 말한다. 이날, 이집트 타흐리르 광장에 집결한 시민들의 민주화 혁명은 호스니 무바라크 대통령의 퇴진을 이끌어냈다 – 역자 주). 이들을 집결시킨 동력은 아이폰이었다. 이처럼 한마디면 된다!

오늘날 대부분의 젊은이들은 데스크탑 컴퓨터에 시큰둥하다. 별 필요가 없기 때문이다. 그들에게는 스마트폰 하나면 충분하다. SNS, 뉴스 검색, 인터넷을 통한 국제적 교류 등, 과거에 데스크탑 컴퓨터가 수행했던 모든 기능이 스마트폰 한 대에 집약되어 있다. 이런 상황에서 시의적절한 말 한마디면 삽시간에 세상을 뒤집어 놓을 수 있다. 하나님께 이것은 일도 아니다. 지금 나는 스마트폰을 통해 한밤의 외침이 울려 퍼진다고 말하는 것이 아니다. 다만 그 가능성을 조심스레 언급할 뿐이다.

오순절 성령강림 사건은 예수님의 공생애 이후에 일어났다. 정확히는 예수님의 부활 이후 50일 만에, 승천 후 열흘 만에 일어났다. 예수님께서 승천하신 후 120명가량의 제자들이 성령의 폭우를 기다리며 열흘 동안 열심히 기도했다. 장차 다가올 성령의 폭우, 즉 또 다른 오순절 사건이 일어나기 전에도 이에 견줄만한 중보기도 운동이 일어날지는 잘 모르겠다. 하지만 한밤의 외침이 울리기 전, 세계 곳곳에 있는 하나님의 백성이 대규모 기도집회를 여는 등 엄청난 기도의 역사가 일어난다고 해도 결코 놀랄 일은 아니다.

당신은 이렇게 물을 것이다. "한밤의 외침과 예수님의 재림 사이에는 얼마만큼의 시간 간격이 있습니까?" 이에 나는 이렇게 답할 수밖에 없다. "모릅니다." 다만 두 가지 가능성을 생각해 볼 뿐인데 첫째, 내 견해로는 한밤의 외침 후 얼마 안 있어(이를 테면 몇 년 뒤) 예수님의 재림이 일어날 것 같다. 그 짧은 기간에(1-2년 사이에) 참으로 많은 일이 일어날 수 있다. 수백만의 무슬림이 예수 그리스도께로 돌아올 수 있다. 또한 이스라엘의 영적인 눈을 덮고 있던 가리개가 풀어져서 수많은 유대인들이 구원의 길로 들어설 수도 있다. 그리스도의 신부인 교회는 이 짧은 기간에 자신을 준비하게 된다. 이에 물이 바다를 덮듯이 여호와의 영광이 온 땅을 덮게 된다.

둘째, (이 또한 그럴듯한 시나리오인데) 한밤의 외침 후 '상당 기간' 부흥이 지속될 수 있다. 이 경우, 주님의 재림까지 여러 해가 더 지나야 한다. 전자이든 후자이든, 결과는 마찬가지이다. '물이 바다를 덮듯이'(합 2:14) 여호와의 영광을 아는 지식이 온 땅을 덮는다. 이 책이 주안점으로 두고 있는 것은 한밤의 외침이 역사상 가장 큰 부흥으로 이어진다는 사실이다.

이렇게 묻는 사람도 있을 것이다. "그렇다면 부흥은 어떻게 일어날까요?" 솔직히 나도 잘 모르겠다. 어떤 면에선, 굳이 신경 쓸 필요가 없다. 일단 하나님의 말씀이 선포되면, 온 세상이 그 말씀에 영향을 받을 것이기 때문이다. 어쩌면 하룻밤 만에 온 세상이 변화될 수도 있다.

〉〉 우리는 어떻게 해야 하는가?

당신은 이렇게 물을 수도 있다. "정말로 한밤의 외침이 곧 울려 퍼지고 이후에 주님의 재림이 이뤄진다면, 크리스천은 무엇을 해야 하나요?" 이 질문에 대한 답은 다음과 같다.

- 깨어 있어야 한다(막 13:37, 눅 12:35).

- 말씀과 성령을 동등하게 추구함으로 충분한 기름을 준비해야 한다. 이를 위해 최선을 다하라. 그리고 성령을 추구할 때, 당신은 성령의 은사만큼이나 성령의 열매를 추구해야 한다. 왜냐하면 '은사 vs. 인품'의 문제가 대두될 것이기 때문이다. 하지만 인품이 은사보다 더 중요하다는 데는 논란의 여지가 없다. 은사에는 '후회'하심이 없다. 다시 말해서 한 번 주신 은사를 돌이키지 않으신다는 뜻이다(롬 11:29). 그러므로 은사와 관련해서는 기름이 부족할까 염려할 필요가 없다. 반면, 인품과 관련해서는 기름의 준비 여부가 매우 중요하다.
- 매일 세심한 주의를 기울여 성경을 읽으라. 최소한 1년에 성경을 1독 할 수 있도록 계획을 세우길 권면한다.
- 하나님과 독대하는 기도시간을 가능한 많이 확보하라. 적어도 하루에 30분 이상은 기도해야 하지 않겠는가?
- 하나님께서 주신 모든 빛 안에서 살아가라(요일 1:7).
- 온전한 용서를 실천하라. 세심한 주의를 기울여 모든 사람을 용서하라. 당신이 용서하지 않음으로 묶어 놓은 모든 사람들을 풀어 주고, 하나님께 그들에게 복 주시기를 간구하라.
- 성적 순결을 지켜라. '이성 간의 결혼'(남자 한 명과 여자 한 명의 연합)이라는 테두리 안에서만 성관계를 허용하라.

이 일곱 가지 지침은 자신이 미련한 처녀가 아니라 슬기로운 처녀임을 확신하는 데 도움이 될 점검 사항이다.

한밤의 외침은 언제든지 울려 퍼질 수 있다. 나는 이 책이 작은 '경고음' 역할을 할 뿐 아니라 한밤의 외침을 준비하고 기대하는 데 도움이 되기를 소망한다.

이 책에 소개된 가르침은 많은 사람에게 '새로운' 내용일 것이다. 게다가 나는 내가 믿고 있는 바를 '가정'이 아닌 '사실'로 소개하고 있다. 그러므로 나는 이 가르침을 받아들이는 데 다소 시간을 요하거나 수용하기를 거부하는 사람들의 심정을 전적으로 이해한다.

이 가르침을 받아들이는 것은 '완전한 변화'를 수용하는 것과 같다. 누군가에게는 패러다임의 전환이 될 수도 있을 것이다. 당신이 이 책의 내용을 받아들이지 않아도 좋다. 다만 이 책을 읽은 후 하나님께 더 가까이 나아가고자 하는 소망을 갖게 된다면, 그것으로 족하다. 이 책을 읽은 후, 부디 더 많이 기도하고 성경도 더 많이 읽고자 하는 마음이 생기길 바란다.

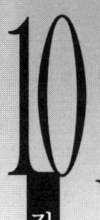

10장 변하지 않는 운명

이에 그 처녀들이 다 일어나 등을 준비할새 미련한 자들이 슬기 있는 자들에게 이르되 우리 등불이 꺼져 가니 너희 기름을 좀 나눠 달라 하거늘 (마 25:7-8)

너희가 아는 바와 같이 그가 그 후에 축복을 이어받으려고 눈물을 흘리며 구하되 버린 바가 되어 회개할 기회를 얻지 못하였느니라 (히 12:17)

한밤의 외침과 관련하여 가장 무서운 사실은 열 처녀의 운명이 조금도 바뀌지 않았다는 것이다. 외침을 듣고 열 처녀 모두가 잠에서 깼지만, 미련한 처녀들에게는 잘못을 바로잡고 슬기로워질 기회가 주어지지 않았다. 미련한 처녀들은 여전히 미련한 채로, 슬기로운 처녀들 역시 슬기로운 채로 남았다. 회개의 기회는 없었다. 이미 너무 늦었기 때문이다.

미련한 처녀들은 기름을 충분히 준비하지 못한 크리스천을 대변한다. 우리가 기억해야 할 것은 그들이 자신의 유업을 추구하지 않았다는 것이다. 그리고 그들에겐 회개의 기회가 주어지지 않았다. 슬기로워지기에는 시간이 부족했다. 이미 너무 늦었기 때문이다.

〉〉 맹세를 되새기다

이 장의 목적은 미련한 처녀들이 슬기롭게 변화되는 것이 왜 불가능한지, 왜 너무 늦었는지를 설명하는 데 있다. 앞에서 살펴보았듯이 이는 하나님의 맹세 때문이다. 한밤의 외침이 울림과 동시에 하나님께서는 분노를 발하며 맹세하신다.

그 옛날, 이스라엘은 하나님의 맹세 때문에 그분의 안식에 들어가지 못했다(히 3:11). 마찬가지로 하나님의 맹세 때문에 미련한 처녀들 역시 하나님의 최후 판결을 되돌릴 수 없다. 그들에겐 회개의 기회가 주어지지 않을 것이다. 기름을 충분히 준비하지 못했다는 사실 앞에서 후회하고 부끄러워할 수도 있겠지만, 회개의 기회는 없다. 그들이 할 수 있는 일은 아무것도 없다.

한밤의 외침은 성적표를 배부받는 시간이다. 각 사람의 성적표에는 하나님의 최후 판결이 기록된다. 사람들은 말씀과 성령을 추구하는 일에 얼마나 충성했는지 또는 얼마나 불충했는지에 대한 하나님의 평가를 듣게 된다.

말씀과 함께 성령을 추구했던 슬기로운 처녀들은 상을 받는다. 즉,

그들은 혼인잔치에 참여한다(마 25:10). 이것이 그들이 받을 '상'이다. 그러나 성령을 추구하지 않았던 미련한 처녀들은 혼인잔치에 참여하지 못한다. 그들은 굳게 닫힌 피로연장 밖에서 슬피 운다(마 25:11-12).

켄터키 애슐랜드에서 학교에 다니던 어린 시절, 나는 성적표를 받는 날이 정말 두려웠다. 선생님께서 성적표를 나눠 주실 때면 심장이 쿵쾅거리며 빠른 속도로 뛰었다. '좋은 성적이 아니면 어쩌지?' 나는 기대에 못 미치는 성적표를 들고 집에 가서 부모님, 특히 아버지를 만나고 싶지 않았다.

성적표는 내가 얼마나 열심히 공부했는지 또는 내가 얼마나 게을리 공부했는지에 대한 선생님의 평가를 반영한다. 성적표가 배부되는 순간, 그걸로 끝이다. 거기에 적힌 결과는 바뀌지 않는다. 나는 성적란에 잉크로 기재된 글자를 바꿀 수 없다.

한밤의 외침이 그토록 무서운 것은 바로 그날, 우리에게 내려진 하나님의 최후 판결을 '깨닫기' 때문이다. 모르고 지나가면 무서울 것도 없다. 그러나 그날 우리는 하나님의 최후 판결을 알게 된다.

바울은 장차 하나님께서 우리를 평가하실 날이 다가올 것이라고 말했다. "그러므로 때가 이르기 전 곧 주께서 오시기까지 아무것도 판단하지 말라 그가 어둠에 감추인 것들을 드러내고 마음의 뜻을 나타내시리니 그때에 각 사람에게 하나님으로부터 칭찬이 있으리라"(고전 4:5). 물론 이 구절에 언급된 것을 반드시 한밤의 외침으로 생각할 필요는 없다. 하지만 이 구절을 통해 우리는 하나님께서 한밤의 외침 가운데 우리를 어떻게 평가하실지 알 수 있다.

그러나 한밤의 외침은 그리스도의 심판(백보좌 심판, 최후의 심판)이 아니다. 그리스도의 심판은 한밤의 외침 '이후'에 일어날 사건이다. 한밤의 외침을 통해서는 우리가 주님께 신실했는지 불충했는지를 깨달을 뿐, 최후의 심판을 받지는 않는다.

"우리의 등불이 꺼져 간다." 한밤의 외침이 울리자마자 미련한 처녀들은 자신들의 비참한 영적 상태를 깨닫고 이같이 말했다. 그러나 안타깝게도 미련한 처녀들에게는 회개의 기회가 주어지지 않았는데, 이것이 이 비유에서 가장 슬픈 대목이다. 한밤의 외침 배후에 "그들은 내 잔치에 들어올 수 없다"는 하나님의 맹세가 있기 때문이다.

〉〉 하나님의 맹세는 어떻게 작동하는가?

앞에서 우리는 맹세의 개념을 살펴보았다. 어쩌면 지금쯤 내가 맹세에 대해 이야기했던 부분을 다시 한 번 읽고 싶은 생각이 들 것이다. 간단하게 말해서 하나님의 맹세는 결코 되돌릴 수 없는 약속이다. 맹세에 대하여 하나님은 마음을 변개하지 않으신다.

하나님께서 아브라함에게 하신 것처럼 우리에게도 "긍휼을 베풀어 주겠노라"고 맹세하신다면, 이것은 정말 놀라운 선물이다. "이르시되 여호와께서 이르시기를 내가 나를 가리켜 맹세하노니 네가 이같이 행하여 네 아들 네 독자도 아끼지 아니하였은즉 내가 네게 큰 복을 주고 네 씨가 크게 번성하여 하늘의 별과 같고 바닷가의 모래와 같게 하리니 네 씨가 그 대적의 성문을 차지하리라"(창 22:16-17). 아브라함은 하나님께서 이 일을 행하시리라 믿었고, 의심하지 않았다.

사실 이전에도 하나님께서는 아브라함에게 동일한 약속을 여러 차례 하셨다(창 12:2-3, 15:5, 17:6-8 등). 그에게 용기를 주려고 동일한 약속을 반복하신 것이다. 그러나 하나님께서 맹세하셨을 때, 아브라함에게는 더 이상의 약속이 필요하지 않았다.

맹세나 약속이나 똑같이 진실하며 믿을 수 있다. 그러나 약속에는 종종 조건이 붙는다. 반면 맹세에는 조건이 붙지 않는다. 하나님께서 맹세하신 순간, 그 무엇도 그분의 마음을 바꿀 수 없다.

〉〉 하나님께서 마음을 바꾸신 적이 있는가?

'과연 하나님께서 마음을 바꾸실까?' 이것은 참으로 복잡한 신학적 주제이다. 그런데 이 문제는 약속과 맹세의 차이를 이해할 때 일부분 해소될 것이다. 약속의 경우, 하나님께서 마음을 바꾸실 수도 있다. 이사야는 히스기야에게 "이제 네가 죽을 때가 되었다"라고 전했다. 그러자 히스기야가 울면서 하나님께 간구했고, 그의 간구에 하나님께서 응답하셔서 죽음을 선고했던 이사야는 발걸음을 돌렸다. 그는 히스기야에게 돌아와서 하나님께서 그의 생명을 15년 더 연장해 주셨다는 기쁜 소식을 전했다(왕하 20:1-11).

이번에는 요나 선지자가 니느웨에 전했던 메시지를 살펴보자. "40일이 지나면 니느웨는 망할 것이다!"(욘 3:4) 이 메시지를 들은 니느웨의 왕은 금식을 선포하며 이같이 외쳤다. "누가 알겠느냐? 하나님께서 마음을 바꾸실 수도 있지 않겠느냐? 하나님께서 맹렬한 분노를 돌이키실 수도 있다. 그러면 우리는 망하지 않을 것이다!"(욘 3:9) 그의 말대로 하나님은 마음을 돌이켜 회개한 니느웨를 긍휼히 여기셨다. 그리고 경고하셨던 것과 달리 그 성을 멸하지 않으셨다(욘 3:10).

요한복음 3장 16절은 종종 '성경 전체의 요약본'으로 불린다. 그런데 이 구절은 다음의 약속을 기반으로 두고 있다. "하나님께서는 하나밖에 없는 아들을 내어 주실 정도로 세상을 사랑하신다. 그 아들을 믿는 사람은 누구든지 멸망하지 않고 영생을 얻는다." 바꿔 말하면 하나님께서 이 세상을 사랑하셨고, 그 아들을 믿는 사람에게 영생을 '약속'하셨다는 것이다. 복음이 약속의 차원에서 제시된 것이다.

하나님께서 '약속의 차원'으로 말씀하실 경우, 상황은 얼마든지 변할 수 있다. 즉, 끝날 때까지 아직 끝난 것이 아니다. 누군가 갈라진 틈에 서서 중보기도하면, 하나님께서 마음을 바꾸실 수도 있다.

그러나 하나님께서 '맹세'하신 경우는 다르다. 이때는 그 어떤 것으로도 하나님의 마음을 바꿀 수 없다. 맹세를 돌이킬 수 없다는 사실은 예부터 자명했다. "메대와 바사의 고치지 아니하는 규례를 따라 그것을 다시 고치지 못하게 하옵소서"(단 6:8). 이 구절에서도 알 수 있듯이 맹세는 변개치 못한다. 일단 맹세하면 그길로 끝이다.

종종 하나님께서 분노를 발하며 맹세하시는 경우가 있는데, 이것은 개인이나 집단이 경험할 수 있는 최악의 참사이다. 앞에서 말했듯이 가나안 정복을 앞둔 어느 날, 이스라엘 백성에게 이런 일이 일어났다. 당시 이스라엘 백성 대다수는 여호수아와 갈렙의 의견을 묵살했다. 갈렙은 하나님의 도우심으로 가나안을 정복할 수 있다고 주장했지만, 대다수가 그의 주장을 외면했다. 그들은 "우리가 보기에도 우리는 메뚜기와 같다"(민 13:33)고 말했다. 그리고 결국 다수의 의견이 이겼다. 그때 하나님께서 분노를 발하셨다. 그리고 하나님의 맹세가 이어졌다. "애굽을 나올 당시 스무 살 이상이었던 사람은 단 한 명도 약속의 땅에 들어갈 수 없다!"(민 14:29-30, 히 3:10-11) 정말 그걸로 끝이었다.

그 다음 날, 이스라엘 백성은 자신들의 잘못을 깨닫고 서둘러 가나안 정복에 나섰다. 그러나 이것은 참으로 어리석은 결정이었다. 모세는 이미 늦은 일이라며 백성을 만류했다. 심지어 "그 땅에 들어갈 생각조차 하지 말라"고 경고했다. 하지만 그의 경고가 무색할 만큼 그들은 막무가내였다.

그들은 '하나님이 함께해 주실 것'이라는 굳건한 믿음을 부여잡고 가나안 땅을 밟았다. 그러나 그들의 예상과 달리 그들은 처참하게 패했다(민 14:45). 그만큼 그들은 하나님의 맹세를 가볍게 생각했던 것이다. 하나님께서 진노하시는 가운데 맹세하셨기 때문에 승부는 싸움이 시작되기 전에 이미 나 있었다. 하나님이 맹세하시면, 그것으로 끝이다. 맹세하신 경우 절대로 마음을 돌이키지 않으시기 때문이다.

바로 이러한 이유로 한 번 빛을 보고, 하늘의 은사를 맛보고, 성령에 참여했다가 타락한 히브리 성도들은 다시 회개할 수도, 회복될 수도 없는 것이다. 그들에게 회개의 기회가 주어지지 않기 때문이다. 그런데 왜 하나님께서는 분노 가운데 그같이 맹세하셨을까? 그들이 뭘 그렇게 잘못한 것일까? 부도덕한 일을 행했을까? 십계명을 어겼을까?

그들의 죄는 하나님의 음성을 듣지 않고 순종하지 않은 죄일 것이다. 그들의 죄는 자신의 유업을 추구하지 않은 죄이다. 그들의 귀는 돌처럼 딱딱하게 굳어 버렸다. 그들은 귀가 닫혀 성령의 음성을 듣지 못했다. 이러한 사람들에게 하나님은 분노를 발하시며 맹세하신다. "너희에게 다시 회개할 기회는 없다!"

우리는 말씀과 성령을 추구함으로써 우리의 유업을 얻게 된다. 그러나 반복되는 경고를 듣고도 그것을 계속 무시하는 사람들은 결국 하나님의 맹세에 담긴 끔찍한 결과와 마주해야 할 것이다(히 2:3). 이러한 이유로 히브리서 기자는 우리에게 에서처럼 되지 말라 경고한다.

> 너희는 하나님의 은혜에 이르지 못하는 자가 없도록 하고 또 쓴 뿌리가 나서 괴롭게 하여 많은 사람이 이로 말미암아 더럽게 되지 않게 하며 음행하는 자와 혹 한 그릇 음식을 위하여 장자의 명분을 판 에서와 같이 망령된 자가 없도록 살피라 너희가 아는 바와 같이 그가 그 후에 축복을 이어받으려고 눈물을 흘리며 구하되 버린 바가 되어 회개할 기회를 얻지 못하였느니라 (히 12:15-17)

본래 야곱과 에서의 이야기는 야곱을 선택하신 하나님의 주권을 보여 주는 데 목적이 있지만(창 25:23, 롬 9:10-13), 히브리서 기자는 에서의 문제를 지적한다. 어쨌든 에서는 아버지의 '마음을 바꾸지' 못했다. 본문의 표현처럼 그는 회개할 기회를 얻지 못했다. 아니, '아버지의 마음을 바꿀 기회'를 얻지 못했다(히 12:17, ASV). 에서는 결과를 뒤집지 못했다. 그런데 이 사건의 배후에는 '하나님의 맹세'가 있다. 에서는 후회했다. 하지만 아무리 후회해도 이삭이 야곱에게 장자의 복을 주었다는 사실은 바뀌지 않는다.

한밤의 외침이 그토록 두려운 이유가 바로 여기에 있다. 일단 한밤의 외침이 울리면, 온 세상 사람들이 예수님이 곧 오신다는 사실을 깨닫게 된다. 그 대상은 '온 세상 사람'이다. 여기에 단 한 사람의 예외도 없다. 그리고 미련한 처녀들은 자신이 슬기로운 처녀들의 무리 안으로 들어갈 수 없다는 사실을 깨닫게 된다. 변화되기엔 시간이 턱없이 부족한 것이다. 이미 너무 늦었다! 슬기로운 처녀들은 혼인잔치를 즐기겠지만, 미련한 처녀들은 연회장에 들어가지 못한다.

11장 메시지

밤중에 소리가 나되 보라 신랑이로다 맞으러 나오라 하매 (마 25:6)

내가 복음을 부끄러워하지 아니하노니 이 복음은 모든 믿는 자에게 구원을 주시는 하나님의 능력이 됨이라 먼저는 유대인에게요 그리고 헬라인에게로다 (롬 1:16)

한밤의 외침에 담긴 메시지는 두 단계로 전해진다. 1단계는 예수님의 재림이 임박했다는 종말론적·예언적 메시지이다. "신랑이로다! 맞으러 나오라!" 이것은 잠자는 교회를 깨워 줄 첫 번째 메시지이다. 2단계는 구원적·복음적 메시지이다. 이 메시지는 한밤의 외침 후 예수님의 영적 도래와 함께 전파된다. 이 단계의 메시지를 통해 사람들은 참된 복음이 무엇인지 명확하게 깨닫는다. 그리고 그 복음은 온 세상에 퍼진다.

당신은 '예수님의 재림'의 첫 번째 단계가 그분의 '영적 도래'임을 기억할 것이다. 이때 사도행전에 기록된 것처럼 교회에 엄청난 능력이 부어질 것이다. 능력을 받은 신부(교회)는 신랑을 맞이하기 위해 준비할 것이며, 신랑(예수)은 원수들을 짓밟을 것이다. 그러므로 이때 특별한 능력을 대동하시는 성령에 의해 로마서(특히 4장)에 기록된 복음이 온 세상에 전파되고, 말씀과 성령이 연합한다. 참된 복음의 회복과 더불어 성령의 표적과 이적과 기사가 회복되는 것이다.

1단계의 종말론적 메시지는 교회를 향해 울려 퍼지는 간결한 메시지이다. "신랑이로다! 맞으러 나오라!" 이 말씀은 예언적이고 단순한 요점을 집어내는 메시지로, 모호하지 않고 명료하여 듣는 자의 마음을 압도한다. 어디에 있든 이 메시지를 들을 수밖에 없다. 이 메시지를 피할 수 있는 성도는 없다. 참으로 효과적인 경고음이다. 이로 인해 모든 크리스천이 잠에서 깨어 자신의 영적 상태를 깨닫는다. 슬기로운 처녀들은 비록 잠들긴 했지만, 자신들에게 등불을 밝힐 기름이 있다는 사실에 안도한다.

교회가 잠에서 깨면, 이 메시지는 새로운 차원인 2단계의 구원론적 메시지로 돌입한다. 먼저 교회 안에 복음이 회복되고, 성도들은 그 복음을 명확하게 이해할 것이다. 새로운 차원의 메시지는 거룩함, 공의, 구제와 긍휼, 가정의 회복과 치유를 선포한다. 아버지의 마음을 자녀에게로 돌이키고, 복음과 함께 표적과 이적과 기사가 나타날 것이다. 또한 교회 밖 세상을 향해 복음을 전하도록 전례 없던 능력이 교회 위에 쏟아질 것이다.

한밤의 외침이 전하는 1단계 메시지는 예수님의 재림이 임박했다는 종말론적·예언적 메시지이다. 쉽게 말해서 "예수님께서 곧 재림하신다!"는 것이다. 교회를 향해 선포되는 메시지도 '임박한 주님의 재림'이고, 교회 밖 세상을 향한 메시지도 '임박한 주님의 재림'이다.

그런데 왜 사람들은 예수님의 재림이 임박했다는 메시지를 믿는 것일까? 그동안은 믿지 않았는데, 왜 한밤의 외침이 울려 퍼질 때에는 믿는 것일까? 그만큼 세상이 큰 혼란에 빠질 것이기 때문이다. 한밤의 외침이 울려 퍼질 때, 거대한 참사도 함께 일어날 것이다. 세상이 크게 소용돌이치는 가운데 이 메시지가 울려 퍼지기 때문에 사람들이 그 내용을 믿는 것이다. 메시지가 전달되는 방식과 메시지가 전달될 때 세상의 상황, 이 두 가지 요소가 사람들로 하여금 그 메시지를 믿게 만들 것이다.

이상하게 들리겠지만, 사람들은 한밤의 외침이 전하는 메시지를 증오하면서, 한편으로는 환영할 것이다. 이 메시지는 엄청난 능력을 대동하여 듣는 자들이 큰 깨달음을 얻게 될 것이다. 그들의 첫 깨달음은 다음의 문장으로 요약될 것이다. "하나님은 살아 계시다. 성경은 사실이다. 성경이 말하는 예수님은 곧 다시 오신다."

이 메시지가 교회 바깥의 사람들에게 전해질 때, 사람들의 즉각적인 반응은 요한계시록에 기록된 바와 별반 다르지 않을 것이다. 가난한 사람들, 중산층, 부유층, 귀족들, 그리고 자유인이나 종이나 할 것 없이 모두가 "보좌에 앉으신 이의 얼굴에서와 그 어린 양의 진노"로부터 숨으려고 애쓸 것이다(계 6:15-16). 그러나 모두가 다 그런 것은 아니다. 이전에 복음을 들어 보지 못한 사람 중 이 메시지를 기쁘게 받아들일 사람이 수백만에 달할 것이다. 이처럼 사람들은 이 메시지를 환영하기도 하고, 증오하기도 한다.

나는 아주 멋진 침실과 아침식사를 제공하는 북아일랜드의 한 숙소를 알고 있다. 북아일랜드에 가면 그곳에 투숙하곤 하는데, 그 근처의 도로 한가운데에는 무심코 지나쳐 버릴 수 없는 표지판이 서 있다. 거기에는 이런 글귀가 적혀 있다. "주의 재림이 가까워지고 있다."

내 친구 스티븐은 집회장소로 나를 데려다 주면서 이렇게 말했다. "제가 어렸을 때에도 이 표지판이 서 있었습니다. 50년도 더 되었죠." 어쩌면 사람들은 이 표지판의 글귀가 야고보서 5장 8절에서 따온 말씀임을 알고 '피식' 웃을지도 모른다. 야고보도 주의 재림이 가깝다고 말했는데, 참으로 오랫동안 재림 사건이 일어나지 않았으니 말이다. 실제로 어떤 사람들은 그 표지판의 글귀를 농담처럼 여긴다. 그러나 한밤의 외침이 울리면, 그 표지판은 더 이상 조롱거리가 되지 못할 것이다.

한밤의 외침은 두 단계로 이뤄질 것이다. 먼저 1단계인 "신랑이로다"라는 외침에 교회가 잠에서 깬다. 그리고 2단계에 구원의 메시지 곧 복음이 회복된다. 이에 교회 바깥의 사람들에게 진정한 복음이 선포된다. 그때에 하나님께서 1세기의 교회를 향해 말씀하셨듯이 다시 한 번 촉구하실 것이다. "어디든지 사람에게 다 명하사 회개하라 하셨으니"(행 17:30). 그날 사람들의 영원한 운명이 결정되기 때문에 긴박함과 긴장감이 감돌 것이다.

현재 우리가 복음을 전하는 방식을 보면, 영원한 운명에 대한 관심이 지극히 적다는 것을 알 수 있다. 오늘날 복음의 강조점은 영원한 운명보다는 '지금 여기 현재의 삶'에 편중되어 있다. 그러므로 복음을 듣는 사람은 그리스도를 믿을 경우 '지금' 어떤 유익을 얻게 될지에만 관심을 둔다.

그런데 바울은 이 같은 설교를 경멸했다. "만일 그리스도 안에서 우리가 바라는 것이 다만 이 세상의 삶뿐이면 모든 사람 가운데 우리가 더욱 불쌍한 자이리라"(고전 15:19). 그는 부활과 영원한 운명에 초점을 맞췄다. 장차 성령께서 행하실 위대한 부흥은 영원한 운명에 초점이 맞춰질 것이다. "당신은 어디에서 영원토록 거하겠는가?" 바로 이 질문이 주님의 재림뿐 아니라 한밤의 외침에도 대비해야 할 이유를 알려 준다.

〉〉 한밤의 외침과 재림의 유사성

한밤의 외침과 그리스도의 재림 사이에는 세 가지 유사성이 있다. 첫째, 우리는 그날과 그 시를 알지 못한다. 그리스도의 재림은 물론 한밤의 외침이 언제 울릴지도 알지 못한다. 둘째, 이 두 가지 사건에 대한 온 세상 사람들의 반응은 동일할 것이다. 비참한 절망이 압도적이겠지만, 수백만의 사람들은 이를 환영할 것이다. 셋째, 한밤의 외침이 울린 직후, 사람들은 문자 그대로 '통곡'할 것이다. 예수 그리스도께서 영광의 구름 가운데 오시는 것을 볼 때에도 마찬가지이다(계 1:7). 사람들은 통곡할 것이다.

누군가 통곡하는 소리를 들어 본 적 있는가? 마지막으로 '통곡' 소리를 들어 본 것이 언제인가? 통곡은 일반적인 울음이나 흐느낌과는 다르다. 통곡은 오열하는 소리이다. 극도의 슬픔, 소망 없는 울음, '너무 늦었음'을 알고 애곡하는 소리, 이것이 통곡이다. 통곡은 우리와 친숙했던 삶이 더 이상 계속될 수 없음을 말해 준다. 통곡과 함께 우리는 돌아올 수 없는 강을 건넌다. 되돌아오지 않을 과거와 결별한다.

한밤의 외침은 이 세상을 바꿀 것이다. 한마디로 과거와의 단절이 일어날 것이다. 인류가 경험했던 그 어떤 재앙보다도 극단적인 단절이 일어날 것이다. 왜냐하면 그날 울려 퍼질 메시지에 '지속되는 힘'이 실려 있기 때문이다. 그 메시지가 울려 퍼지는 순간, 사람들은 마치 주님의 재림이 이미 이뤄진 것처럼 생각할 것이다. '난 이제 어떻게 하지? 뭘 어떻게 해야 하지?'

당신은 이렇게 물을 것이다. "그 일이 어떻게 일어날까요?" 일단 종말론적 메시지(1단계)가 울려 퍼지면, 말씀과 성령을 신실하게 추구했던 수백만의 크리스천이 무대 중앙에 서게 된다. 그들은 "주님의 재림이 임박했다!"고 외친다. 이 외침은 거대한 복음 전파(2단계)로 이어진다. 그리고 마침내 혼인잔치가 열린다. 다시 살펴보겠지만, 이들은 혼인잔치에 초청받는다.

물론 모두가 동일한 방식으로 임박한 예수님의 재림을 선포하는 것은 아니다. 각 사람의 은사에 따라 선포 방식은 달라질 것이다. 우리 몸에 눈, 귀, 손, 발, 그리고 보이지 않는 내장기관이 있듯이 그리스도의 몸 또한 다양한 사람들로 구성되어 있다. 눈에 띄게 은사를 발휘하는 리더들도 있지만, 종의 마음을 지닌 채 뒤에서 묵묵히 섬기는 사람들도 있다. 이들은 콩팥과 허파처럼 겉으로는 보이지 않으나 꼭 필요한 사람들이다.

교회 내의 서열에도 변화가 생길 것이다. 크게 주목받던 리더들은 한쪽 귀퉁이로 내몰리고, 사람들은 그들의 의견을 대수롭지 않게 여길 것이다. 그러나 그날에 그동안 주목받지 못했던 사람들이 모퉁잇돌로 자리매김하게 될 것이다. 이는 초대교회 시대에 예수님의 사도들이 종교 지도자들을 놀라게 했던 것과 같다. "그들을 본래 학문 없는 범인으로 알았다가 이상히 여기며 또 전에 예수와 함께 있던 줄도 알고"(행 4:13).

세례 요한이 예수님의 공생애에 앞서 그 길을 예비했던 것처럼 한밤의 외침도 주님의 재림에 앞서 '선구자' 역할을 할 것이다. 세례 요한이 엘리야의 영과 능력으로 사역했던 것처럼(눅 1:17), 장차 수많은 세례 요한들이 나타나서 갈멜 산의 엘리야처럼(왕상 18:16-40) 복음을 대적하는 원수들과 싸울 것이다.

말씀과 성령을 충직하게 추구해 왔던 교회의 리더들(목사, 교사, 복음전도자 등)은 그때까지 사람들로부터 얼마나 주목을 받았는지와 상관없이 역사상 가장 위대한 사역을 행하게 될 것이다. 그러나 타협의 메시지로 복음을 대체해 온 사람들은 쇠락할 것이다. 사람들의 가려운 귀를 긁어 주고 번영에 대한 헛된 소망을 불어넣어 주면서 복음의 참된 진리를 수치스럽게 여겨 온 사람들은 부끄러움을 당할 것이다. 하룻밤 만에 그들의 지위를 잃고 공허함만 남게 될 것이다.

이러한 사람들에게 일어날 일은 과거 예수님이 성전에서 환전꾼들을 내쫓고 그 상을 엎으신 일과 같을 것이다(요 2:14-16). 거짓 교사들, 이 세상의 거짓 선지자들, 또 성경을 이용하여 사람들을 기쁘게 해 주려는 자들에게 그날은 말 그대로 '재앙'이다.

한밤의 외침 2단계, 그 짧은 시간에 온 세상 수백만의 사람들이 구원을 얻을 것이다. 이는 히스기야 왕이 경험한 것과 비슷하다. "이 일이 갑자기 되었으나 하나님께서 백성을 위하여 예비하셨으므로 히스기야가 백성과 더불어 기뻐하였더라"(대하 29:36). 수개월 내에 수백만의 무슬림이 회개하고 돌아올 것이며, 그 여파는 유대인에게도 미칠 것이다. 바울은 이방인의 회심이 이스라엘을 질투하게 만들 것이라고 했다(롬 11:11).

〉〉 로마서 4장

이제 나는 앞에서 언급했던 존 폴 잭슨의 환상을 좀 더 자세히 설명할 것이다. 세상을 떠나기 몇 해 전에 존이 한 가지 환상을 보았는데, 그 환상은 이 장에서 내가 이야기한 내용과 맥을 같이한다. 그의 환상 가운데 하나님의 사자가 나타나서 장차 이 땅 위에 하나님의 위대한 역사가 일어날 것이라고 말했다. 이후 그 사자는 다음과 같이 말했다. "이어서 이 땅 위에 펼쳐질 위대한 부흥의 핵심은 로마서, 특히 로마서 4장에 기록되어 있다."[18]

이후 그는 몇몇 크리스천 지도자들이 로마서 4장의 원칙을 위배할 것이라고 덧붙였다. "이러한 이유로 사역을 잃는 지도자도 생길 것이고, 또 어떤 지도자들은 갑작스런 죽음을 맞게 될 것이다. 그러나 로마서 4장의 원칙을 범하지 않는 사람은 언젠가 갑자기 주목받게 될 것이다. 그들은 '초대교회 시대 이후 누구도 올라서 보지 못한 곳에' 우뚝 설 것이다." 이는 장차 복음이 회복될 것과 참된 치유와 표적과 이적과 기사가 나타날 것을 의미한다. 이에 대한 자세한 내용은 추후에 이야기하겠다.

로마서 4장의 원칙은 두 가지이며, 이 두 가지 원칙의 모범은 '아브라함'이다. 첫째 원칙은 '이신칭의'이다. 그날에 이신칭의의 교리가 회복될 것이다. 아브라함처럼 '약속을 믿을 때 의롭게 된다'는 가르침이 다시금 주목받게 될 것이다(롬 4:1-11). 둘째 원칙은 '유업의 추구'이다. 그날에 아브라함처럼 자신의 유업을 추구하는 사람들이 일어날 것이다. 아브라함은 자신과 사라의 나이가 많음에도 자신의 유업인 이삭의 출생을 믿었다(롬 4:12-21).

이상하게 들릴 수도 있지만, 그날 '예수님의 재림이 임박했다'는 메시지는 세상의 이목을 끌 것이다. 그리고 로마서에 기록된 동일한 메시지(예수님의 재림이 임박했다)가 '복음'의 신학적 핵심이 될 것이다. 교회는 거룩함과 참된 공의를 나타낼 것이며, 가난한 사람들을 돌볼 것이다. 세례 요한이 "하나님의 진노로부터 피하라", "회개에 합당한 열매를 맺으라"고 선포했던 것처럼(눅 3:8) 교회는 사회의 정의를 부르짖는 도구로 쓰임 받을 것이다(눅 3:11-15). 이 모든 일은 그리스도의 신부가 예수님의 재림을 준비하고 대비하는 과정의 일환이다.

# 12장 전하는 자들

밤중에 소리가 나되 보라 신랑이로다 맞으러 나오라 하매 (마 25:6)

광야에 외치는 자의 소리가 있어 이르되 너희는 주의 길을 준비하라 그가 오실 길을 곧게 하라 (마 3:3)

　열 처녀 비유에 등장하는 사람들은 세 부류의 크리스천으로 나눌 수 있는데, 그중 '전하는 자들'은 한밤중에 잠든 교회를 깨우는 크리스천을 의미한다.

　이 세상 어딘가에 거대한 재앙이 발발하면, 전하는 자들은 주님으로부터 메시지를 듣게 된다. 이렇게 해서 '전하는 자들'의 역할이 시작된다. 이 재앙은 세상의 일부가 아니라 온 세상을 뒤흔들 것이다. 그리고 재앙이 일어남과 동시에 '전하는 자들'에게는 하나님의 메시지가 전달된다. 온 세상을 뒤흔들 대참사와 함께 아주 명확하고 단순한 말씀이 들려오는 것이다. 그런데 그 말씀은 재앙만큼이나 참혹할 것이다.

누가 한밤중에 이 '외침'을 전할 것인가? 천사일까? 아니면 기독교 채널에 나오는 스타 목사일까? 답은 간단하다. 그들은 바로 하나님께 선택받아 세례 요한처럼 사역하는 사람들이다!

과거 예수 그리스도의 지상사역에 앞서 그 길을 예비한 세례 요한은 한 명이었다. 그러나 예수 그리스도의 재림 때에 수많은 세례 요한들이 일어나 그 길을 예비할 것이다. 우리 중 누군가는 세례 요한처럼 사역하게 된다.

물론 단 한 사람이 임박한 예수님의 재림을 큰 소리로 외칠 수도 있다. 하지만 사실 한밤의 외침은 여러 명의 목소리일 것이다. 외치는 자의 무리에 수많은 사람이 참여할 것이다. 하나님의 주권으로 선택받은 무리들이 외칠 때, 그 소리는 크게 울려 퍼질 것이다. 이들은 구체적인 사명을 위해 하나님께서 선택하신 '주권적 도구'이다.

히브리서 11장에는 많은 이들이 "믿음으로 ○○는"과 같은 식으로 소개된다. 그들 모두는 믿음으로 특정한 사명을 완수하였는데, 이들이 바로 하나님의 '주권적 도구'인 것이다. 믿음으로 히브리서 11장의 주인공들을 뒤따르는 사람들은 장차 교회와 세상을 깨우는 도구로 쓰임 받을 것이다.

모든 크리스천이 하나님의 주권적 도구로 쓰임 받는 것은 아니다. 유업을 받게 될 슬기로운 처녀라고 해서 히브리서 11장에 등장하는 사람들처럼 반드시 하나님의 주권적 도구로 쓰임 받는 것은 아니다. 슬기로운 처녀나 미련한 처녀 모두 예수님의 이름으로 믿음을 고백하고 복음을 받아들인 하나님의 백성이다. 하지만 이들은 히브리서 11장의 등장인물들처럼 특별하지 않을 수도 있다. 반면, 히브리서 11장의 주인공들은 '주권적 도구'의 모범들이다.

크리스천이라고 해서 모두 다 유업을 받는 것은 아니다. 열 처녀 비유에서 유업을 받지 못하는 크리스천은 '미련한 처녀'로, 유업을 받는 크리스천은 '슬기로운 처녀'로 분류된다. 마찬가지로 슬기로운 처녀라고 해서 모두 하나님의 주권적 도구가 되는 것은 아니다. 주권적 도구는 하나님의 특별한 부르심, 높은 부르심을 받은 사람이어야 한다.

나는 한밤의 외침을 전하는 자들이 사도적 사역자, 또는 선지자적 사역자나 교사일 가능성에 대해 논하고 싶지 않다. 어쩌면 그들 모두가 사도적 사역자나 선지자적 사역자, 교사일 수도 있다. 확실한 것은 그들 모두가 '복음을 전하는 자들'이라는 것이다.

물론 이들은 스타 목사 부류는 아닐 것이다. 오히려 디셉 사람 엘리야(왕상 17:1)처럼 갑자기 '튀어나올' 확률이 높다. 초기의 사도들(행 4:13)처럼 학식이 높지 않을 수도 있다. 자신의 때가 이르기를 기다렸던 요셉(창 41:38-44)과 같이 하나님께서 감춰 두신 사람일 수도 있다. 그중 어떤 사람은 모세(행 7:22-23)처럼, 오랜 기간 준비될 것이다. 어떤 사람은 사무엘(삼상 3:19-20)처럼, 또 어떤 사람은 다니엘(단 1:8)처럼 준비될 것이다. 그때에 사도 바울과 같은 지적 능력의 소유자가 필요할지는 잘 모르겠다. 오순절 성령강림 이후 곧바로 출범한 초대교회에는 위대한 신학자가 없었으니 말이다.

존 폴 잭슨에게 임했던 환상 가운데 하나님의 사자가 이렇게 말했다. "이어서 이 땅 위에 펼쳐질 위대한 부흥의 핵심은 로마서, 특히 로마서 4장에 기록되어 있다." 존 폴 잭슨은 이 말씀에 이어서 더 많은 것을 보았다.

환상 속에서 일단의 사람들이 네 줄짜리 계단식 벤치에 앉아 있었다. 맨 윗줄은 텅 비어 있고, 셋째 줄까지만 사람들이 앉아 있었다. 그런데 하나님의 사자가 셋째 줄에 앉은 사람들에게 이같이 말했다. "너희는 로마서 4장의 원리를 능욕했다. 따라서 너희 중 몇 사람은 살 것이고, 몇 사람은 죽게 될 것이다. 그러나 살든 죽든 너희 모두는 아무리 노력해도 성공할 수 없다."[19] 이후 그는 첫째 줄과 둘째 줄에 앉은 사람들에게 말했다. "너희는 로마서 4장의 원리를 위반하지 않았다. 그러므로 너희는 초대교회 시대 이후 아무도 서 보지 못했던 넷째 줄로 들려 올라갈 것이다."

존 폴 잭슨의 환상은 여기서 끝난다. 그는 1986년에 이 환상을 보았고, 2001년에 나에게 그 내용을 말해 주었다. 그가 세상을 떠나기 전에 우리는 이 환상에 대해 몇 차례 이야기를 나누었다. 그는 아래쪽 두 줄에 앉았던 사람들이 넷째 줄로 급히 들려 올라간 것을 강조했다. 이들의 급부상은 '계층 간의 새로운 질서 확립'을 말해 준다. 반면, 셋째 줄에 앉은 사람들은 한때 비교적 높은 지위를 누렸지만, 로마서 4장의 원리를 남용하고 오용함으로 급격히 추락한다. 존 폴 잭슨은 그들 중 몇몇의 얼굴을 알아볼 수 있었다고 했다.

지금 이들은 환상 가운데 천사에게 들었던 대로 어려움을 겪고 있다. 그중에는 세간에 잘 알려진 사람도 있다. 그들이 유명하기는 하지만, 나는 그들을 '어제의 사람'으로 부르고자 한다. 그들은 이전의 지위, 역할, 영광을 회복하려고 노력했다. 무던히도 노력하고 노력했지만, 결국 실패했다. 이 사람들은 로마서 4장의 원리를 오남용하다가 결국 자신의 유업을 잃어버렸다. 구원은 받겠지만, 이들은 성적인 죄, 돈 문제, 권력에 대한 집착, 명예의 욕구를 따르다가 그리스도의 이름에 치욕을 안겼다. 참으로 비극적인 일이다.

내가 깊이 존경하는 사람이 다음의 이야기를 전해 주었는데, 그는 성령님을 깊이 체험한 사람이다(그는 전 세계적으로, 특히 중국에 큰 영향을 미친 사역자이다). 하루는 그가 이렇게 기도하며 주님께 여쭈었다.

"주님, 저는 슬기로운 처녀입니까?"

주께서 대답하셨다. "아니다."

그는 충격을 받았다. 그래서 다시 여쭈었다. "그러면 저는 미련한 처녀입니까?"

"아니다."

주님의 대답에 그는 어리둥절했다. 그래서 다시 한 번 여쭈었다.

"저는 슬기로운 처녀인가요?"

"아니다."

"그렇다면 저는 미련한 처녀이겠군요."

"아니다."

이후 주님께서는 그에게 세 번째 부류의 성도에 대해 말씀해 주셨다. 그들은 교회 안에서 잠들지 않고 깨어 있는 사람들, 곧 '남은 자들'로 한밤의 외침을 전할 그룹에 속한다. 그들은 교회를 깨우기 위해 하나님께서 사용하시는 주권적 도구이다. 그들은 성적으로 순전한 자들이다. 그들은 사람들의 칭찬에 요동하지 않고, 재물에 흔들리지 않으며, '배신감의 장벽'을 무너뜨릴 것이다(이것에 대해서는 이 책의 3부에서 설명할 것이다). 한밤의 외침을 전하는 사람들은 열 처녀와 달리 깨어 있을 것이며, 신랑의 도래를 기대할 것이다.

열 처녀 비유에 '신부'는 등장하지 않는다. 엄밀히 말해서 비유 속 열 명의 처녀는 '그리스도의 신부'(재림의 때 그리스도를 맞이할 교회의 최종 상태)가 아니라, 잠들어 있는 교회의 현실 상태를 묘사하는 범례로 등장한다. 어쨌든 이 비유는 교회에 속한 사람들을 잠들긴 했으나 그럼에도 말씀과 성령을 추구한 사람들(슬기로운 처녀들), 말씀과 성령을 추구하지 않고 잠든 사람들(미련한 처녀들), 교회 안에 깨어 있는 그리스도의 종들(한밤의 외침을 전하는 자들)로 나누고 있다.

당신은 깨어 있는가? 부디 정신을 차리고 깨어 있으라. 어쩌면 당신은 이와 같은 때에 하나님 나라에 속한 '전하는 자'(messenger)일지도 모른다.

13장 잠에서 깬 교회

이에 그 처녀들이 다 일어나 등을 준비할새 (마 25:7)

또 내가 들으니 허다한 무리의 음성과도 같고 많은 물 소리와도 같고 큰 우렛소리와도 같은 소리로 이르되 할렐루야 주 우리 하나님 곧 전능하신 이가 통치하시도다 우리가 즐거워하고 크게 기뻐하며 그에게 영광을 돌리세 어린 양의 혼인 기약이 이르렀고 그의 아내가 자신을 준비하였으므로 그에게 빛나고 깨끗한 세마포 옷을 입도록 허락하셨으니 이 세마포 옷은 성도들의 옳은 행실이로다 하더라 (계 19:6-8)

한밤의 외침 이후 교회는 어떤 모습일까? 나는 이 질문에 답하기 위해 이 장을 집필하였다.

'부흥'이라는 단어와 '각성'이라는 단어는 서로 교환하여 사용할 수 있다. 언어기호학적인 문제이기 때문에 이 두 단어의 차이를 크게 부각시키지는 않을 것이다. 그런데 어떤 사람은 '부흥'을 '크리스천의 신앙 회복'으로, '각성'을 '교회 밖 공동체의 동요(動搖)'로 이해한다. 그러나 가끔씩은 교회가 각성해야 할 필요도 있다. 이것은 비유에 담긴 내용의 일부이기도 하다.

열 처녀 비유에서 '열 처녀'는 교회를 상징한다. 그러나 이 비유에서는 '신부'(그리스도의 신부인 교회)가 직접 언급되지 않는다. 다시 한 번 강조하지만, 비유 속에 등장하는 모든 요소들을 무언가에 일일이 끼워 맞출 필요는 없다. 이 원리를 잊지 말라.

>> 교회는 그리스도의 신부이다

적어도 신약성경 네 곳에서 교회가 '신부'로 묘사되었다. 이러한 가르침을 처음으로 전한 사람은 아마도 세례 요한일 것이다. "신부를 취하는 자는 신랑이나 서서 신랑의 음성을 듣는 친구가 크게 기뻐하나니 나는 이러한 기쁨으로 충만하였노라"(요 3:29).

둘째, 바울의 에베소 서신에서 교회가 신부로 묘사된 구절을 찾을 수 있다. "남편들아 아내 사랑하기를 그리스도께서 교회를 사랑하시고 그 교회를 위하여 자신을 주심 같이 하라 이는 곧 물로 씻어 말씀으로 깨끗하게 하사 거룩하게 하시고 자기 앞에 영광스러운 교회로 세우사 티나 주름 잡힌 것이나 이런 것들이 없이 거룩하고 흠이 없게 하려 하심이라"(엡 5:25-27). 사실 바울은 아내를 사랑해야 하는 남편의 역할에 대해 실질적 교훈을 전하고자 교회를 사랑하시는 그리스도에 대해 말한 것이다. 그런데 그는 이 교훈의 말씀을 이렇게 맺는다. "이 비밀이 크도다 나는 그리스도와 교회에 대하여 말하노라"(엡 5:32). 이 구절은 교회가 그리스도의 신부임을 분명하게 말해 주고 있다.

셋째, 바울의 고린도 서신에서 찾아볼 수 있다. "내가 하나님의 열심으로 너희를 위하여 열심을 내노니 내가 너희를 정결한 처녀로 한 남편인 그리스도께 드리려고 중매함이로다"(고후 11:2).

넷째, 요한의 글에서 교회가 신부로 묘사된 구절을 찾아볼 수 있다. 다음의 말씀을 기록했을 때, 그의 눈에 교회가 그리스도의 신부로 비친 것이 분명하다. "어린 양의 혼인 기약이 이르렀고 그의 아내가 자신을 준비하였으므로"(계 19:7).

결혼식이 시작될 때까지 예수님은 하나님의 우편에 앉아 계실 것이다. 이 말씀대로라면 결혼식은 임박했다. 혼인 기약이 이르렀다. 그러나 아직 시작되지는 않았다. 신부는 '준비된' 상태이다. 이 말은 교회가 마침내 하나님이 원하시는 모습으로, 처녀처럼 순결한 상태로 변화된다는 말이다. 결혼식은 하나님의 계획에 따라 추후에 시작될 것이다(계 21:1-4).

비록 교회가 잠들고 또 교회 구성원 중 일부는 '미련한' 처녀들이지만, 혼인잔치에 초청될 '슬기로운' 처녀들은 교회를 향한 하나님의 궁극적 목적을 이루게 된다. '준비된' 처녀들(마 25:10)은 하나님께서 뜻하신 모습의 교회를 상징한다.

> > 하나님을 경외하는 마음이 교회 안에 회복될 것이다

'교회가 부흥한다'는 말은 성도들이 바른 신앙을 회복한다는 뜻이다. 교회가 본연의 모습을 회복할 때, 세상은 교회를 존경하는 눈으로 바라보기 시작할 것이다.

그러나 안타깝게도 이 문장을 쓰고 있는 지금, 세상은 교회를 전혀 존경하지 않고 있다. 스코틀랜드의 여왕 메리 스튜어트는 유럽의 모든 군대보다 존 낙스의 기도를 더 두려워했다고 한다.[20] 하지만 오늘날 누가 교회를 존경하는가? 아무도 없다! 오히려 세상은 교회를 비웃고 있다. 사람들은 교회를 크나큰 조롱거리로 삼고 있다. 아무도 우리를 두려워하지 않는다. 기독교 채널을 틀어 보면 그 이유를 쉽게 확인할 수 있다. 출연하는 사람마다 돈 이야기, 기분 좋게 만드는 이야기, 그리고 '나를 위한 것'에 대해서만 이야기하고 있다. 우리부터 하나님을 눈곱만치도 경외하지 않고 있는 것이다.

그러나 한밤의 외침이 울리면, 그 즉시 하나님을 경외하는 마음이 일어날 것이다. 교회 안은 물론 세상에도 하나님에 대한 경외심이 일어날 것이다. 과연 세상이 교회를 두려워해야 옳은 것일까? 그렇다. 세상은 교회를 무서워해야 한다. 이 말은 세상이 교회를 매우 존경해야 한다는 뜻이다. 초대교회 시절, 교회 밖 세상 사람들은 성도가 곁에 다가서기만 해도 한 발짝 물러섰다.

다음은 초대교회 성도들이 솔로몬 행각에 모였을 때의 상황을 기록한 것이다. "그 나머지는 감히 그들에게 가담하는 사람이 없으나 백성

이 칭송하더라"(행 5:13, 개역개정은 이 구절의 헬라어 '콜라오'[붙다, 연결하다, 함께 매다]를 '상종하다'로 번역했으나 원문의 뜻을 살려 '가담하다'로 번역했다 – 역자 주). 즉 성도들의 무리에 가담하지 않은 유대인들도 성도들이 다가오면 그들의 존재를 인지했다는 뜻이다. 그들은 예수님을 메시아로 믿지 않았지만, 예수님을 메시아로 믿는 성도들에게 존경을 표했다. 왜 그런가? 하나님에 대한 두려움이 그들 모두에게 임했기 때문이다. '성도' 때문에 세상이 하나님을 경외하게 된 것이다.

이와 동일한 이유로 잠에서 깬 교회는 세상으로부터 존경받게 될 것이다. 야곱이 영적 퇴보를 멈추고 다시금 하나님과의 관계를 정립했을 때에도 이러한 일이 일어났다(창 35:1-4). "하나님이 그 사면 고을들로 크게 두려워하게 하셨으므로 야곱의 아들들을 추격하는 자가 없었더라"(창 34:5).

열 처녀 비유를 보라. 미련한 처녀들과 슬기로운 처녀들 모두 잠에서 깼다. 한밤의 외침이 울려 퍼진 후, 처녀들은 "다 일어나 등을 준비"(마 25:7)했다. 이 외침은 신랑의 도래가 임박했음을 알려 준다. "마침내, 드디어 신랑이 도착했다!" 모두가 이 외침을 믿었다. 한밤의 외침과 관련하여 가장 특이한 점 한 가지는 세상의 모든 교회가 예수님의 재림이 임박했음을 확신하게 된다는 것이다. 그리고 교회의 각성은 교회 밖의 지역 사회로, 또 세상으로 그 여파를 흘려보낸다.

이후에 좀 더 살펴보겠지만, 이때 '전도'(복음 전파)가 교회 사역의 우선순위를 점하게 될 것이다. 크리스천의 '끝없는' 내면의 성찰이나 '위로와 평안'만을 추구하는 태도는 더 이상 설 자리가 없게 된다. 교회는 바깥세상의 '잃어버린 영혼'들을 향해 달려 나가 전도에 열을 올리게 된다. 불신자를 향한 하나님의 심판이 임박했음을 알기 때문이다.

이쯤에서 당신은 열 처녀가 잠에서 깬 후 긴박하게 대화하던 장면을 떠올릴 것이다. 슬기로운 처녀들과 미련한 처녀들이 열띤 '논쟁'을 벌이는데(마 25:8-9), 이들이 논쟁할 만한 시간적 여유가 있는 까닭은 아마도 재림이 임박했지만 예수님께서 실제로 오신 것은 아니기 때문일 것이다. 그 짧은 시간에 교회는 주님의 재림을 위해 준비해야 한다. 또한 교회 밖의 사람들도 주님의 재림을 준비해야 한다. 그들이 듣게 될 메시지는 "신랑이 곧 온다"는 것이다.

비록 짧긴 하지만, 어느 정도의 시간적 여유가 있다. 그 시간에 슬기로운 처녀들은 자신들이 잠든 사실을 깨닫고 회개할 것이다. '너무 늦었기 때문에' 결과는 달라지지 않겠지만, 그래도 미련한 처녀들은 슬기로운 처녀들에게 영적 도움을 요청할 것이다.

한 번 상상해 보자. 교회 주변을 맴돌던 선데이 크리스천들이 눈물이 그렁그렁한 채 충성된 성도를 찾아가서 애원한다. "저희를 위해 기도해 주세요. 제발, 저희를 위해 기도해 주세요." 하지만 그들이 듣게 될 답은 이것이다. "제가 도와드릴 수 있다면 얼마나 좋겠습니까? 하지만 지금 저는 누굴 도울 형편이 못됩니다. 제 몫의 은혜밖에 없습니다."

미련한 처녀 그룹에 속한 성도들이 교회 주변을 맴도는 사람일 뿐이라고 생각하면 오산이다. 그중에는 교회 일에 열심인 사람도 많을 것이다. 그때가 되면 충성스러운 성도인 줄 알았는데 미련한 처녀로 판명되는 경우가 허다할 것이다. 이러한 사람들을 우리는 위선자라고 부른다. 겉보기엔 충성된 성도일지 몰라도 영적으로는 성령님과의 교제가 끊긴 상태인 것이다. 이들 또한 슬기로운 처녀들을 찾아가 구걸할 것이다. "당신에게 있는 기름을 좀 나눠 주십시오." 하지만 때는 이미 늦었다.

문이 닫히면 미련한 처녀들이 위대한 부흥(혼인잔치)에 참여할 길은 없다. 교회는 다니지만 '미련한 처녀' 그룹에 속한 사람들에게 남아 있는 한 가지 결말은 "슬피 울며 이를 가는 것"이다. 문밖에 서서 슬피 우는 동안 그들은 자신이 무엇을 놓쳤는지 처절하게 깨달을 것이다.

그 사이 신랑이 도착한다. 신랑의 도래 1단계는 '성령의 임재'이다. 커다란 능력과 함께 성령이 임재하시는 사건이다. 잠에서 깬 후 자신을 단장한 슬기로운 처녀들은 혼인잔치에 참여한다. 한편 미련한 처녀들은 연회장 문지기에게 호소한다. "문 좀 열어 주세요!" 그러나 문지기는 이렇게 답할 것이다. "내가 너희를 알지 못하노라"(마 25:12).

〉〉 잠에서 깬 교회의 열 가지 특징

복음의 회복

앞으로 일어날 위대한 부흥의 '핵심'은 로마서, 특히 로마서 4장과 관계된다. 이것은 매우 당연한 것이다. 종교개혁 시대의 개혁자들이 붙든 신약성경의 핵심은 다름 아닌 로마서였다. 그리고 로마서 4장의 '이신칭의' 교리는 종교개혁의 핵심적인 가르침이었다. 이 가르침의 재발견으로 당시 세상은 발칵 뒤집혔다.

이후 동일한 메시지가 존 웨슬리의 회심을 이끌어냈다. 1738년, 올더스게이트 거리에서 '이신칭의'의 메시지를 듣던 존 웨슬리의 마음은 '이상하게 뜨거워'졌다.[21] 이 체험 후 그는 다음 한 세대 동안 영국 전역을 다니며 동일한 메시지를 전했다. 1735년부터 1740년까지 미국의 매사추세츠 노샘프턴에서 조나단 에드워즈도 동일한 메시지를 전했다. 그의 메시지는 뉴잉글랜드 대부흥(1차 대각성운동)을 촉발하였다.

복음에 대해 내가 아는 내용을 일일이 설명하는 것이 이 책의 목적이 아니기 때문에 간단하게 두 가지만 말하겠다. 첫째, 과거에 바울, 루터, 에드워즈, 웨슬리가 전했던 동일한 복음이 회복될 것이다. 그 복음의 골자는 이것이다. "성부 하나님의 공의(진노)가 그리스도의 보혈로 인해 '보상'(죄에 대한 하나님의 진노가 그리스도의 보혈 때문에 누그러진다는 뜻 – 역자주)되었다." 그리고 이 사실을 믿을 때, 우리는 구원받는다. 어느 곳에서든 사람들은 '보혈을 믿어 구원을 얻으라'는 명령대로 이 복음을 받아들일 것이다. 둘째, 설교 단상에서 다시금 하나님의 영원한 진노가 선포되기 시작할 것이다.

거룩

잠에서 깬 교회 안에서는 거룩한 삶(정직한 재정 취득과 사용, 성적 순결, 성령의 열매, 평생 하나님께 영광 돌리려는 열정으로 하나님을 기쁘시게 하려는 태도 등)이 표준이 된다. 또한 남자 한 명과 여자 한 명의 연합만을 '결혼'으로 인정하고 남편과 아내가 서로에게 충성하는 기독교적 결혼의 개념이 회복된다.

동성애를 행하던 사람들은 성령의 책망을 받고 자신이 죄 가운데 있음을 깨닫게 된다. 이에 그들은 자원하는 마음으로 성경의 명확한 가르침을 존중할 것이다. 또한 가정 내에 가식적이지 않은 돌봄과 사랑이 회복되고 이러한 양상이 온 세상으로 퍼져 나간다. 크리스천들은 사랑, 희락, 화평, 오래 참음, 자비(선함), 양선(온화함), 충성, 온유, 절제 등 성령의 열매를 추구하게 된다.

앞에서 우리는 '잠'의 특징을 살펴보았는데, 그중 하나가 깨어 있을 때 하지 않을 행동을 잠자는 동안 한다는 것이었다. 한밤의 외침을 듣고 세상 모든 교회가 화들짝 놀라 영적인 잠에서 깨면, 그들은 그간의 (마치 꿈속에서 잘못을 행했던 것과 같은) 잘못을 뉘우치며 깊이 회개할 것이다. '왜 이렇게 살아왔지?' 스스로 의아해하며 충격을 받을 것이다. '어떻게 이런 짓을 저지를 수 있지? 이런 자신에게 화도 내지 않고 참아오다니!' 하며 거룩한 분노가 치밀어 오를 것이다. 이후 우리는 과거의 죄를 회개하고 거룩한 삶을 동경하게 된다. 마치 그동안 계속 거룩하게 살아왔던 것처럼 말이다.

다시 한 번 말하지만, 나는 이 책이 당신을 깨우는 작은 경고음이 되기를 바란다. 마치 양동이에 물 한 방울을 떨어뜨리는 것처럼, 장차 울려 퍼질 엄청난 경고음에 비하면 아주 미미한 소리에 불과하겠지만 말이다.

가정의 회복

말라기 선지자는 다음과 같이 말했다. "보라 여호와의 크고 두려운 날이 이르기 전에 내가 선지자 엘리야를 너희에게 보내리니 그가 아버지의 마음을 자녀에게로 돌이키게 하고 자녀들의 마음을 그들의 아버지에게로 돌이키게 하리라 돌이키지 아니하면 두렵건대 내가 와서 저주로 그 땅을 칠까 하노라 하시니라"(말 4:5-6). 가브리엘 천사는 사가랴 앞에 나타나 이렇게 말했다. "그(세례 요한)가 또 엘리야의 심령과 능력으로 주 앞에 먼저 와서 아버지의 마음을 자식에게, 거스르는 자를 의인의 슬기에 돌아오게 하고 주를 위하여 세운 백성을 준비하리라"(눅 1:17).

우리 시대의 가장 슬픈 사실은 가정이 와해되었다는 것이다. 미국이나 영국만 봐도 그렇다. 수많은 아버지들이 자녀 양육의 책임을 저버렸다. 그 결과, 편부모 가정(주로 편모 가정)의 수가 사상 최고치를 경신했다. 수많은 자녀들이 아버지와의 친밀함을 제대로 누리지 못한 채 성장하는데, 이는 향후 성정체성 결여의 원인으로 작용할 수 있다. 또한 문란한 성생활로 인해 자녀가 자신의 생물학적 아버지를 모르는 경우도 허다하다. 하지만 한밤의 외침이 울려 퍼지면, 부모들의 마음에 '회개의 영'이 크게 임하여 가정이 회복될 것이다. 수많은 아버지들이 집으로 돌아가 사랑으로 자녀를 양육하게 될 것이다.

수백만의 젊은이들이 교회로 돌아옴

지난 50년 동안 교회 내의 세대 격차는 점점 커졌다. 이 때문에 많은 젊은이들이 교회를 떠났다. 하지만 한밤의 외침이 울려 퍼지고 예수님의 영적 도래가 이뤄지면, 세대 간의 격차가 점점 줄어들 것이다. 부모와 자녀의 회복은 단지 가정의 회복만을 의미하지 않는다. 부모와 자녀 세대의 회복을 통해 교회를 떠났던 젊은이들이 다시 교회로 돌아올 것이다.

최근 몇 년 동안 교회는 셀 수 없이 많은 청년들을 잃었다. 여기에는 지루한 예배, 따분한 설교, 교회에서 듣는 메시지와 실생활의 괴리 등 여러 가지 이유가 있다. 하지만 젊은이들이 교회를 떠난 주된 이유는 따로 있다. 그들은 성경을 사실로 믿지도 않고 실생활과 무관하다고 생각한다. 하지만 한밤의 외침이 하룻밤 사이에 이 모든 것을 뒤바꿔 놓을 것이다. 수많은 젊은이들이 진지하게 고민하며 급박하고 절박한 심령으로 교회를 찾을 것이다. 예수님의 영적 도래가 사람들의 필요를 채워 줄 것이다.

노동자 계층 및 지위가 낮은 사람들의 대규모 회심

마틴 로이드 존스 목사는 나에게 이같이 말하곤 했다. "영국의 기독교는 그동안 노동자 계층을 향해 손을 내밀지 않았습니다." 나는 그 말을 듣고 꿀 먹은 벙어리처럼 그 자리에 서 있었다. 그의 말이 전적으로 옳았기 때문이다. 웨스트민스터채플에서 사역할 당시, 우리 교회는 모든 계층의 사람들과 접촉하려고 했다. 하지만 그러한 시도가 그리 성공적이진 않았다. 교회에 오는 사람들은 주로 중산층이었다. 미국의 상황도 마찬가지이다. 남침례교, 장로교, 오순절 계열을 비롯한 모든 주류 기독교는 주로 중산층에 어필했다.

신약성경에 기록된 예수님의 말씀을 들어 보라. "많은 사람들이 즐겁게 듣더라"(막 12:37, KJV에는 '많은'이 'common'[평범한, 지위가 낮은]으로 번역되어 있다). 뿐만 아니라 사도 바울도 인정한 것처럼, 하나님의 선택을 받은 이들은 주로 지위가 낮은 계층의 사람들이었다. "형제들아 너희를 부르심을 보라 육체를 따라 지혜로운 자가 많지 아니하며 능한 자가 많지 아니하며 문벌 좋은 자가 많지 아니하도다 그러나 하나님께서 세상의 미련한 것들을 택하사 지혜 있는 자들을 부끄럽게 하려 하시고 세상의 약한 것들을 택하사 강한 것들을 부끄럽게 하려 하시며 하나님께서 세상의 천한 것들과 멸시 받는 것들과 없는 것들을 택하사 있는 것들을 폐하려 하시나니"(고전 1:26-28).

앞으로 맞게 될 하나님께서 행하실 부흥의 영향력은 가난한 사람들, 소외된 사람들, 집 없는 사람들, 교육받지 못한 사람들, 직업이 없는 사람들에게 전해질 것이다. 그때가 되면 아무도 소외받지 않을 것이다. 주님께서 아무도 저버리지 않으시기 때문이다.

가난한 사람들과 낙오자들에 대한 관심

교회가 잠에서 깨면 가난한 사람들에 대한 불편한 양심이 발동하여 (이를테면 야고보서 2장 6절 말씀처럼 가난한 자들을 외면해 왔다는 죄책감 때문에) '선행'으로 자신의 믿음을 보일 것이다. 단지 말로만 "축복합니다"라고 하는 것이 아니라 아파하는 사람들에게 손을 내미는 등, 적극적으로 믿음을 나타낸다는 뜻이다. "하나님 아버지 앞에서 정결하고 더러움이 없는 경건은 곧 고아와 과부를 그 환난 중에 돌보고 또 자기를 지켜 세속에 물들지 아니하는 그것이니라"(약 1:27).

그동안 교회는 저소득층과 무직자들을 경멸하며 그들을 외면해 왔다. 그러나 잠에서 깬 교회는 더 이상 그들을 외면하지 않고 윌리엄 부스(구세군의 창설자 – 역자 주)처럼 가난한 사람들에게 긍휼을 베풀 것이다. 이것은 교회가 자신을 그리스도의 신부로 준비하는 과정의 일환이다.

전도

나는 대규모 전도 집회를 예상하지는 않는다. 다만 수많은 크리스천들이 각자의 영역에서 복음전도자의 역할을 감당하리라 믿는다. 물론 유명한 복음전도자들(부흥강사 등)의 리더십이 필요할 수도 있다. 그러나 슈퍼스타 부흥사의 등장은 더 이상 찾아보기 힘들 것이다. 전도자 빌립이 에티오피아 내시에게 다가갔던 것처럼(행 8:26-36), 베드로가 미문에 앉은 병자를 치유한 후 이를 기회로 삼아 복음을 전했던 것처럼(행 3:1-20) 한밤의 외침 이후 '갑작스럽게' 전도가 행해질 것이다.

한밤의 외침이 울려 퍼질 때, 세계 곳곳에 있는 교회 위에 성령의 능력이 임하고 그리스도의 이름으로 하나님을 향해 울부짖는 수많은 사람들이 구원을 얻게 될 것이다.

앞으로 더 살펴보겠지만, 그때가 되면 수많은 무슬림들이 마음을 열고 복음을 받아들일 것이다. 그동안 꿈속에서 예수님을 만나고 십자가에 달려 돌아가신 주님의 모습을 보고 그분이 하나님의 아들이심을 알게 된 수천 명의 무슬림들이 공개적으로 믿음을 선포하며 예수 그리스도께로 나아갈 것이다. 이처럼 대규모로 회심하는 무슬림들을 바라보며 유대인들은 양심의 가책을 느낄 것이다. 그야말로 물이 바다를 덮듯이 여호와의 영광을 인정하는 일들이 온 땅을 덮을 것이다.

과거에 가브리엘 천사는 세례 요한이 태어나 수많은 이스라엘 사람들을 그들의 주 하나님께로 돌이킬 것이라고 예고했다(눅 1:16). 이처럼 한밤의 외침을 통해 교회가 세례 요한의 사역을 이어가게 될 것이다.

교회의 연합

오순절 성령강림 사건은 제자들이 한마음으로 기도할 때 일어났다(행 2:1). 교회 위에 성령이 임하신 이 위대한 사건의 필수조건은 의심의 여지없이 '연합'이었다. 예수님께서는 교회의 연합을 위해 기도하셨다(요 17:21). 주님은 교회가 '하나' 되기를 기도하셨다. 교회가 주님의 재림을 대비하는 과정의 핵심은 '연합'이다.

그동안 크리스천들은 서로를 손가락질해 왔다. 교회들끼리 경쟁하느라 바빴다. 그러나 한밤의 외침을 듣는 순간, 이기심과 경쟁심이 우리 마음 깊은 곳에 자리하고 있음을 깨닫고 마음 아파하게 될 것이다. 한밤의 외침은 모든 크리스천을 참된 교제의 장으로 이끌 것이다. 서로를 믿지 못해 눈도 마주치지 못하던 사람들이 서로를 사랑하게 될 것이다. 이처럼 사랑이 지배하게 되면 부차적인 문제들은 간과하게 된다.

과거 케인릿지 부흥의 절정기에 교회는 분열했다. 부흥 기간에 세례(침례) 문제, 교회 정치의 미묘한 차이, 칼빈주의냐 알미니안주의냐 등의 문제를 놓고 갈라섰던 것이다. 그러나 부흥이 끝난 후 이러한 문제들은 대수롭지 않게 여겨졌다. 즉, 부흥이 지속될 동안 교회가 계속해서 논쟁하고 싸웠다는 뜻이다. 이것은 참으로 슬픈 일이다.

그러나 앞으로 도래할 성령의 역사는 아름다운 교회의 연합을 주도할 것이다. 다시 한 번 말하지만, '연합'은 그리스도의 신부인 교회가 스스로를 준비하는 과정의 주요 일환이다.

표적과 이적과 기사

수많은 사람들이 회심하여 그리스도께 돌아오는 것은 물론, 많은 사람들이 치유를 경험할 것이다. 한밤의 외침이 울려 퍼진 후, (아나니아와 삽비라가 갑자기 죽은 사건을 포함하여[행 5:1-11 참조]) 수많은 표적과 이적과 기사가 일어날 것이다.

수세기 동안 이 땅에는 성령님께 거짓말하는 사람이 수없이 많았다. 하지만 그들은 아나니아와 삽비라처럼 죽지 않았다. 이유가 뭘까? 아마도 아직 부흥의 때가 아니기 때문인 것 같다. 그러나 한밤의 외침이 울려 퍼지면 상황이 달라질 것이다.

그때에는 일반적으로 '거룩함'이 교회의 표준이 될 것이다. 그렇다고 '죄 없는' 상태가 된다는 것은 아니다. 어쨌든 교회를 통해 눈먼 사람들이 치유 받고 죽은 사람들이 다시 살아날 것이다. 때로는 병원의 병실이 텅텅 빌 것이라는 기대도 해 본다. 예수님은 자신의 모든 원수를 발판으로 삼으시기 전에 이 같은 능력을 나타내실 것이다.

신앙적으로 퇴보한 사람들의 회복

세례 요한의 사역은 "이스라엘 자손을 주 곧 그들의 하나님께로 많이 돌아오게"(눅 1:16) 하는 것이었다. 이 구절은 한 가지 이상의 의미로 이해할 수 있다. 첫째, 원전의 문맥상 이 구절의 '이스라엘 자손'은 문자 그대로 '이스라엘 사람들'을 지칭한다. 이들은 퇴보했지만, 다시 일어설 믿음의 가족들이다. 세례 요한이 '회개'를 촉구했을 때, 실제로 이런 일이 일어났다(눅 3:8). 수천 명의 이스라엘 사람들이 요한의 사역을 통해 하나님과의 올바른 관계로 되돌아온 것이다.

둘째, 나는 이 일이 앞으로 있을 '대각성' 때에 일어나리라 기대한다. 현재 믿음은 고백했지만, 교회를 등진 사람들이 많다. 그런데 앞으로 세례 요한의 사역이 이 같은 사람들에게 영향력을 미칠 것이다. 그 결과 퇴보한 사람들이 대거 교회로 돌아올 것이다.

"왜 이 사람들은 '미련한' 처녀가 아닌가요? 퇴보한 사람도 미련한 처녀 아닌가요?" 누군가가 이렇게 묻는다면, 나는 다음과 같이 대답할 것이다. "미련한 처녀는 회복되거나 회개의 기회를 얻는 사람이 아닙니다. 미련한 처녀를 설명한 구절은 히브리서 6장 4-6절입니다. 그들은 '퇴보자'의 범주에 속하지 않습니다. 물론, 교회 안에 있지만 회복되지 못할 미련한 처녀와 세상에 있지만 회복될 퇴보자를 구분하는 것은 결코 쉬운 일이 아닙니다."

나는 미련한 처녀를 '세상으로 되돌아간 사람' 대신 '라오디게아 교회'와 같은 사람으로 제시한다. 그들은 신앙 있는 척하지만 신앙이 없는, 그러나 '조금도 부족함을 느끼지 못하는' 사람이다(계 3:17). 예수님께서는 "세례 요한을 믿은 사람 중에는 창녀들도 있다"고 말씀하시며 그들이 바리새인들보다 먼저 하나님의 나라에 들어갈 것이라고 하셨다(마 21:31-32). 미련한 처녀는 바리새인과 같아서 자기 의에 취해 있다. 쉽게 남을 판단하고 정죄하며, 게다가 배우려 하지 않는다. 언제까지? 회개하고 돌이키기엔 '너무 늦을 때'까지 말이다.

셋째, 오래전에 세례 요한이 수많은 이스라엘 자손을 하나님께 돌아오게 했던 것처럼 한밤의 외침 역시 오늘날의 이스라엘을 하나님께로 돌아오게 할 것이다. 오늘날의 이스라엘은 세계 곳곳에 살고 있는 유대인들을 말한다. 장차 일어날 부흥은 이스라엘의 눈을 가리고 있던 덮개를 제거할 것이다. 마지막 때, 재림에 앞선 세례 요한의 사역이 이스라엘의 회복에 큰 역할을 담당하게 될 것이다.

닿지 않는 사람들에게 손을 뻗다

앞에서 우리는 지위가 높지 않은 사람들(중산층)에게 복음이 효과적으로 전파된다는 사실을 살펴보았다. 바울은 유력한 사람이나 귀족들 중에는 부름 받은 이가 많지 않다고 했다. 하나님께서는 이 세상의 평범한 사람들, 가난한 사람들을 부르셨다(고전 1:26-27).

그러나 한밤의 외침이 울려 퍼진 후에는 전도하기 힘들었던 부류, 이를테면 마피아나 정치인, 지역의 관료나 부자들, 또는 유명인들이 더 이상 숨지 않고 공개적으로 그리스도를 시인하며 믿음을 고백할 것이다. 물론 그 수가 많지는 않을 것이다. 예수님의 시대에도 마찬가지였다. 니고데모나 아리마대 요셉처럼 고위층 가운데 믿는 사람이 있었지만, 극소수였다. 하지만 앞으로는 이러한 사람들이 '더러' 일어날 것이다. 여전히 몇 명 안 되는 소수이겠지만, 이들처럼 '더러' 일어날 사람들이 뉴스의 헤드라인을 장식하게 될 것이다.

미디어

한밤의 외침이 신문의 헤드라인을 장식하게 될 것을 상상해 보라. 웨일즈 부흥은 매일같이 웨일즈 일보 2면에 보도될 정도였다(신문 2면은 보통 그날의 중요한 사건 및 인물을 주요 아이템으로 다룬다 - 역자 주). 나는 당시 웨일즈 신문 원본을 읽어 본 적이 있는데, 여러 교회에서 일어난 사건들이 다음 날 아침에 기사화되어 매일 보도되었다. 이처럼 한밤의 외침은 온 세상 모든 신문의 헤드라인을 장식할 것이다. 대중매체는 앞으로 일어날 하나님의 마지막 역사를 외면하지 못할 것이다.

월드뉴스

이 세상에 마지막으로 일어날 위대한 하나님의 역사가 세계적인 뉴스가 될 것이다. 그리고 그 역사의 여파는 중동지역을 포함한 모든 나라로 번질 것이다. 이라크와 이란, 이집트, 시리아 그리고 사우디아라비아에 얼마나 큰 변화가 일어날까! 인도네시아에서 파키스탄에 이르기까지 수백만 명의 무슬림들이 구원받을 것이다. 그리고 온 세상의 정치적 기후가 변할 것이다.

웨일즈 부흥의 여파로 지역 교도소들이 텅텅 비었다고 하는데, 장차 일어날 위대한 부흥의 여파는 얼마나 더하겠는가? 이 부흥이 임하는 나라와 도시의 부패지수는 얼마나 낮아지겠는가? 앞으로 중국은 기독교를 이끌어갈 차세대 리더가 될 것이다. 앞으로 일어날 부흥은 이러한 기대를 충족하고도 남는다. 셀 수 없이 많은 중국인이 이 부흥을 통해 그리스도께로 나아올 것이다.

예수님께서는 교회를 '세상의 소금'(마 5:13)이라고 정의하셨다. 소금과 같은 교회는 이 세상에 짠맛을 선사하겠지만, 그렇다고 온 세상이 소금으로 변하는 것은 아니다. 즉, 모두가 구원받는 것은 아니다. 다음에 일어날 하나님의 부흥에도 모든 사람이 구원받지는 못할 것이다. 하지만 이후의 세상은 전과 같지 않을 것이다.

기대하라! 이삭이 오고 있다.

14장 신랑의 도래

그들이 (기름을) 사러 간 사이에 신랑이 오므로 (마 25:10)

또 내가 하늘이 열린 것을 보니 보라 백마와 그것을 탄 자가 있으니 그 이름은 충신과 진실이라 그가 공의로 심판하며 싸우더라 그 눈은 불꽃 같고 그 머리에는 많은 관들이 있고 또 이름 쓴 것 하나가 있으니 자기밖에 아는 자가 없고 또 그가 피 뿌린 옷을 입었는데 그 이름은 하나님의 말씀이라 칭하더라 하늘에 있는 군대들이 희고 깨끗한 세마포 옷을 입고 백마를 타고 그를 따르더라 그의 입에서 예리한 검이 나오니 그것으로 만국을 치겠고 친히 그들을 철장으로 다스리며 또 친히 하나님 곧 전능하신 이의 맹렬한 진노의 포도주 틀을 밟겠고 그 옷과 그 다리에 이름 쓴 것이 있으니 만왕의 왕이요 만주의 주라 하였더라 (계 19:11-16)

요한계시록의 이 말씀은 예수님의 영적 도래를 언급하고 있다. 어디까지나 이것은 영적 도래로 예수님께서 성부 하나님의 보좌 우편을 떠나시는 때는 아니다. 이것은 나의 견해이며, 이 구절을 '실질적 재림'으로 받아들이는 사람들의 입장과는 다르다.

전에는 나도 이 구절을 실질적 재림의 묘사로 받아들였다. 또한 재림은 교회가 '휴거'된 후 7년이 지나서야 일어날 사건이라고 믿었다. 이 견해에 의하면, 구원받은 성도(교회)는 (바울이 데살로니가전서 4장 17절에 기술한 것처럼) 갑자기 공중으로 들림 받아 주님을 만나게 된다. 이들 구원받은 성도는 하늘에 들려 올라가므로 이후에 일어날 지상의 대환난을 피하게 된다. 그러므로 이 견해에 의하면, 요한계시록 4장부터 19장은 대환난이 일어날 7년간의 사건일지가 된다.

이 견해를 지지하는 사람들은 요한계시록 4장 1절의 "이리로 올라오라"라는 부르심을 '휴거'로 간주하는데, 우리는 이들을 '환난 전, 전천년주의자'라고 부른다. 이들은 예수님의 재림이 환난 전 휴거와 휴거 이후의 실질적 재림(하늘로부터 예수님이 내려와 원수들을 무찌르시는 사건) 두 단계에 걸쳐 일어난다고 믿는다. 이후 천 년간의 통치가 이어지는데 이를 '천년왕국'이라고 부른다.

이들의 입장을 '환난 전'(pretrib)이라고 부르는 까닭은 대환난 전에 교회가 휴거된다고 믿기 때문이다. 그리고 7년 대환난 끝에 예수님께서 문자 그대로 다시 오시는데, 요한계시록 19장 11절 이후의 구절들이 이 상황을 묘사한다고 해석한다.

어떤 사람들은 7년 대환난 중에 휴거가 일어난다고 믿는다. 이들은 '환난 중, 전천년주의자'라고 불린다. 그리고 또 어떤 사람들은 예수님이 7년 대환난 이후에 재림하신다고 믿는데, 이들은 '환난 후, 전천년주의자'로 불린다. 이 세 가지 견해의 공통점은 모두 '전천년설'에 속한다는 것이다.

켄터키 애슐랜드에서 자라는 동안, 나는 출석하던 교회의 목사님으로부터 '환난 전 휴거'에 대해 배웠다. 또한 《스코필드 관주성경》과 클래런스 라킨의 차트를 통해 이 견해를 받아들였다. 그리고 18세 되던 해에 이 가르침을 굳게 붙들었다. 트레베카 나사렛대학에 들어갔을 때는 신학과 교수님께서 나에게 요한계시록을 가르쳐 보라고 권유하셨다. 당시 겨우 열여덟 살에 불과했지만, 나는 요한계시록을 줄줄 꿰고 있었다. 아니 스스로 그렇게 생각했다. 그러므로 이전의 견해를 버리고 지금 이 책에 소개하는 견해를 취하기까지 60년이 넘게 걸렸다.

나는 앞에서 재림이 두 단계로 이뤄질 것이라고 말했다. 1단계는 예수님의 영적인 도래로, 예수님께서 성령을 보내시는 사건이다. 2단계는 예수님의 실질적인 재림으로 하나님의 보좌 우편을 떠나시는 사건이다. 나는 신랑의 도래(재림) 첫 단계가 요한계시록 19장에 묘사되어 있다고 믿는다. 요한계시록 19장이 그리는 그림은 그리스도의 영적 도래이다. 즉 주님께서 여전히 성부 하나님의 우편에 앉아 계시면서 성령의 능력을 통해 이 일을 행하시는 것이다.

그러므로 요한계시록 19장 11-16절은 실질적 재림을 묘사한 말씀이 아니다. 과거에는 이 구절이 실질적 재림을 묘사하고 있다고 생각했지만, 사실 이 구절은 예수님의 영적 도래를 나타내고 있다. 또한 예수님께서 하나님의 말씀으로 대적을 무찌르시는 승리에 대한 묘사이기도 하다.

이 사건은 한밤의 외침이 울려 퍼진 후 미련한 처녀들이 기름을 구하러 간 사이에 일어난다. 그들은 슬기로운 처녀들에게 기름을 나눠 달라고 간청했지만, 슬기로운 처녀들도 기름을 나눠 줄 형편이 아니었다. 그래서 미련한 처녀들은 기름을 구하기 위해 어디론가 갔다. 하지만 너무 늦었다. 그들은 결국 오순절 성령강림 이후 가장 위대한 성령의 역사에 참여하지 못한다. 그들이 누릴 수 있는 유업을 몰수당하는 것이다.

전천년주의자들과 내 견해의 주요 차이점이 바로 이것이다. 나는 예수님이 성부 하나님의 보좌 우편을 떠나시지 않은 상태에서 원수를 무찌르신다고 생각하는 반면, 전천년주의자들은 예수님이 하나님의 보좌 우편을 떠나신 후 원수를 무찌르신다고 생각한다. 그러나 예수님은 자신의 원수를 발아래에 두기까지 하나님의 보좌 우편을 떠나실 수가 없다(시 110:1, 마 22:44, 막 12:36, 눅 20:43, 행 2:35). 이러한 말씀들 때문에 나는 현재의 견해를 취하게 되었다.

결국 요한계시록 19장 11-16절은 한밤의 외침 이후 일어날 위대한 부흥을 묘사하고 있는 것이다. 왕이신 예수님께서 성부 하나님의 우편에 앉으신 채 성령의 역사를 지휘하시며 원수들을 무찌르시는 모습 말이다. 주님은 말씀과 성령으로 원수를 무찌르신다. "그의 입에서 예리한 검이 나오니 그것으로 만국을 치겠고"(계 19:15). 하나님의 말씀이 이 일을 이룰 것이며, 복음을 전하는 자들이 이 일을 수행하게 될 것이다. 그리고 그 한가운데에 슬기로운 처녀들이 자리할 것이다. 그런데 이들은 슈퍼스타가 아니다. 앞에서도 말했듯이 이 일은 전도의 은사를 지닌 평범한 크리스천들이 맡게 될 것이다.

물론 하나님께서는 J. 존이나 빌리 그레이엄 같은 사람들을 사용하실 수도 있다. 그러나 이 부흥의 핵심은 하나님께 선택받고 능력을 받은 평범한 사람들이 성령의 권세와 능력으로 복음을 전한다는 데 있다.

어떤 사람들은 이 같은 승리를 오직 예수님만이 이루실 승리, 그것도 예수님 홀로 이루실 승리라고 생각한다. 그들은 예수님께서 하늘 보좌를 떠나 이 땅으로 직접 내려오셔서 원수들을 무찌르실 것이라고 믿는다. 그러나 주님께서는 보좌를 떠나시지 않은 상태에서 이 일을 이루실 것이다. 주님은 모든 원수를 발아래에 두시기까지(원수를 발등상으로 삼으실 때까지) 보좌를 떠나지 않으신다(시 110:1, 고전 15:25).

어떤 것이 하나님 편에서 더 큰 영광이겠는가? 예수님께서 이 땅으로 내려오셔서 홀로 원수를 무찌르시는 것인가, 아니면 하나님의 우편에서 이 일을 지휘하시는 것인가? 답은 간단하다. 주님이 하나님의 우편에 앉으신 상태에서 자신의 종들(슬기로운 처녀들)을 통해 이 일을 이루실 때, 하나님은 더 큰 영광을 취하신다.

물론 예수님이 홀로 원수들을 무찌르시는 편이 훨씬 쉬울 것이다. 주님은 여전히 하늘에 계시고, 하나님께서 당신과 나 같은 사람을 사용하셔서 이 싸움을 진행하신다면, 이것이야말로 무모한 도전이 될 것이기 때문이다.

>> 예수님의 영적 도래

이 장의 목적은 요한계시록 19장 11-19절에 묘사된 '예수님의 영적 도래'를 좀 더 자세히 설명하는 데 있다. 예수님은 평범한 사람들을 통해 놀라운 '하나님의 일'을 이루신다. 요한계시록 19장은 주님의 영적 도래가 얼마나 흥미진진한 사건인지를 보여 준다. 그런데 열 처녀 비유는 단지 "신랑이 오므로"(마 25:10)라고만 언급한다. 그 외 다른 설명은 없다. 바로 이 대목에서 열 처녀 비유의 또 다른 '고의적 모호함'을 볼 수 있다.

표현 자체만 두고 보면 "신랑이 오므로"라는 말은 분명 재림을 지칭한다. 그러나 이 비유에서 신랑은 오직 다섯 명의 미련한 처녀와 다섯 명의 슬기로운 처녀에게만 온다. 만일 이것이 예수님의 실질적 재림이라면, 그 여파가 열 처녀에게만 국한되지는 않을 것이다. 그러므로 여기서 '신랑이 온다는 것'은 예수님의 영적 도래를 말한다.

이러한 이유로 '신랑의 도래'가 지칭하는 '재림'이 이중적인 의미를 지닌다고 할 수 있다. 예수님은 이 비유를 전하시면서 재림 사건에 관한 어떤 세부적인 설명도 덧붙이지 않으셨다. 예를 들어, 영광 가운데 거룩한 천사들과 함께 오신다거나 구름을 타고 오신다는 설명이 없다. 그리고 무엇보다도 재림과 관련된 중요한 사건, 곧 '죽은 자들의 부활'이 언급되지 않았다. 아니, 부활에 대한 암시조차 없다. 이러한 사실들은 이 비유 속 신랑의 도래가 예수님의 실질적 재림에 선행되는 '영적 도래'임을 암시한다.

열 처녀 비유에서 신랑이 도착한 후 일어나는 일련의 사건들을 보라. 이것은 예수님의 실질적 재림보다 앞서 일어난다. 그중 핵심은 미련한 처녀들이 혼인잔치에 참여하기 위해 절박하게 간청하는 장면이다. 하지만 문은 닫히고, 그들은 안으로 들어가지 못한다. 오직 슬기로운 처녀들만 안으로 들어가 혼인잔치를 즐긴다.

혼인잔치는 결혼식이 절정에 이르기 전부터 시작된다. 바꿔 말하면, 결혼식의 절정이라고 할 수 있는 '밀월'(honeymoon) 이전에 혼인잔치가 시작되는 것이다(결혼식이 끝난 후에 혼인잔치가 열리는 것이 아니다). 게다가 이 비유에는 신부에 대한 언급이 전혀 없는데, 진짜 결혼식(밀월)은 실질적 재림 이후에 시작되기 때문이다.

혼인잔치가 열리는 시점이나 신부에 대한 언급이 없는 것으로 보아 밀월은 예수님의 실질적 재림 이후에 시작된다고 볼 수 있다. 그러므로 신부에 대한 언급이 없는 것은 밀월이 마태복음 25장 10-13절의 사건 이후에 시작될 것임을 알려 준다.

> 그들이 사러 간 사이에 신랑이 오므로 준비하였던 자들은 함께 혼인잔치에 들어가고 문은 닫힌지라 그 후에 남은 처녀들이 와서 이르되 주여 주여 우리에게 열어 주소서 대답하여 이르되 진실로 너희에게 이르노니 내가 너희를 알지 못하노라 하였느니라 그런즉 깨어 있으라 너희는 그 날과 그 때를 알지 못하느니라 (마 25:10-13)

혼인잔치는 요한계시록 19장 7-9절에 기술된 '어린 양의 혼인잔치'를 뜻한다. "어린 양의 혼인 기약이 이르렀고 그의 아내가 자신을 준비하였으므로 그에게 빛나고 깨끗한 세마포 옷을 입도록 허락하셨으니 … 어린 양의 혼인잔치에 청함을 받은 자들은 복이 있도다"(계 19:7-9).

>> 슬기로운 처녀들이 무대 중앙에 올라서다

요한계시록 19장은 주께서 원수들을 무찌르시고 자신의 발아래에 두시는 사건을 묘사하고 있다. 예수님은 성부 하나님의 보좌 우편에 앉으셔서 하나님의 말씀과 성령의 능력으로 이 일을 이루신다. 이를테면 리모컨으로 진두지휘하며 승리를 이끌어내시는 것이다.

이제 말씀과 성령을 충실히 추구해 왔던 슬기로운 처녀들이 교회 역사상 가장 큰 부흥(혼인잔치)의 무대 중앙에 올라선다. 미련한 처녀들은 피로연장에 들어가기 위해(부흥에 참여하기 위해) 온갖 수를 다 쓰지만 이미 문은 닫혔다. 문지기는 이렇게 말한다. "나는 너희를 알지 못한다." 이 말은 이들이 구원받지 못한다는 뜻이 아니다. 그들의 정체가 인식되지 않는다거나 혼인잔치에 들어갈 자격이 안 된다는 뜻이다. 이러한 이유로 열 처녀 비유 속의 '신랑의 도래'는 예수님께서 성령의 큰 능력 가운데 임하시는 것(영적인 도래)과 실질적 재림의 두 단계로 이해해야 한다.

반복해서 말하지만, 이 비유에는 예수님의 실질적 재림과 관련하여 우리가 예상할 수 있는 세부 내용(구름이나 부활 등)이 등장하지 않는다. 열 처녀 비유는 마치 예수님의 실질적 재림을 한쪽으로 제쳐 둔 것 같다. 게다가 양과 염소의 비유가 소개되는 마태복음 25장의 후반부에 이르기까지 실질적 재림에 대한 언급은 한 번도 나오지 않는다.

이 비유를 통해 예수님께서 말씀하시려는 핵심은 등에 쓸 기름을 충분히 준비하지 않아 자신의 유업을 잃은 사람들의 비참한 최후이다. "나는 너를 알지 못한다!" 이 말을 듣는 순간 우리는 비참해진다. 이것은 문지기가 한 말이다. 고대 중동지역의 결혼 풍습에 의하면, 문지기는 모든 하객의 이름을 외우고 있었다고 한다. 그런데 이 비유 속의 문지기는 오직 슬기로운 처녀들의 이름만 인식하고 있다.

성령을 통해 신랑이 도래한다. 여기서 우리는 그리스도의 신부가 어떻게 단장해야 할지 힌트를 얻는다. 이때 교회에는 거룩함, 복음 전도, 표적과 이적과 기사가 회복된다. 신부가 어떻게 '준비'해야 할지에 대해서는 13장 '잠에서 깬 교회'에서 이미 설명했다.

왕이신 예수님은 말씀으로 원수들을 무찌르신다. 요한계시록 19장 11-16절의 내용처럼 말이다. 이 구절들이 지목하는 것은 성령께서 큰 능력 가운데 임하시는 사건(부흥)이다.

예수님은 하나님의 말씀으로 모든 대적을 물리치신다(11-15절). 하지만 여전히 하나님의 보좌 우편에 앉아 계신다. 예수님께서는 보좌에 앉으신 채 이 땅에 일어날 성령의 마지막 부흥을 지휘하신다. 이것이 예수님의 영적 도래이다. 신부는 이 부흥(혼인잔치)에 참여하여 어린 양과의 결혼식(밀월)을 위해 자신을 단장하게 된다(계 19:7). 실질적인 결혼식(밀월)은 요한계시록 후반부에 서술되어 있다.

> 또 내가 보매 거룩한 성 새 예루살렘이 하나님께로부터 하늘에서 내려오니 그 준비한 것이 신부가 남편을 위하여 단장한 것 같더라 (계 21:2)

미련한 처녀들이 기름을 구하기 위해 자리를 비운 사이 신랑이 도착했다(영적인 도래). 이들이 얼마나 절박한 심정으로 자신의 어리석음을 만회하려고 했는지 이해되는가? 에서가 아버지 이삭에게 "내게도 장자의 복을 빌어주소서" 하며 애원했던 것처럼, 미련한 처녀들 역시 슬기로운 처녀들 앞에 무릎을 꿇고 빌었다. 그러나 이미 너무 늦었다. "그(에서)가 그 후에 축복을 이어받으려고 눈물을 흘리며 구하되 버린 바가 되어 회개할 기회를 얻지 못하였느니라"(히 12:17).

>> 한밤의 외침 이후 미련한 처녀들에게 일어날 일

여기 한밤의 외침 이후 미련한 처녀들에게 어떤 일이 일어날지 적어 둔다. 자신의 유업을 추구하지 않은 채 깊은 잠에 빠진 크리스천들은 한밤의 외침을 듣고 잠에서 깬다. 이후 이들은 회개할 기회를 얻기 위해 자신이 할 일을 찾기 시작한다. 영성 수련에 열심을 쏟고 교회 사역에 깊이 관여하기도 한다. 자신을 위해 기도해 달라고 중보기도를 요청하면서 슬기로운 처녀들(성령 충만한 크리스천들) 앞에 무릎까지 꿇는다. "우리에게 손을 얹고 기도해 주세요. 하나님의 결심을 바꿀 만한 일이 있다면 다 해주세요." 하지만 앞에서 말했듯이 하나님이 이미 맹세하셨기 때문에 이들이 할 수 있는 일은 아무것도 없다.

미련한 처녀들이 이처럼 분주하게 움직이는 동안 성령께서는 강력한 능력으로 교회 위에 임하신다. 그것은 전에는 볼 수 없었던 위대한 능력이다. 성령의 능력 안에서 신랑이 임재하실 때(영적 도래), 교회는 큰 능력으로 복음을 전할 것이다. 표적과 이적을 행하며 전도할 것이다. 그리고 교회가 전하는 복음을 듣고 수백만 명이 회심할 것이다. 그러나 미련한 처녀들은 이 부흥에 참여하지 못한다.

›› 종려주일과 한밤의 외침 사이의 유사성

세례 요한은 예수님의 초림에 앞서 역사의 무대에 등장했다. 이처럼 한밤의 외침 또한 예수님의 재림보다 앞설 것이다. 그런데 예수님의 영적 도래와 종려주일에 일어난 사건 사이에 일종의 평행선이 발견된다. 그날, 예수님께서는 나귀를 타고 예루살렘 성으로 들어가셨다. 이것은 스가랴 선지자가 예언한 대로였다. "네 왕이 네게 임하시나니 그는 … 겸손하여서 나귀를 타시나니"(슥 9:9). 그러나 이 왕은 결국 십자가에 오르셨다.

요한계시록에 묘사된 성령의 역사는 다음과 같다. 왕이신 예수님께서 흰 말을 타고 하나님의 말씀으로 원수를 무찌르신다. 종려주일 사건은 왕이 이스라엘 백성 앞에 모습을 드러내신 사건이었다. 하지만 그들은 예수님을 알아보지 못했다. 자신들이 원했던 왕의 모습이 아니었기 때문이다. 그들은 결국 예수님을 십자가에 못 박았다.

하지만 앞으로 일어날 사건의 양상은 다르다. 그때가 되면 왕의 왕이신 예수님께서 말씀을 통해 자신의 능력을 드러내실 것이다. 우리가 목도하는 동안 그분의 입에서 양날 선 검이 나와 원수들을 무찌른다.

이때 이스라엘은 2천 년 전 자기들 앞에 나타나셨던 나사렛 예수를 자신들의 왕으로 인정할 것이다. 이것은 신부가 자신을 단장한 결과(복음 전도의 결과)이다.

그때에 하늘의 군대가 흰 말 위에 오르신 예수님을 따를 것이다. 이 하늘의 군대는 마지막 때에 수많은 사람들을 그리스도께로 인도할 일꾼들이다. 이들의 사역을 통해 수많은 사람이 회심하는데, 그중에는 수백만의 무슬림과 유대인도 포함된다. 이처럼 수많은 이들이 그리스도께 나아올 것이다. 과거 종려주일 사건은 이스라엘이 왕을 거절하는 것으로 마무리되었다. 그러나 다음에 일어날 놀라운 부흥의 결과, 유대인들이 이스라엘의 왕을 기쁨으로 영접하게 될 것이다.

그 다음에 일어날 사건들은 앞에서 말했던 내용과 다소 중첩된다. 다음은 예수님께서 하늘 보좌를 떠나시기 전에 어떤 일이 일어날지 예상되는 사건들을 적은 것이다.

• 교회는 성령의 능력과 말씀에 대한 이해로 무장하여 복음을 전한다.

크게 보아 이것은 복음을 전하는 자들(슬기로운 처녀들)이 할 일이다. 앞에서 보았던 그대로이다.

• 주님께서 무슬림을 옥죄고 있는 이슬람의 영향력을 물리치실 것이다.

최근 수년 동안 수없이 많은 무슬림들이 환상을 통해 예수님을 보았다고 한다. 환상 중 예수님께서는 그들에게 자신이 참된 하나님의 아들임을 말씀하셨고, 십자가에 달려 돌아가신 사실을 알려 주셨다.

대부분의 무슬림들은 예수님을 여러 선지자 중의 한 사람으로 알고 있다. 게다가 그들은 알라가 선지자들의 십자가 죽음을 허락하지 않는다고 믿기 때문에 예수님이 정말 십자가에 달려 돌아가셨다고 생각하지 않는다. 예수님이 죽지 않도록 알라가 보호했고, 또 하늘로 곧장 데려갔다고 생각한다. 이러한 믿음은 예수님께 합당한 영광을 앗아가 버리며, 예수님의 보혈에 담긴 능력을 직시하지 못하도록 주의를 분산시킨다.

하지만 그날 예수님께서는 수백만 명의 무슬림들에게 자신의 영광을 나타내실 것이다. 단지 꿈을 통해서만이 아니라 교회의 복음 전파를 통해 그 영광을 드러내실 것이다. 이러한 일이 어떻게 이루어질지는 잘 모르겠다. 무슬림의 핵심 리더들이 용기를 내어 자신들이 꾼 꿈에 대해 고백하지 않을까 추측할 뿐이다. 나는 이같이 고백할 무슬림 리더들이 몇 천 정도가 아니라 수백만에 육박할 것이라고 생각한다. 그리고 이 일은 유대인들을 질투하게 만들 것이다(롬 11:11). 이러한 이유로 나는 무슬림들의 회심이 유대인의 회심보다 앞설 것이라고 생각한다.

- 이스라엘의 눈가리개가 벗겨질 것이다.

이것은 바울이 로마서 11장에서 넌지시 언급한 내용이다. 물론 그는 "이스라엘의 눈가리개가 벗겨질 것"이라고 말하지는 않았다. 다만 하나님께서 그렇게 하실 수 있음을 시사했을 뿐이다(롬 11:23). 물론 이스라엘의 눈가리개가 온전히 어쩔 수 없이 벗겨지겠지만, 사도 바울이 로마서 11장에 이 사실을 드러내 놓고 언급하지 않은 데는 이유가 있을 것이다. 이 역시 나의 추측인데, 만일 그가 이 사실을 언급했다면 우리는 "어차피 그렇게 될 텐데 굳이 애쓸 필요가 있냐"며 유대인들을 전도하는 일에 힘쓰지 않을 것이다.

교계의 리더들 중에도 이렇게 생각하는 사람들이 많다. 마지막 날에 유대인들이 어떤 경로로든 주님께 돌아올 것이므로 수고롭게 그들을 전도해야 할 이유가 없다는 것이다. 나는 이러한 사람들을 몇몇 알고 있다. 어떤 사람은 "유대인에게는 두 번의 기회가 주어진다"고 가르친다. 그러나 틀렸다! 게다가 그것은 매우 위험한 발상이다. 그대로 두면 유대인들은 지옥에 갈 것이다.

최근에 나는 이스라엘 총리 베냐민 네타냐후에게 편지를 보냈다. 나는 온화한 어조로 "유대인들이 예수 그리스도께 돌아오기 전에는 이스라엘의 상황이 나아지지 않을 것"이라고 했다. 만일 유대인들이 예수님께로 나아온다면, 이스라엘의 하나님께서 그들을 위해 싸워 주실 것이며 (미안한 말이지만) 지금은 하나님께서 이스라엘을 위해 싸워 주시지 않는다고도 덧붙였다.

하나님의 선민(選民)이라는 자부심 때문인지 그들은 '안보'는 떼어 놓은 당상이라 생각하며 걱정하지 않는 것 같다. 게다가 이러한 이유로 우리는 유대인들에게 호의를 베풀지 않는다. 그 옛날 예레미야 선지자는 예루살렘이 바벨론에 멸망할 것이라고 예언했다. 이러한 예언 때문에 그는 '반역자'라고 고소당했다. 하지만 결국 예레미야의 말이 옳았다.

나는 마지막 날에 이스라엘 사람들(유대인들)이 대거 예수님께 돌아올 것이라고 믿는다. 이것은 예수님께서 그 모든 원수를 밟으시는 사건의 일환이다. 어쨌든 "모든 이스라엘이 구원받을 것이다"(롬 11:26). 즉, 유대인 중 선택받은 사람(수백만이 될 수도 있다)이 모두 그리스도께로 돌아올 것이다. 그리고 내 생각이 맞다면, 이들의 회심은 짧은 기간에 이루어질 것이다. 바울은 유대인이라고 해서 그들 모두가 하나님의 자녀인 것은 아니라고 확실히 말했다. 오직 선택받은 사람만이 하나님의 자녀이다(롬 9:6-15).

타종교 신자들도 대거 예수 그리스도께 나아올 것이다. 무슬림을 비롯하여 힌두교, 불교, 몰몬교, 여호와의 증인, 도교 등 타종교 신자들도 성육하신 예수 그리스도를 하나님으로 믿으며 그분 앞에 무릎 꿇을 것이다. 그리고 사망도 멸망당할 것이다. 예수님은 "모든 원수를 그 발아래에 둘 때까지"(고전 15:25) 다스리신다. 그리고 "맨 나중에 멸망 받을 원수는 사망"(고전 15:26)이다. 이 일이 이루어지는 과정은 다음과 같다.

예수님께서 보좌에 앉아 계시는 동안 죽은 사람들을 일으키신다. 과거에 죽은 나사로를 일으키셨던 것처럼 말이다(요 11:43). 심지어 주님은 또 다시 큰 목소리로 외치실 것이다! 그분의 목소리를 듣고 죽은 사람들이 일어난다. 그 후 예수님께서는 하나님의 보좌 우편을 떠나신다. 바로 이때가 예수님의 실질적 재림이다. 이에 대해서는 다음 장에서 살펴볼 것이다.

당신은 이렇게 물을 것이다. "사탄은 예수님의 원수 아닌가요? 예수님이 보좌를 떠나시기 전에 사단을 무찌르고 벌하시는 게 아닌가요?" 이에 대한 답은 다음과 같다. "사탄의 멸망은 두 단계로 이루어진다. 먼저 예수님은 하나님의 보좌 우편에서 사탄의 모든 동맹들을 무찌르신다. 그리고 사탄은 형벌을 받아 영원토록 '불못'에 던져진다(계 20:10)." 주님은 보좌에 앉으신 채 이 두 가지 일을 쉽게 행하실 수 있다. 단지 말씀 한마디면 된다. 그리고 이 사건은 열 처녀 비유에 묘사된 혼인잔치로 이어진다.

15장 혼인잔치

그들이 사러 간 사이에 신랑이 오므로 준비하였던 자들은 함께 혼인잔치에 들어가고 문은 닫힌지라 (마 25:10)

우리가 즐거워하고 크게 기뻐하며 그에게 영광을 돌리세 어린 양의 혼인 기약이 이르렀고 그의 아내가 자신을 준비하였으므로 … 내게 말하기를 기록하라 어린 양의 혼인잔치에 청함을 받은 자들은 복이 있도다 (계 19:7-9)

또 내가 보니 한 천사가 태양 안에 서서 공중에 나는 모든 새를 향하여 큰 음성으로 외쳐 이르되 와서 하나님의 큰 잔치에 모여 왕들의 살과 장군들의 살과 장사들의 살과 말들과 그것을 탄 자들의 살과 자유인들이나 종들이나 작은 자나 큰 자나 모든 자의 살을 먹으라 하더라 (계 19:17-18)

'잔치' 하면 무엇이 떠오르는가? 길게 늘어선 식탁, 아름다운 흰색 테이블보, 투명한 잔, 반짝이는 식기들, 정갈한 음식, 등심스테이크, 바닷가재, 캐비어, 칠면조, 훈제 연어 등 온갖 것들이 연상될 것이다. 그러나 주의하라. 요한계시록에 소개된 잔치는 여느 잔치와 다르다. 일단 메뉴부터 다르다.

성만찬을 생각해 보라. 성만찬은 영적인 식사이다. 우리는 배를 채우기 위해 성만찬용 떡(빵)을 먹지 않는다. 또한 취하기 위해 성만찬용 포도주를 마시지 않는다. 우리는 영적 유익을 위해 성찬에 참여한다. 성찬의 떡과 포도주는 영적 유익을 위해 먹고 마시는 음식이다.

어린 양의 혼인잔치 또한 우리의 몸을 위한 것이 아니다. 어린 양의 혼인잔치 음식은 말할 수 없는 기쁨과 영광으로 우리의 영혼을 한껏 고양시킨다. 예수님께서 원수들을 무찌르시는 '최후 승리의 영광'을 우리 모두가 목격할 것이기 때문이다.

> 와서 하나님의 큰 잔치에 모여 왕들의 살과 장군들의 살과 장사들의 살과 말들과 그것을 탄 자들의 살과 자유인들이나 종들이나 작은 자나 큰 자나 모든 자의 살을 먹으라 (계 19:17-18)

주님께서는 이 같은 말씀으로 성만찬을 예고하셨다. "내가 진실로 진실로 너희에게 이르노니 인자의 살을 먹지 아니하고 인자의 피를 마시지 아니하면 너희 속에 생명이 없느니라"(요 6:53). 이것은 요한복음 6장에 나오는 지극히 '어려운 말씀'이다. 어려우면서도 공격적이었기 때문에 이 말씀을 들은 제자 중 상당수가 예수님에게서 등을 돌렸다. 그들은 더 이상 주님을 따르지 않았다(요 6:66).

그들이 떠나는 것을 보면서도 예수님은 이 말씀에 대해 해명하지 않으셨다. "얘들아! 제발 날 떠나지 마라. 지금 나는 성찬식에 대해 말하는 것이지 정말 내 살을 먹으라는 뜻이 아니다. 나중에 가 보면 알게 될 테니 오해하지 마라." 이렇게 논란이나 비난의 요소를 제거하시려는 노력은 조금도 하지 않으셨다.

요한 역시 '왕들의 살과 장군들의 살과 장사들의 살'을 먹는 것이 무엇을 뜻하는지 설명하지 않았다. 앞에서 본 대로 예수님의 살을 먹는다는 것은 '하늘에서 내려온 떡'(요 6:41) 곧 예수 그리스도를 영적으로 맛보고 즐거워하는 것을 말한다. 마찬가지로 왕들의 살, 장군과 장사들의 살을 먹는다는 의미는 원수를 무찌르는 '하나님의 말씀'의 승리를 맛보는 것이다.

예수님의 입에서 '예리한 검'이 나온다. 그리고 그 검이 온 세상을 친다. 우리는 예수님의 입에서 나오는 양날 선 검(계 1:16)이 사교(邪敎), 이 세상의 거짓 가르침, 진정한 복음을 비웃고 조롱하는 사람 등의 원수를 무찌르는 것을 보게 된다. 검은 하나님의 말씀이다. 따라서 우리는 말씀의 승리를 맛보게 된다!

〉〉 사탄의 잔치는 영원히 끝났다

어린 양의 혼인잔치는 그리스도의 신부가 준비되었음을 기뻐하는 잔치이다. 이것은 인류 역사상 가장 만족스럽고 맛있는 음식의 향연으로 오직 '믿는 자'만이 참여할 수 있다. 그러나 다른 모든 사람들은 울며 이를 갈 것이다. 이때, 크리스천의 믿음(기독교 신앙)이 온 세상에 '진리'로 드러날 것이다.

한편, 그리스도의 복음을 조롱해 왔던 이 세상의 지성인들, 이를테면 캠브리지, 하버드, 예일 대학의 과학자들, 정치인들, 신학교의 자유주의자들, 부자들, 유명인들은 이렇게 말할 것이다. "우리의 잔치는 끝났다." 이들이 즐기던 잔치는 끝나고, 새로운 잔치가 시작된다. 바로 어린 양의 혼인잔치 말이다!

바벨론의 벨사살 왕이 귀족 천 명을 초청하여 잔치를 벌일 때에도 이 같은 일이 벌어졌다. 그들은 술을 마시며 금, 은, 구리, 쇠, 나무, 돌로 만든 신들을 찬양했다(단 5:4). 그때 사람의 손가락들이 나타나서 왕궁의 촛대 맞은편 석회벽에 글자를 쓰기 시작했다(단 5:5). 그 광경을 두 눈으로 목격한 왕의 얼굴은 창백해졌다. 크게 겁을 먹은 그의 두 다리는 후들거리며 서로 부딪쳤고, 넓적다리는 녹는 것 같았다(단 5:6). 그렇게 그들의 잔치는 끝났다.

어린 양의 혼인잔치는 복음을 조롱하던 자들의 잔치가 끝났다는 것과 새로운 잔치가 시작된다는 사실을 알려 준다. 우리는 초대교회 시대 이후 가장 위대한 성령의 역사를 즐기게 될 것이다.

오순절 성령강림 사건 이후 가장 큰 성령의 역사가 일어나는 날, 당신은 그 현장의 한복판에 서 있을 수 있겠는가? 슬기로운 처녀들은 이 잔치를 즐기도록 초청받았다. 이것이 그들에게 주어진 특권이다. "어린 양의 혼인잔치에 청함을 받은 자들은 복이 있도다"(계 19:9). "신랑이 오므로 준비하였던 자들은 함께 혼인잔치에 들어가고"(마 25:10).

그들이 신랑과 함께 혼인잔치에 들어갔다는 사실을 주목하라. 여기서 신랑은 성령님이다. '혼인잔치'는 마지막 때 일어날 성령의 놀라운 역사(부흥)를 설명하기 위해 예수님이 고안해 내신 표현이다. '혼인잔치'라는 말에는 성령님과의 '친밀한' 교제가 암시되어 있다. 또한 성령의 능력 가운데 양날 선 검으로 원수를 무찌르시는 예수님의 모습이 투영되어 있다.

장차 혼인잔치, 곧 교회 역사상 가장 큰 성령의 역사가 일어날 것이다. 혼인잔치는 주님의 '영적 도래'(성령께서 능력으로 임재하시는 일)이다. 이 땅 위에 일어날 하나님의 마지막 역사는 '성령님과의 교제'이다. 그것은 그동안 하나님의 백성이 맛보지 못했던 '친밀한 교제'일 것이다.

주님의 위대한 만찬은 육신의 배를 채우지 않는다. 이 만찬은 상상할 수 없는 만족, 기쁨, 화평으로 그들의 영혼과 마음과 생각을 채워 줄 것이다. 오랫동안 그리스도의 몸을 분열시켰던 사소한 질투는 더 이상 없을 것이다. 그날에 사람들이 인간의 칭찬보다 하나님의 영광을 더욱 사모하게 될 것이기 때문이다. 그리고 인류 역사의 '오메가'를 지목하는 다음의 구절들이 마침내 성취된다.

> 그러나 진실로 내가 살아 있는 것과 여호와의 영광이 온 세계에 충만할 것을 두고 맹세하노니 (민 14:21)

> 하나님이여 주는 하늘 위에 높이 들리시며 주의 영광이 온 세계 위에 높아지기를 원하나이다 (시 57:5)

> 물이 바다를 덮음 같이 여호와를 아는 지식이 세상에 충만할 것임이니

라 (사 11:9)

물이 바다를 덮음 같이 여호와의 영광을 인정하는 것이 세상에 가득함이니라 (합 2:14)

성경학자들이나 신학생들은 아마도 이같이 물을 것이다. "이러한 약속이 언제 이루어진다는 말입니까?" 이에 대한 답은 "예수님의 재림 전, 또는 재림 후" 두 가지이다.

여호와의 영광을 아는 지식이 온 세상에 가득해지는 일이 예수님의 재림 후에 이루어진다면, 우리가 기대하고 바라야 할 것은 오직 '재림'뿐이다. 그 외의 것들은 바랄 필요가 없다. 하지만 이 약속들은 예수님의 재림 전에 성취될 것이다. 이 모든 일은 예수님께서 성부 하나님의 보좌 우편에 앉아 계시는 동안 일어난다. 왕이신 예수님은 보좌에 앉으신 상태에서 오순절 이후 가장 위대한 성령의 역사를 지휘하신다. 그리고 그 결과로 그리스도의 신부는 정결하게 변화된다. 이처럼 하나님은 그리스도의 신부인 교회가 흠 없는 모습으로 변화되도록 예정해 두셨다.

교회가 거룩하고 흠 없는 모습으로 변화되는 것이 과연 주님의 재림 전에 가능할까? 물론이다! 그들은 비교적 거룩하게 변화될 것이다. 예수님의 재림 전에는 교회가 '완벽하게' 거룩해질 수도, '온전히' 정결해질 수도 없다. 오직 (우리의 '영화'[glorification]와 동시에 일어나는) 예수님의 재림만이 교회를 아무 흠도 없고 점도 없고 주름도 없는, 이른 바 온전한 '거룩'의 상태로 변화시킬 수 있기 때문이다. "이 썩을 것이 썩지 아니함을 입고 이 죽을 것이 죽지 아니함을 입을 때"(고전 15:53), 즉 우리가 부활할 때 비로소 우리는 온전히 변화될 것이다.

뒤에서 보겠지만, '영화'는 '칭의'된 자들에게 임할 궁극적이고 최종적인 은혜이다(롬 8:30). 우리는 그리스도의 형상으로 변화된다. "우리가 그와 같을 줄을 아는 것은 그의 참모습 그대로 볼 것이기 때문이니"(요일 3:2). 오직 예수님의 재림 이후에야 우리는 비로소 '죄 없는' 상태가 된다.

그러나 신부가 자신을 거룩하게 단장하는 때는 예수님의 재림 이전이다. 신부의 단장은 그 옛날 이스라엘의 가나안 정복과도 같다. 또는 사도행전에 기록된 사건들이 다시 한 번 반복되는 것과 같다. 차이가 있다면, 그날에 역사상 가장 큰 능력이 발현된다는 것이다.

그런데 여기서 '환난'을 잊지 말라. 그날, 모든 사람이 구원받지는 않을 것이다. 모두가 회심하지는 않을 것이다. 그래도 교회는 자신을 정결하게 단장한다. 이것이 약속된 미래이다.

잔치에 초청받은 슬기로운 처녀들은 오순절 이후 가장 위대한 성령의 역사 한가운데 서게 될 것이다. 이것은 그들이 받게 될 유업이다. 말씀과 성령을 끈질기게 추구한 그들의 믿음에 대해 하나님께서 주실 상급이다.

그러나 바깥에 버려진 미련한 처녀들은 슬피 울며 이를 갈 것이다. 자신을 구원해 준 복음에 대해 감사하지 못했음을 후회하며 슬퍼하는 것이다. 이러한 사람들이 어떤 일을 겪게 될지 상상해 보라. 성경은 이들이 느낄 후회와 슬픔을 '슬피 울며 이를 간다'라고 묘사한다. 모든 크리스천에게 당부하고 싶은 것은 부디 미련한 처녀가 되기로 선택하지 말라는 것이다.

〉〉 어리석은 자들

삶의 비극적인 최후를 앞두고 사울 왕은 이렇게 말했다. "내가 어리석은 일을 하였으니 대단히 잘못되었도다"(삼상 26:21). MEV(Modern English Version)성경은 이 구절의 전반부를 "내가 어리석게 행동하였으니"로 번역하였다.

사울 왕은 겸손한 사람이었다. 그러나 시간이 흐르면서 그는 이 고백처럼 어리석게 변모해 갔다. 그것은 누구의 책임도 아니었다. 오직 자신의 선택으로, 그는 그렇게 '어제의 사람'이 되어 버렸다(삼상 13:9-13). 그가 어리석은 사람이 된 것은 우연이 아니었다. 그것은 전적으로 그의 선택이었다.

미련한 처녀들의 경우도 마찬가지이다. 그들은 왜 '미련하다'는 평가를 받는가? 스스로 미련하게 되기로 선택했기 때문이다. "대저 너희가 지식을 미워하며 여호와 경외하기를 즐거워하지 아니하며"(잠 1:29).

성경에 기록된 '어리석음'은 유전되는 것도 아니고, 남에게 전가되는 것도 아니다. 성경은 사람이 어찌할 수 없는 자연적인 '지식 부족' 상태를 '어리석음'이라고 말하지 않는다. 성경이 말하는 '어리석음'은 '선택'에 의한 것이다. 그런데 사람을 어리석게 만드는 요인 중 한 가지는 '지식'이다. 어리석은 자가 되는 것은 '지적 선택' 또는 '의지'의 결과이기 때문이다.

성경은 자신의 의지로 경솔한 선택을 하는 것을 어리석다고 표현한다. "개가 그 토한 것을 도로 먹는 것같이 미련한 자는 그 미련한 것을 '거듭' 행하느니라"(잠 26:11). 하나님의 계명을 지킬 때, 우리는 "음녀에게, 말로 호리는 이방 여인에게" 빠지지 않는다(잠 7:5). 반면, 어리석음은 우리를 간음으로 인도한다. 음행 때문에 생명을 잃을 텐데, 어리석은 사람은 그런 줄도 모르고 간음을 선택한다(잠 7:23). 하지만 어리석음의 가장 큰 병폐는 따로 있다. 어리석은 사람은 자신의 잘못을 좀처럼 인정하지 않는다.

일련의 그릇된 선택으로 '미련한 처녀'의 범주에 들어간 크리스천들에게 말한다. 나는 부디 이 책이 당신을 일깨워 줄 작은 경고음이 되기를 바란다. 당신은 미련한 처녀로 남아 있을 필요가 없다.

열 처녀 비유 속에서 슬기로운 처녀들이 받은 유업은 혼인잔치에 초청받는 것이었다. 만일 당신과 내가 슬기로운 처녀들과 같다면, 우리 또한 오순절 이래 가장 큰 성령의 부흥에 초대받아 성령의 역사를 맛보며 즐기게 될 것이다. 이삭이 오고 있다. 이삭은 곧 올 것이다!

Prepare Your Heart for the Midnight Cry

3부

Prepare Your Heart for the Midnight Cry

다시 오시는 예수님

영화로운 예수님과 만나면, 우리는 예수님처럼 변화된다. "그가 나타나시면 우리가 그와 같을 줄을 아는 것은 그의 참모습 그대로 볼 것이기 때문이니"(요일 3:2). 단지 주님의 얼굴을 보기만 하면 된다. 그러면 예수님처럼 변화된다! 주님께서 재림하시는 이유는 우리의 죄를 대신 짊어지시기 위해서가 아니라 자신을 기다리는 사람들에게 완벽한 구원을 선사하시기 위해서이다(히 9:28).

16장 동일하신 예수님

이 말씀을 마치시고 그들이 보는데 올려져 가시니 구름이 그를 가리어 보이지 않게 하더라 올라가실 때에 제자들이 자세히 하늘을 쳐다보고 있는데 흰옷 입은 두 사람이 그들 곁에 서서 이르되 갈릴리 사람들아 어찌하여 서서 하늘을 쳐다보느냐 너희 가운데서 하늘로 올려지신 이 예수는 하늘로 가심을 본 그대로 오시리라 하였느니라 (행 1:9-11)

이와 같이 그리스도도 많은 사람의 죄를 담당하시려고 단번에 드리신 바 되셨고 구원에 이르게 하기 위하여 죄와 상관없이 자기를 바라는 자들에게 두 번째 나타나시리라 (히 9:28)

하나님이 영원 전부터 거룩한 선지자들의 입을 통하여 말씀하신 바 만물을 회복하실 때까지는 하늘이 마땅히 그를 받아 두리라 (행 3:21)

그가 모든 원수를 그 발아래에 둘 때까지 반드시 왕 노릇 하시리니 맨 나중에 멸망 받을 원수는 사망이니라 (고전 15:25-26)

한 젊은이가 런던의 도로 위에 떨어져 있는 전도지를 발견했다. 그는 전도지를 주워 들고 읽기 시작했다. 그것은 내가 제작한 '기독교는 무엇인가?'라는 제목의 전도지였다. 전도지를 다 읽어 갈 무렵, 그는 전도지 끝부분에 나오는 기도문을 따라 기도했다. 그리고 회심했다.

돌아오는 주일, 그의 발걸음은 웨스트민스터채플을 향했다. 그는 회중들 앞에서 전도지 뒷면에 그려진 약도를 보고 찾아왔노라고 자신을 소개했다. 내가 만든 전도지가 그의 인생에 얼마나 귀하게 사용되었는지 생각해 보니, 참으로 놀랐다!

몇 주 후, 그는 세례를 받았다. 그리고 얼마 지나지 않아 그는 성경을 읽던 중 자신이 발견한 내용을 확인하기 위해 나를 찾아왔다. 그는 놀란 표정으로 이렇게 물었다. "예수님께서 언젠가 다시 오신다던데 정말인가요?"

나는 "그럼요!" 하고 대답했다.

그는 흥분된 목소리로 "정말 멋진 일이네요. 그렇죠?"라고 말했다. 그의 음성에는 기쁨이 배어 있었다.

"예, 참 멋진 일이죠."

나처럼 어렸을 때부터 예수님의 재림을 믿으며 자란 사람들은 예수님께서 다시 오신다는 사실이 얼마나 멋진 진리인지 쉽게 잊을 때가 많다. 우리 예수님은 베들레헴에서 나시고 나사렛에서 자라셨으며 십자가를 지시고 부활하시고 승천하신 후 다시 오실 것이다. 하지만 어려서부터 믿음생활을 한 사람들은 예수님의 재림을 '당연한' 것으로 받아들이곤 한다.

천사가 제자들에게 말했듯이 '이 동일한 예수님께서' 이 땅으로 돌아오실 것이다. 그러므로 우리는 '예수님'의 문자적·개인적·육체적 재림을 기대해야 한다.

당신은 예수님의 재림을 믿는가? 안타깝게도 신실한 성도들 가운데 이 진리를 거의 버리다시피 한 사람들이 있다. 어쩌면 처음엔 잘 믿었다가 중도에 낙심했는지도 모른다. 혹은 신앙생활 초기에 성경을 믿지 않는 사람에게서 지대한 영향을 받은 것일지도 모른다.

베드로는 "주께서 강림하신다는 약속이 어디 있느냐?"고 말하는 '조롱꾼들'이 있을 것이라고 경고했다. "먼저 이것을 알지니 말세에 조롱하는 자들이 와서 자기의 정욕을 따라 행하며 조롱하여 이르되 주께서 강림하신다는 약속이 어디 있느냐 조상들이 잔 후로부터 만물이 처음 창조될 때와 같이 그냥 있다 하니"(벧후 3:3-4).

하지만 정직해지자. '예수님이 오실까? 정말 다시 오시는 걸까?' 하고 조금이라도 의심하는 사람은 모두 조롱꾼 아닌가? 또 우리 시대에 주님이 오실 것이라고 진지하게 믿지 않는 사람 모두가 조롱꾼 아닌가?

베드로는 이 말씀을 2천 년 전에 썼다. 물론 그는 "이와 같이 말하는 조롱꾼들이 있을 것이다"라고 말했을 뿐 낙심한 사람들까지 조롱꾼으로 빗댄 것은 아니다. 우리는 다음과 같이 말하는 사람들의 심정을 충분히 이해할 수 있다. "저는 재림에 대한 가르침을 평생 들어왔습니다. 게다가 사람들은 2천 년 동안 예수님의 재림을 이야기해 왔습니다. 하지만 주님의 재림은 일어나지 않았습니다. 그런데 왜 이 시점에서 제가 주님의 재림이 임박했음을 믿어야 하나요?"

반면, 1-2주 내에 예수님이 재림하실 것이라고 확신하고 직장을 그만두거나 건강보험, 생명보험을 중도 해지하는 사람들이 있다. 20세기에도 이러한 사람들이 있다는 사실에 나는 당혹감을 금치 못한다. 시한

부 종말론을 믿는 이들 때문에 더 많은 사람들이 주님의 재림을 등한시하게 되었다. 그들의 잘못된 '날짜 계산'으로 인해 무고한 성도들까지 더 이상 주님의 임박한 재림을 믿지 않게 된 것이다.

그렇다면 예수님은 재림의 시점에 대해 어떻게 말씀하셨는가? 요한계시록 마지막 부분에서 주님은 "내가 진실로 속히 오리라"고 말씀하셨다(계 22:20). 이 말씀은 A.D. 100년경 사도 요한이 기록한 것인데, 이후 1900년이 넘는 시간이 지나도록 예수님은 오시지 않았다. 왜 이토록 오랜 시간 '지연'되는지에 대해 설명하기는 쉽지 않다.

'마지막 날'은 항상 '신비'의 두루마리 속에 감춰져 왔다. 요한은 적그리스도가 다가오고 있고, 또 이미 수많은 적그리스도들이 일어났기 때문에(요일 2:18) 자신이 살아가는 시대를 '마지막 날'로 생각했다(그가 요한일서를 쓴 것은 대략 A.D. 90년경이었다).

히브리서 기자 또한 '마지막 날'에 대해 이야기했는데, 그가 말한 '마지막 날'은 예수님의 초림이었다. 구약의 선지자들과 선조들의 예언에 따라 예수 그리스도의 초림이 이루어진 때(히 1:2)를 '마지막 날'로 지칭한 것이다. 그러므로 히브리서 기자에 의하면, '마지막 날'은 예수님의 초림과 함께 이미 시작되었다. 그런데 왜 우리는 아직까지 기다리고 있는 것일까? 도대체 어떻게 된 것일까?

하나님께는 천 년이 하루 같고, 하루가 천 년 같다는 사실부터 주목하자(벧후 3:8). 나는 어떤 환상을 본 후 그것이 1주일 뒤에 이뤄지리라 기대하는 사람들의 심정을 잘 안다. 하지만 내가 본 환상 중 몇 가지는 성취되기까지 60년이나 걸렸다.

그렇다면 예수님께서 말씀하신 '속히'의 의미는 무엇일까? 주님의 관점에서 '속히'일까? 물론 우리가 생각하는 기준의 '속히'는 아니다. 결국 우리는 천 년을 하루처럼 여기시는 하나님의 관점에서 '속히'라는 표현을 이해해야 한다.

예수님은 우리가 생각하는 '속히'가 무엇인지 잘 아신다. 우리는 며칠 또는 몇 개월 정도, 아무리 길어도 몇 년 정도를 '속히'로 간주한다. 그렇다면 예수님께서는 왜 "내가 진실로 속히 오리라"고 말씀하셨을까? 그 말씀을 들은 우리가 주님이 수년 내에 재림하실 것으로 예상하게 될 텐데, 우리의 사정을 훤히 아시는 주님께서 왜 이렇게 말씀하셨을까?

〉〉 배신감의 장벽을 부수다

주님의 말씀은 '배신감의 장벽을 부수는' 망치이다. 그분의 약속은 불가능해 보이는 상황과 조건을 극복하기 위한 도구이다. 하나님께서 우리를 배신하신 듯한 느낌이 들 때, 우리는 말씀의 망치로 배신감의 장벽을 부숴야 한다. 끈질기게 믿음을 붙잡아야 한다.

우리는 주님을 믿을 만한 친구, 가까운 친구로 여기는데 주님은 예고 없이 원수처럼 돌변하실 때가 있다(그렇게 느껴질 때가 있다). 이것을 나는 이렇게 설명한다. "그것은 배신하시는 것처럼 '보일' 뿐이다." 성경에 등장하는 위대한 성도들에게는 다음과 같은 공통점이 있다. 그들은 모두 하나님께 배신당한 듯한 느낌을 받았으나 결국 배신감의 장벽을 부서뜨렸다. 마틴 루터는 이렇게까지 말했다. "하나님을 친구로 이해할 때까지, 당신은 그분을 원수로 여겨야 할 것이다."

아브라함을 예로 들어보자. 그는 가나안 땅을 유업으로 약속받았다. 그러나 스데반의 날카로운 평가에 의하면, 아브라함의 처지는 비참했다. "여기서 발붙일 만한 땅도 유업으로 주지 아니하시고"(행 7:5). 칼빈은 이 구절의 주석을 기록하며 "아브라함은 속은 기분이었을 것"이라고 했다.[22]

그뿐만이 아니다. 히브리서 11장에 나오는 믿음의 용사들을 보라. 그들은 믿음으로 큰 업적을 세웠지만, 하나같이 "약속된 것을 받지 못하였다"(히 11:39). 잠시 생각해 보자. 이 위대한 믿음의 사람들(에녹, 노아, 아브라함, 이삭, 야곱, 요셉, 모세, 사무엘, 다윗 등)이 '약속의 성취'를 받지 못하다니! 누군가 이같이 물을 것이다. "결론만 놓고 보면 중도에 포기하는 편이 훨씬 나았을 텐데, 그들은 왜 포기하지 않았나요? 어차피 이뤄지지 않을 약속인데 왜 끝까지 믿었나요? 정신 나간 것 아닙니까? 극도로 단순하고 멍청한 건가요, 아니면 순진한 건가요? 이도저도 아니면 생각이 없는 사람들인가요?"

그렇지 않다! 그들이 끝까지 믿었던 것은 배신감의 장벽을 깨뜨려 버렸기 때문이다. 물론 크리스천이라고 해서 모두가 배신감의 장벽을 허무는 것은 아니다. 나의 목회 경험을 바탕으로 보면, 하나님께 배신당한 느낌을 받은 후에도 여전히 하나님을 의지하고 끈질기게 믿음을 선택하는 사람은 열 명 중 한 명밖에 안 된다.

갑자기 자녀가 죽거나 배우자가 외도를 하거나 친한 친구에게 배신을 당하거나 재정 상태가 악화되거나 일자리를 잃거나 교계의 거물급 지도자가 비윤리적인 스캔들로 넘어지는 것을 볼 때, 수많은 사람들이 믿음을 버린다. 하지만 하나님께 배신당한 느낌이 들 때에도 열 명 중 한 명 정도는 하나님의 신실하심을 끝까지 신뢰하고 의지한다. 왜 이들이 계속해서 믿음을 붙잡는지, 사람들은 도무지 이해하지 못한다. 왜 하나님께 등을 돌리지 않는가? 왜 그들은 계속해서 믿는가?

하나님이 '너무나 생생하셔서' 그런 것이 아닐까? 내가 생각할 수 있는 답은 이것뿐이다. 바꾸어 말하면, 주님이 너무 생생하고 소중하기 때문에 포기하지 못하는 것이다. 하나님의 강력한 역사를 삶으로 체험했기 때문에 어떤 극한의 역경에도 믿음을 포기할 수 없는 것이다.

그 옛날의 순교자 폴리갑을 보라. 그는 기독교 박해 기간 중 예수님을 믿는 지도자로서 사형을 언도받았다. 사형 집행 전, 로마의 관료가 그에게 말했다. "예수 그리스도를 부인하고 카이사르를 찬양하라." 그렇게 하지 않으면 폴리갑은 영락없이 화형을 당해야 했다. 이에 폴리갑은 다음과 같이 대답했다. "나는 지난 86년 동안 그분을 섬겨 왔소. 그 기간 동안 주님은 나를 단 한 번도 배신하지 않으셨는데, 내가 어찌 내 구주, 내 왕을 부인할 수 있단 말이오?"[23]

히브리서 11장에 등장하는 사람들도 마찬가지이다. 그들은 끝까지 믿는 '믿음의 가치'를 잘 알고 있었다. 극복하지 못할 역경 앞에서도 끈질기게 믿음을 붙잡은 결과, 그들은 세상을 뒤집어 놓았다. "이런 사람은 세상이 감당하지 못하느니라!"(히 11:38) 그들은 끈질긴 믿음으로 자신에게 맡겨진 일을 완수했다. 요약하자면, 그들 모두 배신감의 장벽을 무너뜨린 것이다.

20세기에 들어 항공과학은 음속의 장벽을 허물어 버렸다. 소리의 속도보다 빠르게 날아가는 비행기가 발명된 것이다. 음속의 장벽을 깨다니, 참으로 위대한 업적 아닌가? 그러나 이보다 훨씬 더 놀라운 업적은 배신감의 장벽을 허무는 것이다. 많은 사람들이 배신감의 벽에 부딪히면 쉽게 좌절한다. 그들은 순간 버림받았다고 느낀다. 한때는 '생생한' 하나님이었는데, 바로 그 하나님께 배신당한 기분이 드는 것이다. 이것은 히브리서 11장에 등장하는 이들의 공통된 경험이었다. 그러나 그들은 배신감의 장벽을 무너뜨렸다. 하나님의 주권적 도구들은 이와 같이 배신감의 장벽을 무너뜨린다.

성경은 예수님께서 곧 오신다고 기록하고 있으나 주님은 2천 년이 넘도록 오시지 않았다. 마치 스스로를 반박하는 것처럼 보이는 이 말씀을 두고 오랫동안 논쟁이 끊이지 않고 있다. 나는 이 논쟁에 이같이 답한다. "하나님의 길은 우리의 길보다 높다!"

> 이는 하늘이 땅보다 높음 같이 내 길은 너희의 길보다 높으며 내 생각은 너희의 생각보다 높음이니라 (사 55:9)

이 말씀에 대해서는 릭 워렌 목사가 잘 설명해 주었다. "만일 내가 성경에서 명백한 모순점을 발견했다면, 그것은 내 그릇(수용 능력)이 작다는 반증이다."[24] 이것이 내가 재림을 믿는 이유이다. 더구나 나는 주님께서 속히 오실 것을 믿는다. 물론 이것은 내 관점에서의 '속히'이다! 당연히 내가 틀릴 수도 있다.

다시 한 번 말하지만, 나는 예수님께서 1935년 7월 13일 이전에 오시지 않아서 감사하다. 그렇지 않았다면, 나는 태어나지도 못했을 것이다. 또한 예수님께서 1942년 4월 5일 이전에 오시지 않아서 감사하다. 그렇지 않았다면, 나는 구원받지 못했을 것이다. 당신은 어떤가? 지금까지 주님이 재림하지 않으셔서 감사한가?

재림의 약속이 성경에 기록된 후 참으로 오랜 시간이 지났기 때문에 어떤 신학자들은 실질적 재림을 믿지 않기로 다짐한 듯하다. 심지어 그들 중에는 '실질적 재림' 교리의 대안을 고안해 낸 사람도 있다. 하지만 십자가에 달려 돌아가시기 전, 예수님께서는 분명히 "반드시 다시 오겠다"고 약속하셨다.

그런데 분량만 보자면, 재림에 대한 예수님의 직접적인 설명보다 신약성경 저자들의 가르침이 훨씬 더 많다. 사실, 예수님의 가르침 중 재림 부분만 골라 모으기란 생각만큼 쉽지 않다. 그렇게 할 수는 있지만, 분량이 적기 때문에 쉽지 않은 것이다. 왜 예수님의 가르침이 적을까? 내가 생각한 답은 이것이다. 공생애 기간 중 예수님은 제자들의 이해 능력에 한계가 있음을 알고 계셨다. "내가 아직도 너희에게 이를 것이 많으나 지금은 너희가 감당하지 못하리라"(요 16:12).

'재림'은 예수님께서 자주 말씀하시지도, 드러내 놓고 말씀하시지도 않은 주제이다. 재림에 대한 예수님의 가르침은 대부분 마태복음 24장, 마가복음 13장, 누가복음 21장에 기록되어 있다. 오순절 성령강림 사건 전까지 제자들은 예수님의 여느 다른 가르침처럼 '재림' 역시 제대로 이해할 수 없었다. 부활과 승천뿐 아니라 다시 이 땅에 돌아오신다는 가르침도 받아들이기 어려웠던 것이다. 쉽게 말해서 '덩어리가 커서' 한 입에 삼키지 못한 경우라고나 할까? 그러나 성령께서 오신 후 상황은 달라졌다. 제자들은 앞에서 언급한 예수님의 감람산 강화(마 24장, 막 13장, 눅 21장)를 깨닫게 되었다.

아래에 신학자들이 실질적 재림을 믿지 못하여 고안해 낸 '대안'들을 소개한다. 비록 거짓된 가르침이지만, 그중 일부는 참고할 만하다.

〉〉 '실질적 재림'을 대체하는 신학자들의 대안

개인의 회심

어떤 사람은 예수님의 실질적 재림을 '개인의 회심'으로 치환해 버린다. 그들은 회심을 주님께서 사람의 마음속으로 들어오시는 사건이라고 정의하며, 그것이 바로 재림을 뜻한다고 주장한다.

나는 어떤 설교자가 이같이 말하는 것을 들었다. "예수님은 십자가에서 죽으시려고 이 땅에 오셨다. 이것이 예수님의 초림이다. 그런데 이제 그 예수님이 우리 마음에 들어오셨다. 이것이 바로 예수님의 재림이다." 물론 우리가 구원받을 때, 예수님께서 우리 마음에 들어오시는 것은 사실이다. 바울도 이같이 표현했다. "너희 안에 계신 그리스도시니 곧 영광의 소망이니라"(골 1:27).

예수님이 내 마음에 들어오신 후

내 삶에 새겨진 참으로 놀라운 변화로다!

예수님이 내 마음에 들어오신 후

그토록 오랫동안 찾았던 그 빛이 내 영혼에 들어오도다!

예수님이 내 마음에 들어오신 후

파도 치는 바다처럼 내 영혼에 기쁨의 물결이 넘쳐 흐르도다!

- R. H. 맥대니얼

회심은 예수님께서 우리의 마음에 들어오신 사건이다. 이것은 참으로 놀라운 진리이다! 그러나 회심은 재림이 아니다. 천사들은 예수님의 제자들에게 다음과 같이 말했다. "너희 가운데서 하늘로 올려지신 이 예수는 하늘로 가심을 본 그대로 오시리라"(행 1:11).

예수님은 제자들의 눈앞에서 하늘로 올라가셨다. 그리고 구름이 주님을 영접하므로(주님이 구름에 휩싸이심으로) 제자들의 시야에서 사라지셨다(행 1:9). 예수님은 사람들의 눈앞에서 하늘로 올라가셨고, 올라가신 그대로 구름에 휩싸인 채 가시(可視)적으로 다시 오실 것이다. 이 말씀은 그리스도의 재림을 개인의 회심으로 치환하여 설명하려는 노력을 좌초시킨다.

사도행전 1장 11절과 고린도전서 15장 26절("맨 나중에 멸망 받을 원수는 사망이니라")은 이러한 오류들을 지적하는 성경구절이다.

오순절 성령강림

어떤 사람은 예수님의 승천 후 일어난 오순절 성령강림 사건을 '재림'이라고 말한다. 다음의 말씀을 살펴보자. "인자가 아버지의 영광으로 그 천사들과 함께 오리니 그때에 각 사람이 행한 대로 갚으리라 진실로 너희에게 이르노니 여기 서 있는 사람 중에 죽기 전에 인자가 그 왕권을 가지고 오는 것을 볼 자들도 있느니라"(마 16:27-28).

아버지의 영광 가운데 천사들과 함께 오신다는 말씀은 예수님의 재림을 알리는 여러 다른 구절처럼 무섭게 들린다. 그런데 예수님께서 "여기 서 있는 사람 중에 죽기 전에 인자가 그 왕권을 가지고 오는 것을 볼 자들도 있느니라"는 말씀을 덧붙이셨기 때문에 주님의 재림을 오순절 성령강림 사건에 적용해야 하는 것은 아닌가 생각할 수도 있다.

예수님께서 이 말씀을 전하셨을 때, 현장에서 이를 직접 들었던 사람들은 오순절 성령강림 사건의 현장에도 있었을 것이다. 하지만 그들은 오순절 날, 인자의 강림을 보지 못했다. 어떤 의미에서는 보았다고도 할 수 있을 것이다. 어쩌면 그날, 예수님께서 성령 가운데 천사와 함께 임재하셨을지도 모른다.

경우야 어떻든 얼핏 보기에도 위의 구절은 마지막 날에 일어날 예수님의 재림보다는 오순절 성령강림 사건 쪽으로 더 많이 기울어진 것 같다. 왜냐하면 "여기 서 있는 사람 중에 죽기 전에"라는 말씀 때문이다. 게다가 동일한 내용을 전한 마가의 말을 통해 이것이 오순절에 대한 언급이라는 생각에 더욱 무게가 실린다. "내가 진실로 너희에게 이르노니 여기 서 있는 사람 중에는 죽기 전에 하나님의 나라가 권능으로 임하는 것을 볼 자들도 있느니라"(막 9:1). 확실히 이 구절은 오순절 성령강림 사건을 말하고 있다.

왜 재림에 대한 성경구절을 오순절 성령강림 사건과 연결시키려는지, 그 이유를 여기서 찾을 수 있다. 많은 사람들이 "가서 너희를 위하여 거처를 예비하면 내가 다시 와서 너희를 내게 영접하여 나 있는 곳에 너희도 있게 하리라"(요 14:3)는 말씀을 예수님의 재림에 적용하지만, 어떤 사람은 이것이 성령강림 사건을 언급한다고 주장한다.

바울은 우리가 하늘에서 그리스도와 함께 앉아 있다고 말했다(엡 2:6). 모든 크리스천이 지금 그리스도와 함께 하늘에 앉아 있다고 말한 것이다. 이 말씀은 우리가 성령을 통해 그리스도와 깊은 교제를 나누게 된다는 뜻이다. 이처럼 우리는 성령 안에서 예수님을 '생생하게' 체험할 수 있다. 과거 예수님의 제자들이 이 땅에서 그분을 생생하게 체험했던 것처럼 말이다.

주님께서 제자들에게 이렇게 말씀하셨다. "조금 있으면 너희가 나를 보지 못하겠고 또 조금 있으면 나를 보리라"(요 16:16). 이 말씀은 성령이 임하신 오순절 날, 120명의 성도들이 예수님을 얼마나 생생하게 체험했는지를 설명해 준다. 하지만 과연 이것이 예수님의 재림일까?

사도행전 1장 11절에서 천사가 한 말과 사도행전 3장 21절에서 베드로가 전한 말은 동일하다. "하나님이 영원 전부터 거룩한 선지자들의 입을 통하여 말씀하신 바 만물을 회복하실 때까지는 하늘이 마땅히 그를 받아 두리라"(행 3:21). 베드로가 이 말을 전했을 때는 오순절 사건 이후였다. 분명 초대교회는 오순절 성령강림 사건을 예수님의 실질적 재림과 동일시하지 않았다.

게다가 마지막에 멸망 받을 원수는 '사망'이라고 했다(고전 15:26). 뒤에서 좀 더 자세히 살펴보겠지만, 이것은 재림에 관한 바울의 가르침이다. 그는 이 가르침을 예수님으로부터 직접 받았다고 주장했다. 아직은 사망이 멸망 받지 않았으므로 오순절 성령강림 사건을 '재림'으로 간주할 수는 없다.

예루살렘의 멸망

이 견해 또한 무거운 짐이다. 성경 해석상 가장 난해한 본문 중 하나가 마태복음 24장, 마가복음 13장, 누가복음 21장인데, 이 장들에 기록된 예수님의 말씀 중 어느 것이 재림을 지목하는지, 또 어느 것이 예루살렘의 멸망을 지목하는지 구분하기가 쉽지 않다.

어떤 주석가는 이 모든 구절이 카이사르 군대에 의한 성전 파괴를 지목한다고 말한다. 또 다른 주석가는 이 모든 구절이 재림을 가리킨다고 말한다. 그러나 두 가지 해석 모두 '가능성'일 뿐이다. 재림에 대한 말씀과 예루살렘 멸망(성전의 파괴를 포함)에 대한 말씀을 가려내는 일은 여전히 난제이다.

비유를 전하실 때, 예수님은 일부러 모호하게 말씀하셨다(고의적 모호성). 보통 감람산 강화(講話)로 불리는 마태복음 24장, 마가복음 13장, 누가복음 21장 말씀에도 고의적 모호성이 드러난다. 그중 우리가 주목하는 예수님의 말씀은 '예수님의 성전 관찰'과 '제자들의 질문'을 그 배경으로 하고 있다.

먼저, 예수님은 성전에 대해 다음과 같이 말씀하신다. "너희가 이 모든 것을 보지 못하느냐 내가 진실로 너희에게 이르노니 돌 하나도 돌 위에 남지 않고 다 무너뜨려지리라"(마 24:2). "너희가 예루살렘이 군대들에게 에워싸이는 것을 보거든 그 멸망이 가까운 줄을 알라"(눅 21:20). 이것은 예루살렘 멸망에 대한 예수님의 예언이다. 그리고 예루살렘의 멸망은 예수님께서 이 말씀을 하신 후 40년이 지나서야(대략 A.D. 68년에) 이루어진다.

예수님께서 감람산에 올라 앉아 계실 때, 제자들이 은밀히 찾아와서 여쭈었다. "우리에게 이르소서 어느 때에 이런 일이 있겠사오며 또 주의 임하심과 세상 끝에는 무슨 징조가 있사오리이까"(마 24:3). 맨 처음 예수님께서는 성전의 파괴에 대해서만 말씀하셨다. 여기서 제자들의 질문은 "이 일들은 언제 일어납니까?", "주의 재림을 알려 주는 표적은 무엇입니까?", "세상 끝은 언제입니까?"로 나누어 볼 수 있다.

갑자기 화제가 '성전 파괴'에서 '주님의 재림'(주의 임하심)으로 바뀌어 버렸다. 어쩌면 제자들은 주께서 예루살렘을 심판하기 위해 다시 오실 것이라고 생각했는지도 모른다. 그래서 '주의 임하심'을 언급했을 것이다. 그러나 감람산 강화의 나머지 다른 구절들은 오직 주의 재림만을 이야기한다. 나머지 구절들이 재림을 지목한다고 말하는 근거는 무엇인가?

그중 가장 큰 비중을 차지하는 구절은 마태복음 24장 30절인데, 인자가 능력과 큰 영광 가운데 구름을 타고 온다는 말씀이다. "인자가 구름을 타고 능력과 큰 영광으로 오는 것을 보리라"(마 24:30). 이것은 종말론적 표현으로, 예수님이 구름 가운데 들려 올라가신 그대로 다시 오신다는 말씀(행 1:9-11)과 맥을 같이한다. 그러므로 이 말씀을 오직 '성전 파괴'에만 적용할 수는 없다.

성전 파괴와 재림을 함께 지목하는 말씀을 제외하고 순전히 예수님의 재림만을 지목하는 구절들을 추려 보았다.

이 천국 복음이 모든 민족에게 증언되기 위하여 온 세상에 전파되리니 그제야 끝이 오리라 (마 24:14)

번개가 동편에서 나서 서편까지 번쩍임 같이 인자의 임함도 그러하리라 (마 24:27)

그때에 인자의 징조가 하늘에서 보이겠고 그때에 땅의 모든 족속들이 통곡하며 그들이 인자가 구름을 타고 능력과 큰 영광으로 오는 것을 보리라 (마 24:30, 계 1:7)

그가 큰 나팔 소리와 함께 천사들을 보내리니 그들이 그의 택하신 자들을 하늘 이 끝에서 저 끝까지 사방에서 모으리라 (마 24:31, 고전 15:52, 살전 4:16)

그러나 그날과 그때는 아무도 모르나니 하늘의 천사들도, 아들도 모르고 오직 아버지만 아시느니라 (마 24:36)

예수님의 재림을 '예루살렘의 멸망'으로 간주하는 사람들은 앞의 구절을 설명할 때 "카이사르가 예루살렘으로 침공해 들어올 날과 그 시각은 아무도 모른다"고 이야기할 것이다. 그러나 예수님의 재림을 A.D. 68년의 예루살렘 함락에 적용한다면, 마태복음 24장 37-41절은 도통 말이 안 된다. 해당 구절들은 마태복음 24장 36절의 사건이 예루살렘 함락이 아닌 예수님의 재림이라는 것을 말해 주고 있다. "오직 아버지만 아신다"고 했던 것은 예수님의 재림 시점이다.

맨 나중에 멸망 받을 원수는 사망이니라 (고전 15:26)

지금도 사람들은 계속 죽고 있다. 그러므로 아직 예수님이 재림하시지 않았다고 봐야 한다.

제자들의 말에서 유추해 낸 세 번째 질문 "세상 끝은 언제입니까?"에서 '세상 끝'은 종말론적 개념이다. 어떤 사람은 '세상 끝'이 예수님의 승천 후 이어지는 시대의 정점일 뿐, 문자 그대로의 '세상 끝'은 아니라고 말한다. 그러나 '세상 끝'은 이 세상의 끝이다. 정말로 '마지막 날'인 것이다. 예수님은 '그날'(세상 끝) 사람들이 각자의 선행을 피력하며 자신에게 "자비를 베풀어 주소서"라고 호소할 것에 대해 말씀하셨다. 따라서 이것은 확실히 종말론적인 내용이다.

예수님은 자신의 재림을 잇는 '최후의 심판'에 대해 다음과 같이 말씀하셨다. "그날에 많은 사람이 나더러 이르되 주여 주여 우리가 주의 이름으로 선지자 노릇 하며 주의 이름으로 귀신을 쫓아내며 주의 이름으로 많은 권능을 행하지 아니하였나이까 그때에 내가 그들에게 밝히 말하되 내가 너희를 도무지 알지 못하니 불법을 행하는 자들아 내게서 떠나가라 하리라"(마 7:22-23). 그러므로 '세상 끝'은 A.D. 68년이 아니라 이 세상의 종말을 지목한다.

감람산 강화에는 A.D. 68년에 일어난 예루살렘의 멸망 사건과 미래의 어느 시점에 일어날 재림 사건이 혼재되어 있다. 이러한 이유로 재림과 예루살렘의 함락을 동일시하는 견해를 '무겁다'고 말한 것이다. 그러나 우리는 예루살렘의 함락이 예수님의 재림과 같지 않음을 배웠다. 여기 두 가지 근거를 더 제시하자면, 앞에서 언급한 사도행전 1장 11절 말씀과 요한계시록이 기록된 시점을 들 수 있다. 요한계시록은 예루살렘이 함락된 후 대략 30년이 더 지나서야 기록되었다. 그런데 요한계시록에는 주의 재림이 '미래'의 사건으로 거듭 언급되어 있다.

기독교의 전파

어떤 사람들은 예수님의 재림을 '전 세계 교회의 폭발적 증가'로 본다. 그러나 예수님께서는 열방에 복음이 전파되는 것을 재림의 선행(先行) 사건으로 규정하셨지, 그 자체를 재림과 동일시하지는 않으셨다.

기독교의 성장은 예수 그리스도와 사도들의 가르침이 진리임을 입증해 준다. 아니, 그 자체로 놀라운 현상이다. 그런데 어떤 사람들은 "온 세상에 퍼진 기독교 신앙이 곧 예수님의 재림"이라고 말하려는 듯하다. 그러나 사도행전 1장 9-11절은 승천하신 그대로 다시 오시는 것을 예수님의 재림으로 규정하고 있다.

심판하기 위해 오시는 예수님

에베소 교회를 향해 예수님께서 말씀하셨다. "내가 네게 가리라"(계 2:5). 이것은 에베소 교회가 회개하지 않을 경우 심판하시겠다는 약속이다. "회개하여 처음 행위를 가지라 만일 그리하지 아니하고 회개하지 아니하면 내가 네게 가서"(계 2:5).

요한계시록은 많은 지면을 할애하여 장차 예수님께서 다시 오실 것과 그분이 '구름'을 타고 오실 것에 대해 이야기한다. 이러한 이유만으로도 우리는 너무나 쉽게 "내가 네게 가서"를 예수님의 재림으로 간주해 버린다. "각 사람의 눈이 그를 보겠고 그를 찌른 자들도 볼 것이요 땅에 있는 모든 족속이 그로 말미암아 애곡할" 것이다(계 1:7).

하지만 이 말씀은 심판하기 위해 '재림'하시는 예수님의 모습보다는 하나님의 보좌 우편에 앉아서도 충분히 심판하실 수 있는 예수님의 모습을 그리고 있다. 예수님은 자신의 보좌를 떠나지 않으시고, 또 이 땅에 오지 않으시고도 세상을 심판하실 수 있다.

헤롯이 받은 심판이 그랬다. 예수님께서는 하늘 보좌에 앉으셔서 헤롯의 죽음을 지휘하셨다. 헤롯은 하나님께 영광을 돌리는 대신 "헤롯은 신과 같다"고 외치는 사람들의 칭찬을 액면 그대로 받아들였다. 이때 그는 예수님의 지휘에 따르는 천사에 의해 죽임을 당했다. 성령을 속인 아나니아와 삽비라가 갑작스러운 죽음을 당했을 때도 마찬가지이다(행 5:1-10). 이 일 또한 예수님께서 하늘 보좌에 앉으신 채 행하신 일이다.

우리는 예수님이 하나님의 보좌 우편을 떠나지 않고도 이 세상을 심판하실(또는 원수를 무찌르실) 수 있다는 사실을 기억해야 한다. 사실 모든 원수를 발아래에 두시기까지 메시아께서는 하나님의 보좌 우편을 떠나지 않으실 것이다. 이는 그 옛날 다윗이 받았던 약속의 말씀이다(시 110:1). 만일 예수님께서 성부 하나님의 보좌 우편에 앉으신 채로 이 세상을 심판하실 수 있다면, 초대교회로부터 지금까지 일어났던 그 모든 교회의 부흥도 보좌에서 출발한 것이리라! 예수님은 보좌에 앉으신 채 부흥을 계획하시고 또 진두지휘하셨다.

    시편 110편 1절만큼 신약에 자주 인용된 구약의 구절은 없다. 이 구절은 또한 열 처녀 비유와 가장 연관이 깊은 말씀이기도 하다. 그렇다면 구약의 다른 곳에도 예수님의 재림이 언급되어 있을까? 나는 다음 장에서 이 질문에 대한 답을 연구해 보려고 한다. 다음 장으로 넘어가기 전에 우리가 살펴보고 있는 '재림'이 그리스도께서 모든 원수를 발아래에 두시기까지 결코 일어나지 않을 것임을 기억하라.

17장 구약에 등장하는 재림

> 내가 너로 여자와 원수가 되게 하고 네 후손도 여자의 후손과 원수가 되게 하리니 여자의 후손은 네 머리를 상하게 할 것이요 너는 그의 발꿈치를 상하게 할 것이니라 하시고 (창 3:15)
>
> 여호와께서 내 주에게 말씀하시기를 내가 네 원수들로 네 발판이 되게 하기까지 너는 내 오른쪽에 앉아 있으라 하셨도다 (시 110:1)

예수님의 재림은 신약에 처음 등장하는 '획기적인' 개념이 아니다. 하나님의 메시아가 한 번이 아니라 '두 번' 오시기로 되어 있다는 사실은 이미 에덴동산에서 예언된 바 있고, 이후 구약 곳곳에 기록되었다.

그러나 나는 구약을 본문으로 한 예수님의 재림과 관련된 설교를 들어 본 적이 없다. 어린 시절, 십대 때 들었던 재림에 관한 설교는 모두 사복음서와 서신서 그리고 요한계시록을 배경으로 한 것들이었다.

이러한 이유로 나는 이 장에서 구약에 전조된 예수님의 재림에 대해서 이야기하고자 한다.

초대교회에는 지금 우리가 갖고 있는 것과 같은 성경이 없었다. 그때만 해도 아직 신약 스물일곱 권이 기록되지 않았기 때문이다. 그들에겐 오직 구약 서른아홉 권뿐이었다. 그러므로 신약 본문에 등장하는 '성경'이라는 단어는 모두 구약을 지칭한다(딤후 3:16, 벧후 1:20-21).

베뢰아 사람들은 "간절한 마음으로 말씀을 받고 이것이 그러한가 하여 날마다 성경을 상고"하였다(행 17:11). 여기서 그들이 상고했던 성경 역시 '구약'이다. 오순절에 베드로가 전한 설교(행 2:16-35) 역시 온전히 구약 본문에 기반을 둔 것이었다. 바울이 힘주어 말했던 예수 그리스도의 죽음과 부활 역시 구약에 따른 것이었다. "이는 성경대로 그리스도께서 우리 죄를 위하여 죽으시고 장사 지낸 바 되셨다가 성경대로 사흘 만에 다시 살아나사"(고전 15:3-4). 여기서 그가 말한 성경은 구약이었다.

이와 관련하여 내가 예상하는 것이 있다. 그것은 지난 몇 년간 내가 믿고 또 선포해 왔던 것인데, 한밤의 외침이 울려 퍼지고 교회가 부흥하는 날에 성도들은 구약성경에 집중할 것이다. 누군가의 말처럼 구약은 더 이상 모호하거나 어둡지 않을 것이다. 모든 성도의 심령에 구약의 말씀이 생생하게 다가올 것이다. 나와는 관련 없는 말씀으로 치부해 왔던 구약의 구절들이 그들의 삶에 놀라울 정도로 적용될 것이다.

초대교회가 구약에서 발견한 보물들은 신약에 다 담을 수 없을 만큼 많았다. 그런데 과거 초대교회가 구약에서 찾아냈던 그 보물들을 우리도 발견하게 될 것이다.

만일 당신이 "베드로는 시편 16편이 예수님의 부활에 대한 예고였음을 어떻게 알았을까요?"라고 묻는다면, 나는 "성령의 조명을 통해서"라고 답할 것이다. 구약에는 예수님을 지목하는 말씀이 수도 없이 등장한다. 그중 어떤 구절은 신약에 언급되었지만, 어떤 구절은 언급되지 않았다.

우리는 구약을 읽으면서 상상조차 하지 못한 '통찰'을 얻게 될 것이다. 과거 초대교회가 그랬던 것처럼 말이다. 초대교회는 구약을 읽다가 놀라운 사실들을 발견했다. 하지만 그들이 발견하여 신약에 기록한 내용들은 빙산의 일각이었다. 그들은 구약을 읽으며 메시아의 초림 예언과 그의 사역에 관련된 말씀들을 예수님께 적용하며 놀라운 깨달음을 얻었다. 뿐만 아니라 구약을 읽으며 메시아의 재림에 대해서도 깨닫게 되었다.

2천 년 전, 메시아의 초림에 모든 사람이 어리둥절해했다. 이후 그들이 상상조차 하지 못한 일이 벌어졌다. 메시아가 십자가에 달리신 것이다! "네 하나님 여호와께서 너희 가운데 네 형제 중에서 너를 위하여 나와 같은 선지자 하나를 일으키시리니"(신 18:15). 이처럼 모세가 말한 바, 그토록 오랫동안 기다려 온 선지자였는데 그가 십자가에 달려 죽은 것이다. 이러한 이유로 유대인들은 예수님을 약속된 메시아로 받아들이지 않았다. 하지만 이것 또한 구약에 예언되어 있었다.

이사야 선지자는 사람들이 메시아를 거절할 것을 그가 오시기 수백 년 전에 예견했다. "우리가 전한 것을 누가 믿었느냐 여호와의 팔이 누구에게 나타났느냐"(사 53:1). 이를 염두에 둔 채, 네 번째 복음서의 서두에서 사도 요한은 이같이 말했다. "자기 땅에 오매 자기 백성(유대인)이 영접하지 아니하였으나"(요 1:11).

왜 유대인들은 예수님을 알아보지 못했는가? 이것에 대해 두 가지 이유를 생각해 볼 수 있다. 첫째, 유대인들이 바라던 메시아는 로마제국을 전복시킬 강력한 군사 지도자나 정치 지도자였기 때문이다. 그러한 권세가라야 진정한 메시아라고 생각했다. 즉 그들은 또 다른 '다윗'이나 '솔로몬'을 기대했던 것이다. 이 두 왕은 이스라엘의 '영광'을 대변한다. 그들이 생각한 메시아는 이 두 왕처럼 막강한 힘을 지닌 사람이었다.

둘째, 이스라엘의 영적 수준이 낮았기 때문에 메시아를 알아보지 못한 것이다. 그들은 하나님으로부터 참으로 멀리 떨어져 있었다. 만일 그들이 자신의 신앙(영적인 자리)을 지켰더라면, 예수님이 메시아라는 사실을 놓치지 않았을 것이다. 하지만 그들은 이미 매우 깊은 수렁으로 퇴보한 상태였다. 당시 이스라엘 사람들의 우선순위 목록에는 '하나님의 영광을 추구하는 일'은 들어 있지도 않았다. 반면, 예수님은 하나님의 영광을 추구하셨다. 유대인들은 이러한 예수님을 믿지 않았다.

이 사실을 아시고 예수님은 그들에게 이같이 말씀하셨다. "너희가 서로 영광을 취하고 유일하신 하나님께로부터 오는 영광은 구하지 아니하니 어찌 나를 믿을 수 있느냐"(요 5:44). 주님의 말씀을 쉽게 풀면 다음과 같다. "너희는 하나님의 영광을 추구하는 일에는 조금도 관심이 없고 오직 사람에게서 받을 칭찬만 바라고 있구나. 그렇기 때문에 너희가 나를 믿지 못하는 것이다." 만일 유대인들이 하나님과의 올바른 관계를 유지했다면, 처음부터 그들의 마음은 예수님께 향했을 것이다. 하나님과의 관계가 와해되었기 때문에 그들이 메시아를 알아보지 못했을 뿐만 아니라 그 메시아를 십자가에 못 박은 것이다.

유대인들은 예수님이 로마의 전복에 전혀 관심이 없으시다는 것을 알고 그분을 거절하였다. 그들은 예수님을 메시아로 받아들이지 않았다. 메시아가 죄를 용서하러 왔다는 사실은 그들의 귀에 '먼 나라' 이야기였을 뿐이다. 유대인들이 머릿속으로 그렸던 지도자의 모습과 참 메시아이신 예수님의 모습은 한참 거리가 멀었다.

그러나 사실 하나님의 아들은 이 땅에서 엄청난 능력과 공의를 행하셨다. 애초에 유대인들이 머릿속으로 그렸던 메시아의 모습 그대로였다. 다만 예수님께서 그 능력과 공의를 그들이 원하는 방향으로 행하지 않으셨을 뿐이다.

이러한 유대인들에게 '재림'은 훨씬 더 먼 이야기였다. 가장 헌신된 예수님의 제자들마저 재림의 개념을 이해하지 못했으니 말이다. 재림의 핵심은 예수님의 원수들이 그분의 발에 밟히는 것이다. 예수님께서는 자신의 원수를 발아래에 두기까지 하늘 보좌를 떠나지 않으실 것이다.

그런데 이 개념은 받아들이기가 매우 어려웠다. 예수님의 최측근 제자들도 이것을 이해하기 어려워했다. 그들의 머릿속에 '재림'은 '이스라엘의 회복'이었다. 주께서 다시 오셔서 이스라엘 왕국을 회복시켜 주시리라 기대했던 것이다. 그래서 그날이 언제일지 여쭈었고(행 1:6), 주님께서 대답해 주시길 기대했다. 그들은 예수님의 죽음과 부활의 의미를 완전히 지나쳐 버린 것이다. 그들은 예수님의 승천 후 열흘이 지난 오순절에야 예수님의 죽음과 부활의 진정한 의미를 깨닫게 되었다.

한편, 제자들은 예수님께서 다시 오실 것이라는 말씀을 구체적으로 아주 명확하게 들었다. "구름에 싸여 하늘로 올라가셨던 그대로 다시 오실 것이다." 과연 그들은 이 사실을 어떻게 받아들일 수 있었을까?

무엇보다 가장 이해하기 어려운 사실은 창세전부터 이미 성부 하나님의 마음속에 재림 계획이 들어 있었다는 것이다. "그는 창세전부터 미리 알린 바 되신"(벧전 1:20) 죽임 당하신 어린 양이셨다. 이 말씀은 예수님의 재림이 창세전부터 성부 하나님의 마음속에 자리 잡고 있었음을 증명해 준다.

혹시 주님이 사역에 실패하여 십자가에 달려 죽으셨기 때문에 이를 만회하기 위해 이 땅에 다시 오시는 것이라고 생각하는가? 아니다! 예수님의 초림은 죄 없는 삶으로 모든 율법의 요구를 이루시고 십자가에 달려 희생제물이 되시는 데 목적이 있었다. 그리고 주님은 이 사명을 완성하셨다.

그리스도께서 초림하셔서 "많은 사람의 죄를 담당하시려고 단번에 드리신 바"(히 9:28) 된 것은 하나님의 '예정'이었다. 예수님의 초림이 죄 문제의 해결에 목적이 있었던 반면, 재림은 죄와 아무 상관없다(히 9:28). 예수님의 재림은 많은 사람을 '구원에 이르게' 하는 데 목적이 있다. "자기를 바라는 자들을 구원에 이르게 하기 위하여 죄와 상관없이 자기를 바라는 자들에게 두 번째 나타나시리라"(히 9:28). 초림처럼 재림 역시 하나님의 예정이다.

이제 예수님의 재림을 예고한 구약의 구절들을 살펴보자.

>> 창세기 3장 15절

예수님의 재림을 처음으로 약속한 구절은 창세기 3장 15절이다. 물론 이 말씀은 메시아의 초림에도 동일하게 적용되는 약속이다.

내가 너로 여자와 원수가 되게 하고 네 후손도 여자의 후손과 원수가 되게 하리니 여자의 후손은 네 머리를 상하게 할 것이요 너는 그의 발꿈치를 상하게 할 것이니라 (창 3:15)

수수께끼 같은 이 말씀은 아담과 하와의 죄가 드러난 후 선포되었다. 창세기 3장 15절의 기본적인 의미는 다음과 같다.

- 이 말씀은 사탄에게 하신 말씀이다. 하나님께서는 에덴동산에서 아담과 하와를 미혹한 뱀에게 이 말씀을 전하셨다.
- 사탄과 예수 그리스도는 영원한 적대관계가 될 것이다.
- 예수님은 사탄의 머리를 짓밟으실 것이다. '짓밟는다'는 것은 두 가지 의미를 내포한다. 두 개의 사건은 '최소' 2천 년 간격으로 일어나는데, 2천 년 전에 예수님께서 십자가에서 사탄을 패배시키셨다. 그리고 앞으로 언젠가 예수님께서 자신의 보좌를 떠나실 텐데, 그 전에 두 번째로 사탄의 머리를 짓밟으실 것이다. 이때 예수님의 모든 원수가 그의 발아래에 놓이게 된다.
- 사탄은 예수님의 발꿈치를 가격한다. 사탄의 발꿈치 공격은 예수님께서 십

자가에 달려 죽으신 사건을 지칭한다. 머리를 짓밟는 것은 완전한 승리를 의미하는 반면, 발꿈치를 가격하는 것은 비교적 '작은 피해'를 뜻한다.

어느 정도는 사탄이 예수님을 십자가 죽음으로 몰고 갔다고 볼 수도 있다. 하지만 사탄의 공격은 더 큰 반격을 불러일으켰는데, 그는 이런 반격을 전혀 예상하지 못했다. 이것이 바로 다음의 말씀이 의미하는 바이다. "이 지혜(하나님의 지혜)는 이 세대의 통치자들이 한 사람도 알지 못하였나니 만일 알았더라면 영광의 주를 십자가에 못 박지 아니하였으리라"(고전 2:8).

〉〉 창세기 49장 10절

야곱은 열두 아들에 대한 예언을 유언으로 남기며 생애를 마무리했다. 유다에 대해 예언할 차례가 되자 야곱은 수세대 후 유다의 허리에서 메시아가 나올 것이라고 일러 주었다. 그리고 유다가 "사자처럼 이 예언의 분깃을 움켜쥐리라"고 했다.

이 대목에서 적어도 두 가지 내용이 눈에 띈다.

유다는 사자 새끼로다 내 아들아 너는 움킨 것을 찢고 올라갔도다 그가 엎드리고 웅크림이 수사자 같고 암사자 같으니 누가 그를 범할 수 있으

랴 (창 49:9)

예수님이 유다 지파 다윗의 씨로 태어나신 것은 엄연한 사실이다(마 1:3-6). 또한 예수님은 "유다 지파의 사자 다윗의 뿌리"로서 "두루마리와 그 일곱 인을 떼시기에" 합당하시다(계 5:5).

규가 유다를 떠나지 아니하며 통치자의 지팡이가 그 발 사이에서 떠나지 아니하기를 실로가 오시기까지 이르리니 그에게 모든 백성이 복종하리로다 (창 49:10)

나는 여기서 특별히 "그에게 모든 백성이 복종하리로다"를 강조하고 싶다. 왜냐하면 이 말씀은 시편 110편 1절 "내가 네 원수들로 네 발판이 되게 하기까지"를 투영하고 있기 때문이다. 이것은 예수님께서 재림 전에 모든 원수를 이기실 것을 확실하게 말해 준다. 예수님의 모든 원수가 그 발아래에 놓이게 될 것이다.

>> **욥기 19장 25절**

이 구절은 그 자체로 많은 이야깃거리가 된다.

내가 알기에는 나의 대속자가 살아 계시니 마침내 그가 땅 위에 서실 것

이라 (욥 19:25)

그런데 나에게는 이 구절이 '예수님의 재림'에 관한 말씀으로 들린다! 물론 욥이 '나의 대속자가 살아 계시니 마침내 그가 땅 위에 서실 것이라'는 사실을 어떻게 알았고 또 어디서 들었는지, 우리는 알 수 없다. 다만 이 구절이 갑자기 툭 튀어나왔음을 알 뿐이다.

당시 욥은 친구들(욥은 이들을 '재난을 주러 온 위로자들'이라고 했다, 욥 16:2) 앞에서 자기중심적인 태도로 자신의 의로움을 피력하고 있었다. 그 와중에 이 구절이 등장한 것이다.

욥은 자신이 떠벌린 그 모든 말을 이해하지도 못했고, 또 그에게는 그럴 자격도 없었다. 마침내, 은혜로운 하나님께서 나타나시자 그는 입을 다물었다. 자신을 변호하기 위해 열었던 입술을 두 손으로 가린 것이다. 그러자 은혜로운 하나님께서 욥을 변호해 주셨다. 하나님은 처음부터 끝을 아시는 분이다. 그러므로 하나님은 받을 자격 없는 우리에게 은혜를 베풀어 주신다.

>> 시편 110편 1절

논의의 여지는 있지만, 나는 이 구절이 구약에 등장하는 메시아에 대한 예언 중 가장 강력하고도 중요한 말씀이 아닐까 생각한다.

여호와께서 내 주에게 말씀하시기를 내가 네 원수들로 네 발판이 되게 하기까지 너는 내 오른쪽에 앉아 있으라 하셨도다 (시 110:1)

예수님께서 직접 이 구절을 언급하신 적이 있는데, 어떤 식으로 인용하셨는지 살펴보자(마 22:44). 예수님과 논쟁하던 중 바리새인들이 "메시아는 다윗의 후손이다"라고 말했다. 그들의 말을 들으신 후 주님께서 이같이 물으셨다. "다윗은 메시아를 '주'라고 불렀다. 그런데 어찌 메시아가 다윗의 후손일 수 있느냐?"(마 22:45) 주님의 질문에 모든 사람이 꿀 먹은 벙어리가 되었다. 그들의 침묵은 메시아가 사람의 후손이 아니라 '주' 곧 하나님이심을 인정하는 표식이었다.

본문은 또한 예수님의 승천을 상정하고 있다. 왜냐하면 예수님께서 앉아 계신 곳이 '하늘'이기 때문이다. 예수님은 지금도 하나님의 보좌 우편에 앉아 계신다. 또한 이 시편은 그리스도의 제사장직을 이야기하고 있다. "여호와는 맹세하고 변하지 아니하시리라 이르시기를 너(메시아)는 멜기세덱의 서열을 따라 영원한 제사장이라"(시 110:4).

우리는 이 시편에서 재림에 대한 암시도 엿볼 수 있다. 성부 하나님께서 다음과 같이 말씀하셨다. "내가 네 원수들로 네 발판이 되게 하기까지 너는 내 오른쪽에 앉아 있으라." 바꿔 말하면 원수들이 주님의 발 아래에 놓일 때, 예수님이 성부 하나님의 보좌 우편을 떠나실 수 있다는 것이다. 이것이 바로 재림이다! 이때, 예수님께서 이 땅으로 다시 오신다.

〉〉 유다서 14절

물론 유다서는 신약의 서신이다. 하지만 이 목록에 유다서 14절을 포함시킨 이유는 본문이 구약 시대의 인물 '에녹'에 대해 이야기하기 때문이다. 그는 창세기 앞부분에 등장하는 그야말로 '옛날 사람'이다.

성경은 그가 "하나님과 동행하더니 하나님이 그를 데려가시므로 세상에 있지 아니하였더라"(창 5:24)라고 기록한다. 또한 히브리서 기자는 에녹에 대해 이같이 설명했다. "믿음으로 에녹은 죽음을 보지 않고 옮겨졌으니 하나님이 그를 옮기심으로 다시 보이지 아니하였느니라 그는 옮겨지기 전에 하나님을 기쁘시게 하는 자라 하는 증거를 받았느니라"(히 11:5).

유다는 위경에서 에녹의 이야기를 발췌하였다(위경은 신구약 중간시대 유대인들이 저작한 종교 문서 중 신약과 사도적 가르침에 연관된 문서를 지칭한다 - 역자 주). 물론 위경에 기록된 모든 내용을 믿을 필요는 없다. 그러나 그중 일부는 근거가 확실하다. 그렇지 않다면 유다는 절대 이 구절을 인용하지 않았을 것이다.

> 아담의 칠대 손 에녹이 이 사람들에 대하여도 예언하여 이르되 보라 주께서 그 수만의 거룩한 자와 함께 임하셨나니 이는 뭇 사람을 심판하사 모든 경건하지 않은 자가 경건하지 않게 행한 모든 경건하지 않은 일과 또 경건하지 않은 죄인들이 주를 거슬러 한 모든 완악한 말로 말미암아 그들을 정죄하려 하심이라 하였느니라 (유 14-15)

놀라운 사실은 하나님과 동행하며 그분을 기쁘시게 한 에녹이 어느 시점에 하늘로 들려 올라갔다는 것이다. 그리고 그는 수천 년 후에나 일어날 예수님의 재림을 보았다! 이러한 면에서 이 말씀이 예수님의 재림 및 최후의 심판과 연관되어 있다고 볼 수 있다.

〉〉 사무엘상 2장 10절

본문은 사무엘의 모친인 한나가 예언적인 노래로 하나님을 찬양한 내용이다.

> 힘으로는 이길 사람이 없음이로다 여호와를 대적하는 자는 산산이 깨어질 것이라 하늘에서 우레로 그들을 치시리로다 여호와께서 땅끝까지 심판을 내리시고 (삼상 2:9-10)

지금 우리가 예수님의 재림을 확신하는 것처럼 당시 한나가 예수님의 재림을 보았다고는 생각하지 않는다. 그러나 분명 그녀는 하나님의 주권이 무엇인지 보았다. 그녀가 한 말은 마지막 때를 예언한 여러 선지자들의 말과 일맥상통한다. "이는 물이 바다를 덮음 같이 여호와의 영광을 인정하는 것이 세상에 가득함이니라"(합 2:14).

〉〉 시편 2편 8-9절

메시아를 예언한 본문은 예수 그리스도의 유업에 대해 말하고 있다. 이 말씀은 하나님의 보좌 우편에 앉으신 예수님께서 이 땅으로 돌아오기 위해 기다리시는 중 성취될 것이다.

내게 구하라 내가 이방 나라를 네 유업으로 주리니 네 소유가 땅끝까지 이르리로다 네가 철장으로 그들을 깨뜨림이여 질그릇같이 부수리라 하시도다 (시 2:8-9)

〉〉 시편 96편 13절

이것도 메시아에 관한 예언시(詩)이다. 이 시는 그리스도의 재림과 최후의 심판을 그리고 있다.

하늘은 기뻐하고 땅은 즐거워하며 바다와 거기에 충만한 것이 외치고 밭과 그 가운데에 있는 모든 것은 즐거워할지로다 그때 숲의 모든 나무들이 여호와 앞에서 즐거이 노래하리니 그가 임하시되 땅을 심판하러 임하실 것임이라 그가 의로 세계를 심판하시며 그의 진실하심으로 백성을 심판하시리로다 (시 96:11-13)

>> 이사야 2장 4절

"왜 당신은 예수님을 이스라엘의 메시아로 믿지 않습니까?" 만일 당신이 유대인들에게 이같이 묻는다면, 당신이 주로 듣게 될 답은 "아직 전쟁이 일어나고 있으니까요"일 것이다. 그들은 이 같은 구절을 기반으로 자신들의 의견을 개진한다.

그러나 앞에서도 말했듯이, 이스라엘 사람들은 초림하신 예수님께서 재림 때의 사역을 해 주시리라 기대했다. 즉 재림하실 메시아의 사역을 초림하신 예수님께서 해 주시리라 예상했던 것이다. 이 구절은 재림의 때에 메시아가 행하실 일을 예언하고 있다.

> 그가 열방 사이에 판단하시며 많은 백성을 판결하시리니 무리가 그들의 칼을 쳐서 보습을 만들고 그들의 창을 쳐서 낫을 만들 것이며 이 나라와 저 나라가 다시는 칼을 들고 서로 치지 아니하며 다시는 전쟁을 연습하지 아니하리라 (사 2:4)

>> 이사야 9장 6-7절

이 영광스러운 본문은 예수 그리스도의 탄생, 그분의 신성, 메시아 직임, 그리고 재림을 한 붓으로 그리고 있다.

이는 한 아기가 우리에게 났고 한 아들을 우리에게 주신 바 되었는데 그의 어깨에는 정사를 메었고 그의 이름은 기묘자라, 모사라, 전능하신 하나님이라, 영존하시는 아버지라, 평강의 왕이라 할 것임이라 그 정사와 평강의 더함이 무궁하며 또 다윗의 왕좌와 그의 나라에 군림하여 그 나라를 굳게 세우고 지금 이후로 영원히 정의와 공의로 그것을 보존하실 것이라 만군의 여호와의 열심이 이를 이루시리라 (사 9:6-7)

>> 이사야 11장 9절

이사야 11장 9절을 여기에 포함시키는 이유는 이 구절의 종말론적 성격 때문이다. 나는 예수님께서 원수들을 발아래에 두실 시점이 '재림 전'임을 주장하는데, 이 말씀은 이러한 나의 논지를 잘 설명해 주고 있다.

이는 물이 바다를 덮음 같이 여호와를 아는 지식이 세상에 충만할 것임이니라 (사 11:9)

>> 이사야 66장 15-16절

이사야는 예수님께서 재림하시는 광경을 미리 보았다. 또한 그가 모든 민족을 심판하시는 모습도 보았다.

보라 여호와께서 불에 둘러싸여 강림하시리니 그의 수레들은 회오리바
람 같으리로다 그가 혁혁한 위세로 노여움을 나타내시며 맹렬한 화염으
로 책망하실 것이라 여호와께서 불과 칼로 모든 혈육에게 심판을 베푸
신즉 여호와께 죽임 당할 자가 많으리니 (사 66:15-16)

>> 다니엘 7장 13절

다니엘서에는 예수님의 재림에 대한 묘사로 볼 수 있는 구절이 몇 가
지 있다. 그 가운데 아래의 말씀이 대표적이라고 할 수 있다. 의심의 여
지없이 이 구절은 예수님의 재림을 이야기하는 것이다.

내가 또 밤 환상 중에 보니 인자 같은 이가 하늘 구름을 타고 와서 옛적
부터 항상 계신 이에게 나아가 그 앞으로 인도되매 그에게 권세와 영광
과 나라를 주고 모든 백성과 나라들과 다른 언어를 말하는 모든 자들이
그를 섬기게 하였으니 그의 권세는 소멸되지 아니하는 영원한 권세요 그
의 나라는 멸망하지 아니할 것이니라 (단 7:13-14)

>> 호세아 13장 14절

호세아 선지자의 말 중 짤막한 구절 하나가 눈에 띈다. 다음 장에

서 살펴보겠지만, 이 말씀이 바울의 고린도전서 15장 25절에 영향을 준 것이 분명하다.

> 내가 그들을 스올의 권세에서 속량하며 사망에서 구속하리니 사망아 네 재앙이 어디 있느냐 스올아 네 멸망이 어디 있느냐 뉘우침이 내 눈 앞에서 숨으리라 (호 13:14)

〉〉 스가랴 14장 4절

이것은 매우 어려운 구절이다. 또한 이 구절이 어떻게 성취될지 예측하기도 쉽지 않다. 하지만 '주의 날'(슥 14:1)이라는 문맥 속에서 이 구절을 이해해야 하기 때문에 나는 이 말씀이 예수님의 재림을 언급했다고 믿는다.

말씀의 내용 자체만으로도 흥미롭지만, 두 천사의 예언이 어디까지 성취되는지를 말해 준다는 점에서 더욱 흥미롭다. 이 말씀에 의하면, 예수님은 구름을 타고 오실 뿐만 아니라 승천하셨던 장소인 감람산(행 1:9-11)으로 다시 내려오실 것이다.

> 그날에 그의 발이 예루살렘 앞 곧 동쪽 감람산에 서실 것이요 감람산은 그 한가운데가 동서로 갈라져 매우 큰 골짜기가 되어서 산 절반은 북으로, 절반은 남으로 옮기고 (슥 14:4)

> > 말라기 3장 1절

이 구절은 예수님의 재림을 직접적으로 언급하지는 않는다. 그런데도 내가 여기에서 언급하는 까닭은 이 구절이 재림 전에 있을 한밤의 외침에 대해 언급하고 있기 때문이다. 그래서 여기에 발췌해 놓았다(앞에서 이사야 11장 9절을 발췌한 이유와 같다).

게다가 이 구절은 세례 요한의 등장을 언급하고 있다. 나는 예수님의 재림 전에 과거 세례 요한이 했던 것과 같은 '주의 길을 예비하는' 사역이 들불처럼 일어날 것이라고 생각한다. 그리스도의 재림 전에 대각성이 일어날 것이다.

> 내가 내 사자를 보내리니 그가 내 앞에서 길을 준비할 것이요 또 너희가 구하는 바 주가 갑자기 그의 성전에 임하시리니 곧 너희가 사모하는 바 언약의 사자가 임하실 것이라 (말 3:1)

장차 일어날 하나님의 위대한 부흥은 우리가 예상치 못한 날에 갑자기 이루어질 것이다!

18장 사망의 최후, 그리고 마지막 부활

> 우리가 주의 말씀으로 너희에게 이것을 말하노니 주께서 강림하실 때까지 우리 살아남아 있는 자도 자는 자보다 결코 앞서지 못하리라 주께서 호령과 천사장의 소리와 하나님의 나팔 소리로 친히 하늘로부터 강림하시리니 그리스도 안에서 죽은 자들이 먼저 일어나고 그 후에 우리 살아남은 자들도 그들과 함께 구름 속으로 끌어 올려 공중에서 주를 영접하게 하시리니 그리하여 우리가 항상 주와 함께 있으리라 (살전 4:15-17)

> 그 후에는 마지막이니 그가 모든 통치와 모든 권세와 능력을 멸하시고 나라를 아버지 하나님께 바칠 때라 그가 모든 원수를 그 발아래에 둘 때까지 반드시 왕 노릇 하시리니 맨 나중에 멸망 받을 원수는 사망이라 … 보라 내가 너희에게 비밀을 말하노니 우리가 다 잠잘 것이 아니요 마지막 나팔에 순식간에 홀연히 다 변화되리니 나팔 소리가 나매 죽은 자들이 썩지 아니할 것으로 다시 살아나고 우리도 변화되리라 이 썩을 것이 반드시 썩지 아니할 것을 입겠고 이 죽을 것이 죽지 아니함을 입으리로다 이 썩을 것이 썩지 아니함을 입고 이 죽을 것이 죽지 아니함을 입을 때에는 사망을 삼키고 이기리라고 기록된 말씀이 이루어지리라 (고전 15:24-26, 51-54)

당신이 믿고 있는 일련의 교리는 어떻게 정립되었는가? 주 예수 그리스도께 직접 배웠는가? 그렇다면 얼마나 좋겠는가! 그야말로 엄청난 특권일 것이다. 대부분이 그렇지 않지만, 사도 바울은 달랐다. 그는 정말로 예수님께 직접 배웠다.

사람들은 성경을 읽다가 어떤 영감을 받거나 예언적인 감흥이 일어날 때 너무나 쉽게, 그리고 지혜롭지 못한 태도로 이렇게 말한다. "주께서 내게 말씀하셨다!" 하지만 바울은 정말 주님으로부터 구원론, 종말론을 비롯한 일련의 신학을 배웠다. 그가 회심한 후 얼마 지나지 않았을 때 이같이 말했다. "내가 곧 혈육과 의논하지 아니하고 또 나보다 먼저 사도 된 자들을 만나려고 예루살렘으로 가지 아니하고 아라비아로 갔다가 다시 다메섹으로 돌아갔노라"(갈 1:16-17).

그의 회심 후 3년이란 시간이 지났다(학자들은 이 기간에 바울이 예수님으로부터 직접 복음을 듣고 또 일련의 신학체계를 배웠을 것으로 추정한다 - 역자 주). 3년이 지난 후에야 비로소 바울은 예루살렘으로 올라가 베드로와 야고보를 만났다(갈 1:18-19).

회심 후 대략 14년이 지났을 무렵, 바울은 다시 한 번 예루살렘으로 올라갔다. 바울이 복음에 대한 올바른 지식을 정립하기까지 14년이라는 시간이 걸린 것이다(갈 2:1). 바울은 사람에게서 복음을 배우지 않았다. 그는 '예수 그리스도의 계시'(갈 1:12)를 통해 복음을 배웠다. 이것은 예수님께서 바울의 입에 직접 '떠먹여 주신' 것과 같다. 이것을 한 번 상상해 보라! 얼마나 놀라운 일인가?

이 사실은 기독교 교리와 관련하여 "예수님이 가르치신 말씀은 좋지만, 바울의 가르침은 싫다"고 말하는 사람들의 편견을 깨뜨린다. 우리가 바울에게서 배운 것은 곧 예수님으로부터 전해 받은 것과 같다. 자신만의 생각을 전할 때, 바울은 그것이 '자신의 의견'임을 분명히 밝혀 두었다(고전 7:12).

바울의 글에는 '주의 말씀'이라는 표현이 자주 등장하는데, 이것은 그가 예수님으로부터 직접 가르침을 받았음을 알려 준다. 예를 들어 성찬에 대해 가르칠 때 바울은 "내가 너희에게 전한 것은 주께 받은 것이니"라고 말했다. 이후 그는 교회가 따라야 할 성찬례의 일반지침을 전했다(고전 11:23-26). 바울은 재림에 관해 가르칠 때에도 "주의 말씀으로"라는 말로 운을 떼며 그것이 주님으로부터 직접 받은 내용임을 밝힌다.

그러므로 바울이 이해하고 있는 '재림'은 예수님에게서 직접 배운 것이었다. 우리는 이 사실을 염두에 두어야 한다. 그러므로 종말론에 관해서 우리는 '바울이 좀 더 많은 것을 가르쳐 주었으면' 하고 바라야 옳다.

어쩌면 야고보서는 신약성경 중 가장 먼저 기록된 책(서신)일지도 모른다. 어떤 학자는 그 기록 연대를 A.D. 44-48년으로 추정한다. 야고보는 예수님의 동생으로 초대교회에서 가장 중요한 위치를 차지한 리더였으며, 모든 성도에게 크게 존경받는 사람이었다. 그렇다고 그가 열한 제자보다 더 많은 것을 배웠다는 증거는 없다.

어쨌든 그가 재림에 대해 한 번 언급했는데, 그 내용이 야고보서 5장 8절에 나와 있다. "너희도 길이 참고 마음을 굳건하게 하라 주의 강림이 가까우니라"(약 5:8, ESV에는 '임박하니라' [at hand]로 기록되었다). 야고보를 비롯하여 초대교회의 성도들은 자신의 생애에 재림이 일어나리라 생각했다. 예수님께서 문자 그대로 '언제든' 오실 수 있으리라 믿었던 것이다.

실제로 당시 예수님의 재림에 대한 기대감은 성도들 사이에 널리 퍼져 있었고, 또한 매우 강렬했다. 그러므로 일부 교회에서는 예수님의 재림에 대한 오해가 일기도 했다. 대표적인 곳이 데살로니가 교회였다. 이러한 이유로 데살로니가 교회에 보내는 바울의 편지 두 통(데살로니가전·후서)은 모두 재림에 관련된 사안을 언급하고 있다. 당시 한 신실한 성도의 죽음으로 데살로니가 교회의 성도들은 공포에 빠져 있었다. 도대체 왜 이런 일이 벌어진 것일까?

당시 성도들은 자신이 살아 있는 동안 예수님이 오시리라 확신했다. 바꿔 말해서 예수님이 오실 때까지는 성도 중 아무도 죽지 않으리라고 믿었던 것이다. 그런데 예수님이 오시기 전에 신실한 성도가 죽었으니 교회가 혼란에 빠질 수밖에 없었던 것이다. 이제 그들은 또 다른 가설을 세워야 했다. "죽은 사람은 진정한 크리스천이 아닐 것이다. 진정한 성도였다면, 예수님이 오실 때까지 살아 있어야 할 테니 말이다." 이 같은 성도들의 오해 때문에 바울은 편지를 써서 주님의 재림에 대해 제대로 가르쳐야 했다. 데살로니가전·후서는 바울의 서신 중 가장 먼저 기록된 것으로 추정된다(A.D. 52년).

교회의 역사를 그래프로 나타내면 부침(浮沈)을 볼 수 있다. 그래프의 높은 지점은 교회가 각성한 때이다. 부흥기, 성경으로 되돌아간 때, 성도들의 높은 출석률, 즐거운 교회생활로 대변되는 시기이다. 반면 낮은 지점은 출석률이 저조하고 교회생활의 흥미가 사라지며 사역에 대한 관심이 수그러드는 때를 보여 준다.

그런데 한 가지 재미있는 사실이 관찰된다. 그것은 그래프가 높은 지점에 오를 때마다, 즉 교회가 부흥할 때마다 예수님의 재림에 대한 관심이 높았다는 것이다! 이때, 재림에 대한 관심뿐만 아니라 예수님께서 '곧 오신다'는 기대감도 한껏 상승했다.

어렸을 적에 나는 나사렛 교단 소속 교회를 다녔는데, 이 교단은 부흥운동을 통해 출범했다. 나사렛 교단의 초창기 특징은 한마디로 '재림에 대한 빈번한 설교'였다. 어디 그뿐인가? 예수님의 재림이 임박했다는 생각이 교단 내에 널리 퍼져 있었다.

당시 내가 다녔던 켄터키 애슐랜드의 교회는 1년에 세 차례씩 '부흥회'를 열었다. 각각의 부흥회는 오랫동안 지속되었는데, 아무리 짧아도 12일이었다. 하지만 그 좋은 날들은 지나가고 없다. 요즘 교회가 진행하는 대부분의 부흥회는 (그것도 부흥회를 개최하는 교회에 한해서) 주로 주말 집회나 1일 수양회가 대부분이다. 봄, 가을, 겨울에 두 주 넘도록 부흥회를 진행하고 여름에는 1주일간 캠프를 진행했던 당시엔 예수님의 재림에 대한 가르침과 그분의 재림이 임박했다는 설교를 수차례 들을 수 있었다.

십대에 들어선 어느 날, 나는 마태복음 24장 44절을 본문으로 한 설교를 듣고 크게 감동을 받았다. "이러므로 너희도 준비하고 있으라 생각하지 않은 때에 인자가 오리라"(마 24:44). 설교를 들은 후 나는 갓난아기처럼 큰 소리로 울었다. 그리고 목사님께 가서 이렇게 말했던 것이 기억난다. "제 인생 최고의 예배였습니다."

수년 후 나는 목사가 되었고, 1955년에 테네시 주 파머에서 처음으로 교회를 담임했다. 당시 그 교회의 한 여자 성도가 '조금만 더 기다려주세요, 주님'이라는 찬양을 자주 불렀던 것이 기억난다. 그만큼 그때는 재림에 대한 기대감이 높았다.

예수님의 재림이 가깝다는 기대감은 두려움으로 번졌다. '예수님이

한 시간 뒤에 오시면 어쩌지?' 많은 사람들이 사랑하는 사람이 천국에 들어가지 못할까 염려하며 임박한 주님의 재림을 두려워했다. 하지만 이제는 이러한 기대감도, 두려움도 사라져 버린 지 오래다.

영국의 엘림 오순절 교단(교회)도 부흥을 통해 출범했는데, 이 교단이 지지하는 주요 교리 중 하나가 '재림'이다. 그들 역시 재림의 교리를 믿는 데에서 그치지 않았다. 그들은 주의 재림이 임박했다고 믿고 기대하며 두려워했다. 하지만 지금은 예수님의 재림이 임박했다는 기대감이 사라져 버린 지 오래다.

오늘날, 재림을 주제로 한 찬양이 작곡되고 있는가? 얼마나 많이 만들어지고 있는가? 재림은 고사하고, 오늘날 작곡되는 대부분의 찬양은 매우 가볍다. 물론 좋은 찬양도 더러 있는 것 같으나 가벼운 찬양이 훨씬 더 많다. 게다가 재림을 주제로 한 찬양은 찾아보기 힘들다. 하지만 한밤의 외침이 순식간에 이 모든 상황을 뒤집어 놓을 것이다.

바울은 다음과 같은 말로 재림에 대한 예수님의 가르침을 전했다. "형제들아 자는 자들에 관하여는 너희가 알지 못함을 우리가 원하지 아니하노니 이는 소망 없는 다른 이와 같이 슬퍼하지 않게 하려 함이라"(살전 4:13). 여기서 '잠'은 '죽음'을 순화한 것이다. 예수님도 나사로의 죽음을 말씀하실 때 이 표현을 사용하셨다. "우리 친구 나사로가 잠들었도다 그러나 내가 깨우러 가노라"(요 11:11).

당시 제자들은 예수님께서 나사로의 죽음을 말씀하시는 것임을 알지 못했다. 따라서 그를 죽음에서 다시 살리시리라 예상하지 못했다. 그들은 나사로가 잠을 자고 있기 때문에 곧 컨디션이 회복될 것이라고 생각했다. 정말 예수님께서 그렇게 말씀하신 줄로 알았던 것이다. 이처럼 제자들이 오해한 것을 아시고 예수님께서 밝히 말씀하셨다. "나사로가 죽었느니라"(요 11:14). 바울 또한 죽은(또는 죽게 될) 성도들을 언급하며 동일한 표현을 사용하였다(살전 4:13).

바울이 가르치려는 주안점은 바로 '예수 안에서 자는 자들'(살전 4:14)이다. 곧 '그리스도 안에서 죽은 자들'(살전 4:16)은 예수님께서 재림하실 때 가장 먼저 부활한다. 이에 바울은 "그러므로 소망을 가지라"고 권면했다. 그리스도가 재림하시는 날, 하나님께서는 예수 안에서 잠들어 있는 사람들을 일으키실 것이다. '그리스도 안에서 잠들어 있는(죽은) 이들'의 영혼은 현재 예수님과 함께 거하고 있다. 그리고 예수님께서 재림하실 때 일제히 부활할 것이다. 이들의 영혼이 새로운 육체와 연합하는 것이다.

계속해서 바울의 설명이 이어진다. "우리가 (바울이 계시로 받은) 주의 말씀으로 너희에게 이것을 말하노니 주께서 강림하실 때까지 우리 살아남아 있는 자도 자는 자보다 결코 앞서지 못하리라"(살전 4:15). 이처럼 예수님께서 재림하실 때, 그리스도 안에서 죽은 자들이 먼저 부활한다. 그리고 살아서 재림을 볼 사람들은 구름 속으로 끌어 올려져 부활한 사람들과 만날 것이다(살전 4:17).

예수님은 성부 하나님의 보좌 우편에 앉으신 상태에서 '사망'을 멸하신다. 이 사실을 공개적으로 증명하는 사건이 사망한 사람들이 다시 살아나는 '부활'이다. 예수님은 자신의 모든 원수를 발아래에 두기까지 보좌를 떠나지 않으신다(시 110:1, 행 3:21, 고전 15:25-26). 마지막에 멸망당할 '원수'가 사망이므로, 예수님은 보좌를 떠나시지 않은 상태에서 사망을 멸하실 것이다. 주님께서 사망을 이기실 증거는 무엇인가? 성도들의 부활이다.

예수님께서 큰 소리로 "나사로야 나오라"(요 11:43)고 외치셨을 때, 나사로는 죽음에서 일어났다. 언젠가 성부 하나님의 보좌 우편에 앉아 계신 예수님께서 모든 죽은 성도들을 향해 외치실 것이다. "일어나라!" 그러면 과거에 나사로가 일어났던 것처럼 그들도 죽음에서 일어날 것이다.

어떤 사람은 "만일 예수님께서 나사로의 이름을 콕 집어 부르시지 않고 그냥 '무덤에서 나오라'고 외치셨다면, 아마 이 세상의 모든 무덤이 열려 죽은 사람들이 일제히 일어났을 것"이라며 장난스럽게 말한다. 어쨌든, 예수님은 성부 하나님의 보좌 우편에서 큰 소리로 죽은 성도들을 일으키실 것이다. 이후 보좌를 떠나 부활한 사람들을 데리고 공중으로 '내려오실' 것이다. 이것이 재림이다. 이때, 산 채로 구름 가운데 끌어올려진 성도들은 공중에서 주님을 만난다.

예수님께서 재림하실 때, 크리스천들은 살아 있는 사람들과 '죽어 있는' 사람들로 나뉜다. 앞에서 보았듯이 죽은 성도들의 부활이 먼저 일어난다. 이후 살아 있는 성도들이 변화되어 공중으로 들림 받는다(이것 또한 몸이 변화되는 '부활'이다 - 역자 주). 그런데 죽은 성도의 부활과 살아 있는 성도의 '휴거' 사이에는 어느 정도의 시간차가 있을까? 답은 고린도전서 15장 51-52절에 있다. '순식간에!'(홀연히) 정말 눈 깜짝할 새, 이 두 사건이 연달아 일어난다. 다시 말해서 동시적인 사건이란 뜻이다.

그런데 바울은 예수님께서 다시 오시는 날, 모든 사람이 부활할 것이라고 가르쳤다. 여기에는 구원받은 사람뿐만 아니라 구원받지 못한 사람도 포함된다. 예수님도 의인과 악인의 부활이 있다고 가르치셨다. "이를 놀랍게 여기지 말라 무덤 속에 있는 자가 다 그의 음성을 들을 때가 오나니 선한 일을 행한 자는 생명의 부활로, 악한 일을 행한 자는 심판의 부활로 나오리라"(요 5:28-29).

다니엘은 예수님께서 이 가르침을 전하시기 수백 년 전에 이미 이와 동일한 내용을 언급했다. "땅의 티끌 가운데에서 자는 자 중에서 많은 사람이 깨어나 영생을 받는 자도 있겠고 수치를 당하여서 영원히 부끄러움을 당할 자도 있을 것이며"(단 12:2). 바울의 입장 또한 이와 동일하다. "곧 의인과 악인의 부활이 있으리라 함이니이다"(행 24:15).

문제는 부활한 악인의 육체가 어떤 형태일지에 대해 사도 바울이 설명해 주지 않았다는 것이다. 그는 단지 성도의 부활한 육체에 대해서만 말했다. "예수님을 믿는 우리의 육체가 영화롭게 변화된다." 마지막 나팔이 울릴 때, 성도의 부활은 순식간에 이루어질 것이다. 죽은 사람이 썩지 않을 것(부활의 육체)으로 다시 살아날 것이다(고전 15:51-54).

여기서 죽은 자들이 썩지 않을 것으로 다시 살아난다는 말은 '그리스도 안에서 죽은 자들'이 영생의 부활에 참여하게 된다는 뜻이다. 하지만 어떤 이유에서인지 바울은 이와 관련된 내용을 자세히 가르쳐 주지 않았다. 게다가 구원받지 않은 사람들의 부활된 육체가 어떤 모습일지도 말해 주지 않았다. 어쨌든 성도들의 부활은 예수님께서 다시 돌아오실 날에 일어날 것이다.

어쩌면 우리 모두는 살아 있는 동안 주님의 재림을 맞게 될지도 모른다. 나는 그렇게 되기를 바란다. 나는 살아서 주님을 뵐 수 있으리라 생각하곤 했다. 물론 내게 그런 계시가 주어졌기 때문은 아니다. 신앙인이 살아 있는 동안 주님 뵙기를 소원하는 것은 자연스러운 일 아닌가? 시므온은 메시아(그리스도)를 뵐 때까지 죽지 않으리라는 계시를 받았는데, 실제로 그렇게 되었다(눅 2:25-32).

"하나님께서 저에게 제 생애에 예수님의 재림을 보게 될 것이라고 말씀해 주셨습니다." 나는 이렇게 말한 사람을 몇 명 알고 있다. 그들은 모두 주님으로부터 직접 계시를 받았다고 주장했다. 하지만 지금은 모두 죽고 없다.

우리의 마음은 언젠가 사랑하는 사람들과 다시 만난다는 사실에 기쁨으로 차오른다. 나의 어머니는 1953년부터 주님과 함께 계신다. 아버지는 2002년부터, 그리고 마틴 로이드 존스 목사는 1981년부터 주님과 함께하고 있다.

재림에 대한 바울의 첫 번째 가르침은 신실한 성도들의 오해에서 비롯되었다. 그들은 동료 성도가 세상을 떠나자 무언가 잘못되었다고 생각하며 혼란스러워했다. 그들을 향해 바울은 "염려하지 말라"며 "지금 그들은 예수님과 함께 거하고 있고, 주님께서 다시 오시는 날에 모두가 주님과 함께 영원히 거할 것이다"라고 말했다.

그러므로 우리는 "이러한 말로 서로를 위로해야" 한다(살전 4:18). 예수님의 재림은 '복된 소망'이다. 재림은 주님의 영광스러운 등장이다! 그날 예수님은 성부 하나님의 보좌 우편을 떠나 자신의 모든 백성과 만나실 것이다(딛 2:13-14).

그런데 얼마 후 데살로니가 교회에 또 다른 문제가 발생했다. 성도들 중 예수님이 이미 오셨다고 믿는 사람들이 생겨난 것이다! 자칭 선지자라 하는 사람들이 예수님의 재림을 이미 일어난 사건으로 가르치며 성도들을 미혹했다. 교회 안에는 그 가르침의 본거지가 바울이라는 소문이 돌았다. 이에 많은 사람들이 화를 내자 바울이 입을 열었다.

> 형제들아 우리가 너희에게 구하는 것은 우리 주 예수 그리스도의 강림하심과 우리가 그 앞에 모임에 관하여 영으로나 또는 말로나 또는 우리에게서 받았다 하는 편지로나 주의 날이 이르렀다고 해서 쉽게 마음이 흔들리거나 두려워하거나 하지 말아야 한다는 것이라 누가 어떻게 하여도 너희가 미혹되지 말라 먼저 배교하는 일이 있고 저 불법의 사람 곧 멸망의 아들이 나타나기 전에는 그날이 이르지 아니하리니 그는 대적하는 자라 신이라고 불리는 모든 것과 숭배함을 받는 것에 대항하여 그 위에 자기를 높이고 하나님의 성전에 앉아 자기를 하나님이라고 내세우느니라 (살후 2:1-4)

이렇게 또 다른 주제가 열렸다. 이제 우리는 예수님의 재림 전에 두 가지 사건이 선행된다는 사실을 배웠다. 첫째, 배교(반역)하는 일이 있어야 한다. 둘째, 불법의 사람이 나타나야 한다. 이 서신을 쓰기 전에 바울은 데살로니가 지역에 잠시 머물렀다. 그는 데살로니가에 머무는 동안 이미 이 가르침을 전했다고 말하며 그 내용을 다시 한 번 상기시켜 주었다(살후 2:5). 바울은 이것을 예수님으로부터 직접 들었다. 이것은 바울의 사견(私見)이 아니다. 그러므로 우리는 이 가르침에 집중해야 한다.

먼저, 배교에 대해 알아보자. '배교'는 '믿음을 저버리는 일'이다. 즉, 기독교 신앙으로부터의 변절을 의미한다. 사람들이 대거 믿음을 저버리는 이 '배교'는 언제 일어난(또는 일어날) 사건일까? 어떤 사람은 2세기 초반을 언급한다. 이때, 기독교는 '은혜의 구원'을 강조하는 '신앙'이 아니라 '윤리'를 강조하는 '종교'로 전락한다. 또 어떤 사람은 '영적 암흑기'로 불리는 중세 시대를 언급한다. 중세는 종교개혁이 일어나기 전, 가톨릭이 득세하던 때이다. '배교'가 언제 일어났는지 확정하기는 어렵다. 이처럼 '기독교 배교'는 종말론의 요소 가운데 가장 이해하기 어려운 개념 중 하나이다.

둘째, 바울이 언급한 '불법의 사람' 또는 '멸망의 아들' 역시 성경 가운데 가장 헷갈리는 내용 중 하나이다. "너희는 지금 그로 하여금 그의 때에 나타나게 하려 하여 막는 것이 있는 것을 아나니"(살후 2:6). 이 말씀은 불법의 사람이 나타나지 못하도록 하나님께서 주권적으로 막고 계신다는 뜻이다. 쉽게 말해서 하나님의 주권적 개입이다.

이와 관련하여 바울은 불법의 비밀과 불법의 사람을 언급했다. "불법의 비밀이 이미 활동하였으나 지금은 그것을 막는 자가 있어 그 중에서 옮겨질 때까지 하리라"(살후 2:7). 이 구절에서 '불법의 비밀'은 사람이 아니다. 이것은 중성명사 '그것'으로 대체할 수 있는데, 그 실체가 무엇인지는 모르겠다. 어쨌든 '사람'은 아니다. 그런데 '그것'을 막는 분이 계신데 바로 하나님이시다! 그리고 '불법의 사람'은 말 그대로 사람이다. 그가 누구일지, 역시 그 실체는 알 수 없다. 하지만 하나님께서는 '그'(불법의 사람)가 제거될 때까지 불법의 비밀 활동을 막으신다.

'불법의 사람'은 누구인가? 그는 불법의 영의 성육신(成肉身)이다. 그는 '적그리스도'로 알려지는데, 20세기에는 스탈린, 무솔리니, 히틀러, 존 F. 케네디, 교황 및 그 외의 여러 사람이 그 후보군에 올랐다. 또 어떤 사람은 마호메트가 '불법의 사람'이고, 이슬람교가 '불법의 비밀'이라고 주장한다. 하지만 그 어떤 추정이나 주장도 근거가 확실하지 않다. 확실한 것은 "주 예수 그리스도께서 그를 멸하신다는 것!"이다. "그때에 불법한 자가 나타나리니 주 예수께서 그 입의 기운으로 그를 죽이시고 강림하여 나타나심으로 폐하시리라"(살후 2:8).

온전한 이해에 이를 때까지 더 많은 빛이 우리에게 닿을 것이다. 그렇다고 그때까지 우리가 대책 없는 상태에 머무르지는 않을 것이다. 종말론의 내용이 극도로 어렵긴 하지만, 우리는 '소화할 수 있을 만큼' 이해하게 될 것이다.

19장 재림의 때에 일어날 일들

볼지어다 그가 구름을 타고 오시리라 각 사람의 눈이 그를 보겠고 그를 찌른 자들도 볼 것이요 땅에 있는 모든 족속이 그로 말미암아 애곡하리니 그러하리라 아멘 (계 1:7)

그러나 주의 날이 도둑같이 오리니 그날에는 하늘이 큰 소리로 떠나가고 물질이 뜨거운 불에 풀어지고 땅과 그 중에 있는 모든 일이 드러나리로다 (벧후 3:10)

'주의 날'(또는 여호와의 날)이라는 표현의 역사는 구약의 선지서로 거슬러 올라간다(사 27:1, 욜 3:12-14, 습 1:14-18). '주의 날'은 하나님께서 소매를 걷어붙이시고 권세와 능력과 의로운 심판으로 이 땅의 일에 개입하시는 때이다. 주의 날은 위대한 날이다. 그것이 무엇을 상징하든 매우 무서운 '때'인 것은 분명하다.

이러한 '주의 날'은 수많은 이스라엘 사람들의 머릿속에 깊이 각인

된 개념이었다. 그러므로 예수님은 단지 '그날'이라고만 말씀하시면 되었다. 부연이 필요 없었다. "그날에 많은 사람이 나더러 이르되 주여 주여 우리가 주의 이름으로 선지자 노릇 하며"(마 7:22). 현장에서 예수님의 말씀을 들었던 사람들은 그 말씀의 뜻을 잘 알았을 것이다. 그날은 그리스도께서 백보좌에 앉으실 최후 심판의 때이다.

히브리어에서 '날'(day)을 뜻하는 단어는 '욤'이다. 그런데 욤은 24시간으로 구성된 하루를 의미하지 않는다. 히브리어 욤은 '시대' 또는 '시기'(era)를 뜻한다. 그러므로 '주의 날' 역시 특정 기간을 의미한다. 물론 예수님은 특정한 '날'에 재림하실 것이다. 그러나 앞에서 말한 '주의 날' 또는 '그날'은 어느 정도의 시간으로 구성된 '시기'이다. '한동안'으로 볼 수 있는 시간 개념이 본문에서 말하는 '날'이다.

'주의 날'로 알려진 이 시기는 '최후의 심판'에 이르러 절정에 달한다. 그날 모든 사람은 주님 앞에 무릎을 꿇을 것이다. 모든 입술이 예수 그리스도를 주로 고백할 것이다. 그날 모든 비밀이 풀리고, 그리스도의 심판대 앞에서 구원받은 자와 구원받지 못한 자가 나뉠 것이다. 또 구원받은 사람 중 누가 상을 받을지, 누가 불 가운데에서 겨우 구원을 받게 될지 낱낱이 밝혀질 것이다. 그날 하나님께서는 자신의 이름을 세상에 드러내신다. 또한 이 세상에 '악'이 존재해 온 이유를 알려 주신다.

정리하자면, 주의 날은 특정 '기간'을 의미한다. 그러나 예수님의 재림은 '특정한 날'에 이루어질 것이다(일정 기간 동안 재림하실 수는 없으니 말이다).

그렇다면, 재림은 어떤 형태로 일어날까? 주님의 재림은 어떤 양상일까? 우리는 어떤 방식의 재림을 기대해야 하는가? 예수님의 재림은 전 세계 모든 사람 앞에 펼쳐질 전례 없는 장관일 것이다. 그 어떤 독립 기념일 행사보다도 멋질 것이고, 어떤 레이저 쇼보다도 화려할 것이다. 윈스턴 처칠이 독일에 승리를 선포하며 수천 명의 환호성을 이끌어 낸 날보다 훨씬 더 시끌벅적하고, 영국에서 거행된 그 어떤 결혼식보다도 감동적일 것이다.

하지만 예외가 있다. 구원받지 못한 사람들은 그날 가슴이 터져라 울며 흐느낄 것이다. 그들은 재림의 장관을 보고도 결코 기뻐하지 못하고, 오히려 예수님 때문에 통곡할 것이다(계 1:7). 그들의 통곡과 슬픔은 모든 사람의 귀에 들리겠고, 그들의 비참한 처지는 모든 사람 앞에 드러날 것이다.

구원받지 못한 사람들은 영광의 주님 앞에서 통곡한다. 그런데 신기하게도 이 땅에서 주님의 영광스런 재림을 목격하게 될 사람 역시 그들뿐이다. 왜냐하면 이 땅에는 그들만 남겨질 것이기 때문이다! 구원받은 사람들 중 그날까지 살아 있는 자들은 공중으로 '높이 들려' 올라가 1초 전에 부활한 성도들과 만나게 된다(주 안에서 잠자는 자들의 부활이 먼저 일어난다).

예수님께서 말씀하셨다. "그때에 두 사람이 밭에 있으매 한 사람은 데려가고 한 사람은 버려둠을 당할 것이요 두 여자가 맷돌질을 하고 있으매 한 사람은 데려가고 한 사람은 버려둠을 당할 것이니라"(마 24:40-41). 이 구절에서 데려감을 당한 사람은 높이 들려 올라간 사람이고, 버려둠을 당한 사람은 구원받지 못해 이 땅에 남겨진 사람이다. 이때 높이 들려 올라간 사람은 상상조차 할 수 없을 만큼 큰 기쁨과 환희를 체험하게 된다.

"이것이 휴거입니까?" 이렇게 묻는 독자가 있을 것이다. "예! 그렇습니다." 하지만 우리가 아는 것과 달리 이것은 비밀스러운 휴거가 아니다. 아무도 모르게 일어나는 일이 아니라는 뜻이다. 구원받은 자들이 휴거될 때, 땅 위의 모든 사람이 이 사실을 알게 될 것이다.

이후 그리스도의 백보좌 심판이 펼쳐질 것이다. 누군가의 가르침처럼 휴거 뒤에 대환난이 일어나는 것이 아니다. 여기서 잠시 대환난에 대해 말하겠다. 우리는 예수님의 재림 전에 대환난을 겪을 것이다. 그러니 제발 교회가 대환난 전에 휴거되어 고통의 시기를 피할 것이란 생각은 버리라. 우리는 환난 전에 휴거되지 않는다. 일부 지역에서는 이미 환난이 시작되었다. 또한 대각성과 부흥의 시기에도 끔찍한 환난은 계속될 것이다. 다시 한 번 말하지만, 주님은 환난 후에 재림하신다.

구원받지 못한 사람 중 이미 죽어 그 시신이 매장된 사람들은 어떻게 되는가? 그들도 부활하는가? 그렇다. 그들도 육체로 부활하여 자신이 받을 저주와 마주하게 된다. 이것은 예수님께서 말씀하신 그대로이다 (요 5:29). 그들도 부활하여 영광의 왕 예수님의 모습을 보게 되는데, 결코 기뻐할 수 없을 것이다. 그들은 예수님의 모습을 보며 오히려 공포에 사로잡힌다. 부활한 그들을 기다리고 있는 것이 바로 최후의 심판이기 때문이다.

다음의 내용은 예수님의 재림과 연관된 현상들이다.

›› 예수님은 구름을 타고 오신다

그때에 인자의 징조가 하늘에서 보이겠고 그때에 땅의 모든 족속들이 통곡하며 그들이 인자가 구름을 타고 능력과 큰 영광으로 오는 것을 보리라 (마 24:30)

이후에 인자가 권능의 우편에 앉아 있는 것과 하늘 구름을 타고 오는 것을 너희가 보리라 (마 26:64)

그때에 사람들이 인자가 구름을 타고 능력과 큰 영광으로 오는 것을 보리라 (눅 21:27)

그 후에 우리 살아남은 자들도 그들과 함께 구름 속으로 끌어 올려 공중에서 주를 영접하게 하시리니 (살전 4:17)

볼지어다 그가 구름을 타고 오시리라 각 사람의 눈이 그를 보겠고 그를 찌른 자들도 볼 것이요 땅에 있는 모든 족속이 그로 말미암아 애곡하리니 그러하리라 아멘 (계 1:7)

예수님은 구름을 타고 재림하신다. 그런데 왜 하필 구름인가? 여기서 나는 예수님이 타고 오실 구름에 대한 두 가지 해석을 제시하겠다. 첫째, 그 구름은 매일 우리가 보는 하늘의 구름이다. 이것은 예수님의 재림이 문자 그대로 이루어질 것을 암시한다. 예수님께서는 구름에 휩싸인 육체로서 모든 사람이 볼 수 있는 모습으로 다시 오신다.

이 사실을 생각할 때마다 나는 어린 시절의 기억을 떠올리게 된다. 한참 공사가 진행되고 있는 어떤 집 지붕 위로 올라갔을 때, 거기에 진 필립스 목사님이 계셨다. 필립스 목사님은 하늘 저편에 차곡차곡 쌓인 크고 흰 뭉게구름을 가리키며 이렇게 말씀하셨다. "내 생각에 예수님께서는 저런 구름을 타고 다시 오실 것 같구나." 목사님의 말씀에 온몸이 떨리기 시작했다.

나는 아주 조심스레 지붕에서 내려왔다. 다리가 후들거려서 자칫 발을 헛디딜까 봐 무서웠다. 지붕에서 내려온 후 나는 아무도 없는 장소를 찾아 죄를 회개하며 기도하기 시작했다. 그 구름을 보았을 때, 온몸이 떨렸던 이유는 내가 구원받지 못했기 때문이 아니다. 순간 내가 아직 주님을 만날 만한 준비가 되어 있지 않다고 판단했기 때문이다. 나는 주님을 만날 자신이 없었다. 그래서 두려웠다. 그날 보았던 그 구름은 수십 년이 넘도록 내 기억 속에 깊이 자리하고 있다. 지금 내가 주님의 재림과 관련하여 '구름'이라는 주제를 이야기하는 것도 그때 보았던 그 구름 때문이다.

이제 구름과 관련하여 가능성 있는 두 번째 해석을 제시하겠다. 예수님이 타고 오실 구름은 물리적인 구름이 아니라 '셰키나 영광'일 수도 있다. 우리는 이러한 가능성을 배제할 수 없다. 앞의 말씀에서 언급된 구름은 지금 우리 눈에 보이는 하늘의 구름이 아니라 과거 솔로몬 성전에 임했던 것과 같은 영광스러운 구름일 수도 있다(왕상 8:10-11, 대하 7:1).

제자들 앞에서 예수님의 모습이 영광스럽게 변화되었던 장면(변화산 사건)을 떠올려 보자. "이 말할 즈음에 구름이 와서 그들을 덮는지라"(눅 9:34). 승천하실 때 예수님의 모습을 가렸던 구름이 변화산에 나타났던 구름과 같다면, 그 구름은 분명 셰키나 영광이었을 것이고 재림 때의 구름 역시 셰키나 영광일 것이다.

어쨌든 예수님께서는 이렇게 말씀하셨다. "나는 구름을 타고 다시 올 것이다."

>> 주님은 나팔 소리와 함께 재림하신다

예수님은 "큰 나팔 소리와 함께 천사들을 보내실" 것이다. 그리고 그들은 "그의 택하신 자들을 하늘 이 끝에서 저 끝까지 사방에서 모을" 것이다(마 24:31).

> 주께서 호령과 천사장의 소리와 하나님의 나팔 소리로 친히 하늘로부터 강림하시리니 그리스도 안에서 죽은 자들이 먼저 일어나고 (살전 4:16)

> 보라 내가 너희에게 비밀을 말하노니 우리가 다 잠잘 것이 아니요 마지막 나팔에 순식간에 홀연히 다 변화되리니 나팔 소리가 나매 죽은 자들이 썩지 아니할 것으로 다시 살아나고 우리도 변화되리라 (고전 15:51-52)

성경에 나타난 나팔 사용의 역사는(특히 전쟁 때의 나팔 사용은) 이스라엘 백성의 출애굽 시절로 거슬러 올라간다. "또 회중을 모을 때에도 나팔을 불 것이나 소리를 크게 내지 말며 그 나팔은 아론의 자손인 제사장들이 불지니 이는 너희 대대에 영원한 율례니라 또 너희 땅에서 너희가 자기를 압박하는 대적을 치러 나갈 때에는 나팔을 크게 불지니 그리하면 너희 하나님 여호와가 너희를 기억하고 너희를 너희의 대적에게서 구원하시리라 또 너희의 희락의 날과 너희가 정한 절기와 초하루에는 번제물을 드리고 화목제물을 드리며 나팔을 불라 그로 말미암아 너희의 하나님이 너희를 기억하시리라 나는 너희의 하나님 여호와니라"(민 10:7-10).

바울은 마지막 나팔이 울릴 때 예수님께서 재림하실 것이라고 말했는데, 이것은 매우 호기심을 불러일으키는 대목이다. 마지막 나팔이라니, 도대체 무슨 뜻일까? 만일 마지막 나팔이 "모든 것이 끝났다"는 의미가 아니라면, 나는 달리 할 말이 없다.

최후의 심판이 임박했다. 곧 예수님의 판결문이 도착할 것이다. 당신은 "끝날 때까지는 끝난 것이 아니다"라는 말을 들어 보았을 것이다. 그러나 재림하신 예수님께서 그 모습을 드러내시면 그걸로 끝이다. 이후에는 더 이상 나팔이 필요 없다. 그러므로 예수님께서 그날을 가리켜 '마지막 날'이라고 하신 것이다(요 12:48). 성경을 연구하는 사람 중에는 마지막 나팔을 요한계시록에 나오는 일곱 번째 나팔로 생각하는 이들도 있다(계 11:15-19).

>> 재림은 가시적인 형태로 일어날 것이다

예수님의 재림은 모든 사람이 볼 수 있도록 '공개'된다.

번개가 동편에서 나서 서편까지 번쩍임같이 인자의 임함도 그러하리라 (마 24:27)

그때에 인자의 징조가 하늘에서 보이겠고 그때에 땅의 모든 족속들이 통곡하며 그들이 인자가 구름을 타고 능력과 큰 영광으로 오는 것을 보리라 (마 24:30)

볼지어다 그가 구름을 타고 오시리라 각 사람의 눈이 그를 보겠고 그를 찌른 자들도 볼 것이요 땅에 있는 모든 족속이 그로 말미암아 애곡하리니 그러하리라 아멘 (계 1:7)

콘서트장에 가거나 퍼레이드를 구경하거나 공공행사에 참석할 경우 우리는 항상 '어느 자리에서 가장 잘 볼 수 있을까?' 신경을 쓴다. 소극장이나 콘서트장에 갈 땐, 좋은 자리를 얻기 위해 더 많은 돈을 지불하기도 한다. 퍼레이드를 구경하러 거리로 나설 경우엔 앞줄에 키가 작은 사람이 서 있기를 바랄 것이다.

하지만 만일 당신이 구원받지 못한 사람이라면, 주님의 재림 광경을 잘 볼 수 있을지에 대해 신경 쓰지 않아도 된다. 전혀 염려할 필요 없다.

그날 당신이 맨 앞줄에 서게 될 것이기 때문이다. 뿐만 아니라 당신은 그날 통곡하게 될 것이다. 당신의 통곡 소리가 옆 사람에게 피해를 주지 않을까 염려할 필요가 없다. 왜냐하면 그 사람들도 통곡할 것이기 때문이다. 그들은 당신을 신경 쓰지 않고 큰 소리로 울어댈 것이다. 그러니 당신도 그들을 의식할 필요가 없다. 체면 차릴 것 없이 통곡하면 된다.

게다가 당신은 '혼자 있는' 듯한 느낌을 받게 될 것이다. 어차피 당신은 혼자가 아닌가? 아무도 당신의 영혼을 책임져 주지 않는다. 그제야 당신은 자신이 빈털터리임을 깨닫게 된다. 이 같은 처지에 대해 예수님께서 다음과 같이 말씀하셨다. "사람이 만일 온 천하를 얻고도 자기 목숨을 잃으면 무엇이 유익하리요"(막 8:36).

>> 재림은 한밤의 도둑처럼 임할 것이다

그러나 주의 날이 도둑같이 오리니 (벧후 3:10)

이 말씀은 예수님께서 아무도 예상하지 못한 때에 오신다는 뜻이다. 주님은 다음과 같이 말씀하셨다.

그러므로 깨어 있으라 어느 날에 너희 주가 임할는지 너희가 알지 못함이니라 너희도 아는 바니 만일 집 주인이 도둑이 어느 시각에 올 줄을 알았더라면 깨어 있어 그 집을 뚫지 못하게 하였으리라 이러므로 너희

도 준비하고 있으라 생각하지 않은 때에 인자가 오리라 (마 24:42-44)

이 구절은 예수님께서 전하신 감람산 강화 가운데 등장하는데, 이 단락은 항상 깨어 준비하라는 명령으로 끝난다(마 24:45-51). 요한계시록에도 이와 동일한 주님의 말씀이 기록되어 있다. "보라 내가 도둑같이 오리니"(계 16:15).

〉〉 예수님은 천사와 함께 재림하실 것이다

누구든지 이 음란하고 죄 많은 세대에서 나와 내 말을 부끄러워하면 인자도 아버지의 영광으로 거룩한 천사들과 함께 올 때에 그 사람을 부끄러워하리라 (막 8:38)

당신은 천사를 본 적 있는가? 마지막 날, 예수님께서 재림하실 때에는 모두가 천사를 보게 될 것이다. 어쩌면 수십억의 천사를 보게 될지도 모른다.

〉〉 예수님은 불 가운데 재림하실 것이다

바울은 예수님이 하늘에서 내려오실 때 "불꽃 가운데" 나타나실 것이라고 말했다(살후 1:7). 주의 날이 이르면 "하늘이 큰 소리로 떠나가고 물질이 뜨거운 불에 풀어지고 땅과 그 중에 있는 모든 일이 드러날" 것이다(벧후 3:10). 그날은 '여호와의 날'로서 "하늘은 불에 타서 풀어지고 물질이 뜨거운 불에 녹아질" 것이다(벧후 3:12).

사실 나는 어떤 형태로 이와 같은 일이 일어날지 상상조차 할 수 없다. 그리고 '불'의 역할이 정확하게 무엇인지도 모르겠다. 지옥의 불인가? 아니면 바울이 고린도전서 3장 15절에서 언급한 불인가? 우리 가운데 어떤 크리스천은 자신의 공력이 불타 버릴 것이기 때문에 마치 불 가운데서 얼핏 구원을 받게 될 텐데, 혹시 그 불을 말하는 것인가? 그 불은 나팔 소리와 함께 임하는가? 아니면 구름과 함께 임하는가? 혹시 내가 이 장의 앞부분에서 언급한 특정 '시기'를 가리켜 '불'이라고 말한 것이 아닐까? 어쩌면 재림에 대동되는 불은 그러한 특정 시기를 구성하는 한 기간을 지칭하는 것인지도 모른다.

어쨌든 이 모든 것이 한꺼번에 임하지는 않을 것이다. 예수님께서 재림하시는 '특정한 날'에 불이 함께 내리는 일은 없을 것이다. 확실한 것은 그날이 오고 있다는 것이다. 그리고 그날은 무섭고 두려울 것이다. 단, 예수 그리스도를 주로 고백하는 사람에게는 예외이다. 감사하게도 지금은 용납될 때이고, 구원받을 때이다.

20장 재림의 목적

이는 정하신 사람으로 하여금 천하를 공의로 심판할 날을 작정하시고 이에 그를 죽은 자 가운데서 다시 살리신 것으로 모든 사람에게 믿을 만한 증거를 주셨음이니라 (행 17:31)

사랑하는 자들아 우리가 지금은 하나님의 자녀라 장래에 어떻게 될지는 아직 나타나지 아니하였으나 그가 나타나시면 우리가 그와 같을 줄을 아는 것은 그의 참모습 그대로 볼 것이기 때문이니 (요일 3:2)

"왜 하나님께서는 예수님의 초림 때, 완벽한 구원을 완성하지 않으셨을까?" 당신은 이러한 의문을 품어 본 적이 없는가? 참고로 여기서 내가 말한 '완벽한 구원'에는 우리의 죄성이 완전히 없어지고, 육체의 완벽한 치유로 더 이상 질병이 없고, 더 이상 사망이 없는 것을 포함한다. 그러므로 나의 질문은 이렇게 바꿀 수 있다. "왜 우리는 믿음으로 구원받자마자 예수님처럼 변화되지 않는가?" 회심하는 순간 영화롭게 변화되면 좋으련만, 왜 그런 일은 일어나지 않는가? 어차피 우리는 예수님을 닮도록(영화) 예정되지 않았는가?

"그 아들의 형상을 본받게 하기 위하여 미리 정하셨으니 이는 그로 많은 형제 중에서 맏아들이 되게 하려 하심이니라"(롬 8:29). 하나님께서는 왜 이 모든 일을 단번에 이루지 않으시고 지금까지 2천 년이 넘도록 이 일을 펼쳐 놓으시는 것일까?

참고로 '영화'(glorification)란 우리의 영혼이 '죄 없는 상태,' '온전한 상태'로 변화되는 것을 말한다. 영화를 통해 우리의 육체 또한 완전한 치유를 경험한다. 그러므로 영화를 요약하면, 육체와 영혼이 온전한 상태로 변화되는 것을 말한다. 다시 말해서 예수님의 형상으로 변화되는 것이다!

로마서에서 바울은 '구원의 황금 연결고리'로 불리는 일련의 과정(예정, 부르심, 칭의, 영화)을 제시하였다. "또 미리 정하신(예정) 그들을 또한 부르시고(부르심) 부르신 그들을 또한 의롭다 하시고(칭의) 의롭다 하신 그들을 또한 영화롭게 하셨느니라(영화)"(롬 8:30).

우리가 회심할 때, 하나님께서는 구원의 네 과정 중 세 가지가 이루어지도록 허락하셨다. 그 세 가지는 '예정'(미리 정하심)과 '부르심'(부르심)과 '칭의'(의롭다 하심)이다. 이 세 가지 과정들은 초림하신 예수님의 지상 사역을 통해 완성되었다. 하지만 네 번째 과정인 '영화'는 지금 이 땅에서 경험할 수 없다. 왜 하나님께서는 '영화'를 포함한 이 네 가지 과정 모두를 예수님의 초림 때 한꺼번에 완성하지 않으셨을까? 지금까지 2천 년이 넘도록 이 일을 펼쳐 놓으신 이유는 무엇일까?

물론 하나님께서는 예수님의 초림 사역으로 그 모든 과정을 완성하실 수도 있었다. 어쩌면 그렇게 하시는 편이 더 쉬웠을지도 모른다. 이렇게 계속 따지다 보면, 우리의 질문은 끝없이 이어진다. 그러다가 결국 "아담과 하와가 죄를 짓지 못하도록 막으실 수도 있었을 텐데" 또는 "사람을 죄 지을 능력이 없는 존재로 창조하셨으면 어땠을까?"라는 질문에까지 이를 것이다. 하지만 하나님은 그렇게 하지 않으셨다.

성 어거스틴의 말처럼 하나님께서는 인간을 창조하실 때 '범죄할 능력'을 지닌 존재로 창조하셨다. 그는 인류의 구원 과정을 다음의 네 단계로 제시하였다.

- 범죄할 능력(가능성)을 소유한 상태 – 하나님께서는 아담과 하와를 이렇게 창조하셨다.
- 범죄할 수밖에 없는 상태 – 에덴동산에서의 '타락' 이후 인류가 처한 운명이다.
- 범죄하지 않을 능력을 소유한 상태 – 회심한 성도들의 상태이다.
- 범죄할 수 없는 상태 – 영화의 단계로 천국에서 이루어질 일이다![25]

그렇다. 만일 하나님께서 지금과 다른 결과를 원하셨다면, 애초부터 다른 방법을 선택하셨을 것이다. 하나님은 주권자이시고 전능하신 분, 원하는 일은 무엇이든 하실 수 있는 분이다. 그러나 하나님의 생각은 우리의 생각과 다르다. 왜 그런가? 이번엔 당신이 대답해 보라.

이유야 어떻든, 하나님은 자신의 선택대로 행하셨다. 하나님의 결정대로 우리는 예수님께서 재림하시는 날, 비로소 영화롭게 된다. 그렇게 '영화'가 이뤄지는 날에 우리의 구원이 완성된다.

영화로운 예수님과 만나면, 우리는 예수님처럼 변화된다. "그가 나타나시면 우리가 그와 같을 줄을 아는 것은 그의 참모습 그대로 볼 것이기 때문이니"(요일 3:2). 단지 주님의 얼굴을 보기만 하면 된다. 그러면 예수님처럼 변화된다! 주님께서 재림하시는 이유는 우리의 죄를 대신 짊어지시기 위해서가 아니라 자신을 기다리는 사람들에게 완벽한 구원을 선사하시기 위해서이다(히 9:28).

바울은 완벽한 구원이 가까이 왔다고 말했다. "이는 이제 우리의 구원이 처음 믿을 때보다 가까웠음이라"(롬 13:11). 참고로 어거스틴은 로마서 13장 11-14절을 본문으로 한 암브로시우스의 설교를 듣고 회심했다.

이제 나는 예수님께서 재림하시는 다섯 가지 이유에 대해 말할 것이다(중요한 순서대로 나열하거나 시간 순서대로 게재한 것은 아니다).

>> 재림의 다섯 가지 이유

우리의 '영화'를 위해

만일 우리가 예수님의 재림 전에 죽는다면, 영화는 우리가 '부활'할 때 이뤄진다. 그리고 예수님께서 재림하시는 날에 우리가 여전히 살아 있다면, 영화는 우리의 몸이 변화되어 하늘로 올라가는 순간 이뤄진다. 이것은 앞에서 살펴본 내용과 같다. 다만 지금은 예수님께서 재림하시는 이유 중 하나가 우리의 영화 때문이라는 것이다.

이 땅을 살아가는 모든 사람은 예수님께서 다시 오실 날에 부활하게 된다. 바울은 구원받지 못한 사람의 부활체가 어떤 모습일지에 대해 설명해 주지 않았다. 하지만 우리는 악인의 부활을 '영화'라고 하지는 않는다. 영화는 오직 믿음으로 의롭게 된 사람에게만 적용되는 용어이기 때문이다. "의롭다 하신 그들을 또한 영화롭게 하셨느니라"(롬 8:30).

영화는 재림의 때에 이루어진다. 그러므로 영화는 아직 미래에 속한 사건이다. 모든 사람, 그러니까 아담의 타락부터 2천 년 전 예수님의 초림까지 이 땅을 살다 간 모든 성도에게 영화는 미래의 사건이다. 또한 예수님의 초림 이후 이 땅을 살다 간 모든 성도를 포함하여, 실로 모든 사람에게 '영화'는 아직 미래의 사건이다.

천국에 들어가려면, 우리는 영화롭게 되어야 한다. 즉, 천국은 우리가 부활한 후에 들어가는 곳이다. 왜 그런가? 죄인은 천국에 들어갈 수 없기 때문이다. 지금 우리의 몸과 마음은 불완전한 상태이다. 당신이 다음의 구절을 좋아하든, 싫어하든 상관없이 우리의 몸과 마음은 온전하지 못하다. "만물보다 거짓되고 심히 부패한 것은 마음이라"(렘 17:9). 이 땅을 살아가는 한 우리의 마음은 치유 받을 길이 없다. 오직 '영화'만이 우리의 마음을 온전히 치유할 수 있다!

아담의 타락으로 인해 인간은 범죄할 수밖에 없는 존재가 되었다. 이것은 날 때부터 우리가 물려받은 운명이다. 우리는 모두 죄인으로 태어난다. "내가 죄악 중에서 출생하였음이여"(시 51:5). 이처럼 우리는 죄성을 가지고 태어나기 때문에 올바른 행동을 하려면 배워야 한다. 반면 그릇된 행동은 배우지 않아도 잘한다. 이러한 성향의 기저에는 '원죄'가 도사리고 있다. 우리 모두가 원죄의 영향 아래 태어난다. 이 세상 사람 가운데 단 한 명의 예외도 없다.

그런데 날 때부터 유산으로 물려받은 것 중에는 이처럼 죄를 지으려는 '성향'도 있지만, 자아를 증명해 보이려는 '내재적 욕구'도 있다. 자아 증명의 내재적 욕구를 다른 말로 표현하면, '자기 의'이다. 우리는 자기 의의 열매들로 사람들 앞에서 자아를 증명하려 한다(그러한 욕구를 지니고 있다). 그래서일까? 우리는 아무 거리낌 없이, 아주 자연스럽게 '선행을 통해 천국에 갈 수 있다'는 생각을 품게 된다.

하늘 아래 있는 이 세상의 모든 종교가 단 하나의 예외도 없이 선행을 통한 구원을 가르친다. 세상 사람들은 선행을 통해 자력으로 구원에 이른다는 인본주의적 믿음을 신봉한다. 그러나 오직 기독교만이 '은혜'의 구원을 말한다. 이러한 사실이 매우 흥미롭지 않은가? 기독교가 가르치는 구원은 선행이나 공력으로 성취되지 않는다. 기독교의 구원은 '오직 은혜'를 통한 구원이다(엡 2:8-9). 거듭나지 않은 자연 상태의 인간이 기독교의 구원교리를 불쾌하게 여기는 이유가 바로 여기에 있다.

성 어거스틴이 설명했듯이 우리가 예수님의 보혈을 믿음으로 의롭게 되면, 우리에게는 '범죄하지 않을 능력'이 주어진다. 그렇다고 해서 우리가 이 세상에 사는 동안 '죄 없는 온전함'에 이를 수 있는 것은 아니다.

어린 시절 나는 '은혜'의 두 가지 기능을 배웠다. 간단하게 말해서, 은혜의 두 가지 기능은 '구원'과 '성화'이다. 여기서 성화(sanctification)는 데살로니가전서 5장 23절 말씀을 기반으로 한 '온전한 성화'를 뜻한다. "평강의 하나님이 친히 너희를 온전히 거룩하게 하시고 또 너희의 온 영과 혼과 몸이 우리 주 예수 그리스도께서 강림하실 때에 흠 없게 보전되기를 원하노라"(살전 5:23). 은혜의 두 번째 기능인 성화 덕에 나는 이 땅에서도 온전한 성화가 가능하리라 배웠고, 그렇게 믿었다.

맨 처음 성화의 가르침을 받았을 당시 나는 여섯 살이었다. 어머니가 만들어 주신 오트밀을 먹다가 혀를 데인 나는 "뜨겁잖아요!" 하며 어머니께 고함을 질렀다. 그러자 어머니께서 이렇게 말씀하셨다. "만일 네가 성화되었다면, 이렇게 화를 내지 않았을 텐데…" 그 순간 나는 깨달았다. '성화란 육신의 본성이 제거되는 것이구나!' 성화되면 더 이상 화를 내는 일도 없고, 이성을 잃는 일도 없으리라 생각했다.

하지만 내 생각은 틀렸다. 바울의 말을 들어 보자. "육체의 소욕은 성령을 거스르고 성령은 육체를 거스르나니 이 둘이 서로 대적함으로 너희가 원하는 것을 하지 못하게 하려 함이니라"(갈 5:17). 어거스틴의 말대로 거듭난 순간 우리는 '범죄하지 않을' 능력을 소유할 뿐 '범죄하지 못하는' 상태로 변화되는 것이 아니다. 거듭나더라도 우리의 죄 된 본성은 사라지지 않는다. 죄성은 항상 그 자리에 있다. 낮이든 밤이든 그 자리에 그대로 머물면서 우리로 하여금 '나는 완전하지 못하다'는 사실을 깨닫게 한다. '죄성'과의 온전한 결별은 오직 영화를 통해서만 가능하다.

거듭난 후에도 우리의 마음이 온전치 못한 것처럼, 우리의 육신 역시 불완전하다. 이 사실은 굳이 말하지 않아도 될 것이다. 물론 하나님께서는 오늘도 기적을 통해 우리를 치유해 주실 수 있다. 또 가끔은 그렇게 고쳐 주기도 하신다. 지금도 치유를 위해 기도하고, 기도를 받는 신실한 크리스천들이 있다. 하지만 어떤 이유에서인지 치유 받지 못하는 경우가 많다. 그렇다고 해도 염려하지 말라. 예수님께서 다시 오시는 날, 온전하고 완벽하고 전적인 치유가 일어날 것이기 때문이다.

성도들은 육체의 부활을 통해 영화를 경험하게 된다. 육체의 부활은 모든 사람에게 일어날 일이다. 구원받은 사람이든 구원받지 못한 사람이든, 그들 모두가 부활하게 될 것이다. 하지만 그리스도 안에서 죽은 자들이 부활하는 경우만 '영화'라고 한다.

성경은 구원받은 사람에게 '영광스럽게 변화된 육체'가 주어진다고 말한다. 부활은 예수님께서 재림하실 때 이루어질 일이다.

> 보라 내가 너희에게 비밀을 말하노니 우리가 다 잠잘 것이 아니요 마지막 나팔에 순식간에 홀연히 다 변화되리니 나팔 소리가 나매 죽은 자들이 썩지 아니할 것으로 다시 살아나고 우리도 변화되리라 이 썩을 것이 반드시 썩지 아니할 것을 입겠고 이 죽을 것이 죽지 아니함을 입으리로다 (고전 15:51-53)

이 말씀은 우리의 죄성만이 아니라 인류에 죽음을 들여온 '저주'마저 제거될 것을 이야기하고 있다. 죄성과 저주가 제거되면 더 이상 범죄도 없고, 아픔이나 질병이나 고통도 없으며, 눈물이나 죽음도 없는 상태가 된다(계 21:4).

더군다나 고통을 제거하기 위한 믿음도 필요 없다. 우리가 예수님과 얼굴을 마주하는 날, 하나님께서 고통을 직접 제거해 주실 것이기 때문이다. 어떤 절차나 과정을 통해 치유되는 것이 아니다. 그저 주님을 바라보기만 하면 된다. 치유의 은사를 받은 사람이 우리를 위해 기도해 줄 필요가 없다. 치유의 기름부음도 필요하지 않다. 믿음이 요구되는 것도 아니다. 그저 예수님을 바라보기만 하면 된다. 바로 그 순간 고통은 사라진다.

예수님의 말씀이 사실임을 입증하기 위해

그날 모든 눈이 주님을 보게 될 것이다(계 1:7). 이 말은 어느 시대를 살았든 상관없이 이 땅을 살다 간 모든 사람이 주님을 보게 된다는 뜻이다. 예수님께서 재림하시는 날, 사람들은 무릎을 꿇고 주 예수 그리스도를 인정할 것이다. 이것은 그들에게 새 마음이 주어지기 때문이 아니다. 그날엔 새 마음이 주어지지 않는다. 사람들이 예수님을 인정하는 까닭은 '그렇게 하도록' 강요받기 때문이다. 하나님께서는 "모든 사람이 그리스도 앞에 무릎 꿇게 되리라"고 맹세하셨다. "기록되었으되 주께서 이르시되 내가 살았노니 모든 무릎이 내게 꿇을 것이요 모든 혀가 하나님께 자백하리라 하였느니라"(롬 14:11).

재림은 예수님이 누구이시며, 어떤 분이신지를 말해 주는 사건이다. 성부 하나님은 예수 그리스도를 높이시며 "모든 이름 위에 뛰어난 이름을 주사 하늘에 있는 자들과 땅에 있는 자들과 땅 아래에 있는 자들로 모든 무릎을 예수의 이름에 꿇게 하시고 모든 입으로 예수 그리스도를 주라 시인하여 하나님 아버지께 영광을 돌리게" 하셨다(빌 2:9-11).

여기서 성부 하나님이 그 아들 예수 그리스도에게 주실 '모든 이름 위에 뛰어난 그 이름'은 다름 아닌 '야훼'(여호와)이다. '야훼'는 하나님 자신의 이름이다. 하나님께서 자신의 이름을 그 아들에게 주시는 것이다. 교부 아타나시우스의 말처럼, 이것은 성자 예수님이 바로 '하나님'이심을 입증하시는 성부 하나님만의 방법이다.[26]

재림은 또한 예수님의 모든 가르침이 사실임을 증명해 줄 것이다. 주께서 다음과 같이 말씀하셨다. "나를 저버리고 내 말을 받지 아니하는 자를 심판할 이가 있으니 곧 내가 한 그 말이 마지막 날에 그를 심판하리라"(요 12:48). 예수님의 승리(재림)는 그분의 말씀이 사실임을 입증하는 증거이다. 여기서 잠시 요한복음에 기록된 예수님의 가르침을 살펴보자.

- 자신이 아버지께로 나아갈 수 있는 유일한 길임을 가르치셨다(요 14:6).
- 성령에 대한 가르침을 주셨다(요 14–16장).
- 하나님의 칭찬만을 추구해야 한다고 가르치셨다(요 5:44).
- 거듭나야 할 필요성을 가르쳐 주셨다(요 3:3).
- 영생을 얻기 위해서는 예수님을 믿어야 한다고 가르치셨다(요 3:16).
- 성부 하나님께서 사람들을 자신에게로 이끌어 주실 것을 말씀하셨다(요 6:44).
- 육신의 무익함을 가르쳐 주셨다(요 6:63).
- 자신이 아브라함 이전에도 있었고(요 8:58) 태초에도 있었던(요 1:1) 영원한 말씀임을 가르쳐 주셨다.
- 멸망과 영원한 심판에 대해 가르쳐 주셨다(요 3:16, 마 25:41).

재림은 예수님이 십자가에서 이루신 그 모든 일을 사실로 확증해 준다. 예수님은 율법의 모든 요구를 이루셨다(마 5:17). 이것은 말과 생각과 행동 등 전인적인 영역에서 완벽한 삶을 사셨다는 뜻이다(히 4:15). 십자가에 달려 마지막 숨을 거두실 무렵, 예수님께서는 이렇게 말씀하셨다. "다 이루었다"(요 19:30). 자신에게 맡겨진 그 모든 임무를 완수하시고 우리를 대신하여 율법의 모든 요구를 이루신 것이다.

또한 재림은 예수님의 부활을 사실로 입증해 준다. 부활하신 날 아침, 예수님은 보란 듯이 빌라도의 집 문을 두드리며 모습을 나타내지 않으셨다. 만일 그렇게 하셨다면, 우리는 예수님의 부활을 '믿는' 대신 그 '증거'를 찾으려 할 것이다. 하지만 예수님은 그렇게 하지 않으셨다. 즉, "믿음으로 부활의 진정성을 받아들여야 한다"는 가르침을 보존해 주신 것이다. 그 가르침에 따라 우리는 '증거'가 아닌 '믿음'으로 예수님의 부활을 받아들인다. 당신과 나는 부활하신 예수님을 두 눈으로 목격했기 때문이 아니라, 주께서 죽으시고 다시 살아나셨다는 말씀을 믿기 때문에 구원을 받았다.

조롱하는 사람들은 예수님의 십자가 앞에서 이렇게 말했다. "이스라엘의 왕 그리스도가 지금 십자가에서 내려와 우리가 보고 믿게 할지어다"(마 15:32). 물론 그들의 요구대로 예수님이 십자가에서 내려오셨다면, 그들은 그 멋진 광경을 두 눈으로 똑똑히 '보았을' 것이다. 하지만 보는 것은 절대 '믿음'으로 이어지지 않는다. 왜냐하면 믿음(신뢰)이란, 보지 않고 믿을 때 생기는 것이기 때문이다(히 11:1).

그러나 예수님께서 재림하시는 날, 모든 눈이 그분을 '보게' 될 것이다. 눈에 보이는 '증거'가 예수님의 부활(예수님께서 지금도 살아 계시다는 것)을 사실로 입증해 주는 순간이다. 그렇게 모든 사람이 예수님 앞에 무릎을 꿇겠고, 또 모든 혀가 예수님을 '주'로 시인할 것이다. 하지만 그때는 그들의 영혼에 참된 믿음이 자리하기에는 이미 너무 늦다.

한 가지 더 살펴보자. 바울은 "하늘에 있는 자들과 땅에 있는 자들과 땅 아래에 있는 자들로 모든 무릎을 예수의 이름에 꿇게 하시고"(빌 2:10)라고 말했다. 이 구절의 '하늘, 땅, 땅 아래'는 마귀의 활동 범위를 말한다. 사탄 및 그와 함께 타락한 천사들 역시 모든 사람 앞에서 하나님의 아들에 관한 진리를 시인하게 될 것이다. 앞으로 그런 날이 올 것이다. 그러므로 '성도'와 '성도가 아닌 사람'의 차이는 이렇게 설명된다. 크리스천은 '지금' 예수님을 인정하는 사람이다. 그 외의 나머지는 '그날' 예수님을 시인할 사람들이다.

사탄의 온전한 멸망을 위해

사탄은 지금까지 아주 오랫동안 잘 지내왔다. 그는 아담과 하와가 타락하기 전부터 하나님을 대적해 온 원수 중의 '으뜸'이다. 하지만 사탄은 어디까지나 하나님께서 지으신 피조물일 뿐이다. 하나님은 모든 만물을 창조하셨다! "만물이 그(예수 그리스도)에게서 창조되되 하늘과 땅에서 보이는 것들과 보이지 않는 것들과 혹은 왕권들이나 주권들이나 통치자들이나 권세들이나 만물이 다 그로 말미암고 그를 위하여 창조되었고"(골 1:16).

하나님은 사탄을 악한 존재로 창조하지 않으셨다. 그는 단지 스스로의 선택으로 악해진 것이다. 어쩌면 당신은 이렇게 물을 것이다. "왜 하나님은 사탄을 창조하실 때 그에게 악을 선택할 능력을 주셨나요?" 이 질문에 나는 이렇게 대답할 수밖에 없다. "모릅니다." 또 당신은 이렇게 묻고 싶을 것이다. "사탄이 처음에는 악하지 않다가 나중에 악해졌다고 하던데, 그렇다면 '악'은 어디에서 왔나요?" 이에 대한 대답 역시 동일하게 "모릅니다"이다.

악의 기원은 이 세상에서 가장 오랫동안 논의되어 온 난제이다. 뒤에서 좀 더 살펴보겠지만, 악의 기원은 하나님께서 밝히 말씀해 주실 때까지 결코 풀리지 않을 문제이기도 하다. 우리가 아는 것은 태초에 '악한'(악해진) 뱀이 아담과 하와를 미혹하기 위해 에덴동산에 있었다는 것과 이들 부부에 대한 사탄의 궤계가 성공을 거두었다는 것, 그리고 인간의 타락 이후 이 세상의 판도가 완전히 달라졌다는 것뿐이다.

아버지께서는 종종 이렇게 말씀하시곤 했다. "사탄은 굉장히 영특하단다. 지혜와 능력으로 보자면 사탄은 하나님 다음이다." 이것은 엄연한 사실이다. 그가 '하나님 다음'일 뿐이라는 사실을 잊지 말라. 요한은 모든 성도에게 이 점을 거듭 확인시켜 주었다. "너희 안에 계신 이(성령)가 세상에 있는 자보다 크심이라"(요일 4:4). 하나님의 허락이 없으면, 사탄은 아무것도 할 수 없다. 우리는 욥기에서 이 사실을 배운다. 무슨 일에든 사탄은 하나님의 허가를 받아야만 한다(욥 1장).

그럼에도 이 세상의 모든 악은 '사탄'으로 설명된다. 그는 이 세상의 임금(요 12:31)이고 공중의 권세 잡은 자(엡 2:2)이다. 사탄은 성부 하나님, 성자 예수님, 성령 하나님 그리고 주님을 믿고 따르는 모든 사람들과 싸우려고 한다. 그는 이 세상의 '선'을 대적하는 존재로, 그의 악과 사악함은 인간의 상상을 뛰어넘는다.

사탄은 어떠한 인간도 긍휼히 여기지 않는다. 이미 고난당하고 있는 사람이라고 불쌍하게 봐 주는 일도 없다. 사탄은 하나님이 만드신 모든 피조물에게 적개심을 품는다. 특히 그리스도의 보혈로 구원받은 사람에겐 더욱 그렇다. 누군가가 말씀을 듣고 선한 일을 행하려 할 때, 사탄이 와서 방해한다. 그는 이렇게 행하는 것을 자신의 존재 이유로 삼는다. 사람들이 하나님의 말씀을 들을 때, 사탄이 와서 그 뿌려진 말씀을 앗아가 버린다(눅 8:12). 그는 최대한 기회를 엿보아 우리의 생각 속에 침투하여 우리를 놀라게 하고 미혹하며 겁박하고자 한다. 이를 위해 밤낮 쉬지 않고 애쓴다.

사탄이 이 세상 어디에서든 악을 행할 능력을 부여받았다는 사실을 잊지 말라. 이를테면 쓰나미, 허리케인, 태풍 등과 같은 끔찍한 자연현상을 통해서도 악행을 저지르고 기근을 일으켜 사람들을 굶주리게도 한다. 그는 이미 가난과 질병으로 고통받는 사람들을 착취한다. 또한 우리를 유혹할 사람들을 보내기도 하고, 하나님의 백성에게서 기쁨을 빼앗아 가기도 한다. 그는 하나님의 숭고한 뜻이 이뤄지지 않도록 방해하고, 하나님께 집중하지 못하도록 우리의 주의를 분산시킨다. 우리의 연약한 영역을 충동하여 우리로 성령님을 근심하게 만든다.

사탄은 기도와 말씀 묵상을 부담스러운 일로 만들고, 육신의 쾌락을 즐기는 일은 쉬운 일로 만들어 놓는다. 새신자를 충동하여 기존 성도들을 낙담시키고, 성숙한 성도들의 취약점을 공략하여 시험에 빠뜨리기도 한다. 또한 우리의 강점을 이용하여 우월감(교만)을 갖게 만들고, 또 우리의 단점에 대하여 열등감을 갖게 하여 결국엔 포기하게 만든다.

사탄은 이 세상의 모든 증오와 악과 상처와 사악함의 근원이다. 그는 사망의 권세를 쥐고 있다(히 2:14). 사탄은 여러 가지 신체적·정신적 질병을 일으키고, 선천적 심장 질환을 일으키거나 신체 기관에 문제를 일으키기도 한다. 사탄은 낙태를 좋아해서 사람들이 낙태를 선택할 때 강력한 영향력을 발휘한다. 그는 가정불화와 포르노그래피와 간음과 매춘의 설계자이다.

사탄은 성경을 증오한다. 그는 사람들이 성경을 믿지 못하도록, 또는 읽지 못하도록 방해하기 위해 할 수 있는 모든 일을 한다. 그는 예수 그리스도의 보혈을 증오한다. 따라서 사람들이 보혈의 공로를 간구하거나 의지하지 못하도록 온갖 방해공작을 펼친다. 그는 우리가 기도하는 것도 싫어한다. 윌리엄 쿠퍼는 이렇게 말했다. "아무리 연약한 성도라도 무릎을 꿇고 기도하기 시작하면 사탄은 벌벌 떤다."[27] 사탄은 사람들이 교회에 나가는 것을 싫어한다. 반면 교회가 영과 진리 안에서 예배하기를 멈출 때, 사탄은 무척 기뻐한다.

그러나 사탄에게 허락된 시간도 이제 거의 끝나간다. 그 자신도 이 사실을 잘 알고 있다. 예수님께서 사역하시던 어느 날, 마귀들이 예수님께 큰 소리를 지르며 이같이 말한 적이 있었다. "하나님의 아들이여 우리가 당신과 무슨 상관이 있나이까 때가 이르기 전에 우리를 괴롭게 하려고 여기 오셨나이까"(마 8:29).

정말로 사탄은 "자기의 때가 얼마 남지 않은 줄을" 알고 있다(계

12:12). 그러므로 지금 그는 우리가 상상할 수조차 없는 영원한 두려움을 느끼고 있다. 자신이 두려움에 대해 일가견이 있으므로 사탄은 어떻게 하면 우리에게 두려움을 안길 수 있는지 잘 안다. 그는 두려움을 조장하는 일에 있어서 선수다. 사탄은 우리가 그와 같은 비참한 처지로 전락하기를 바란다. 따라서 예수님의 재림 전에 어떻게든 최대한 피해를 입히기 위해 모든 수단을 동원할 것이다.

그날 사탄은 온 세상이 보는 앞에서 발가벗겨진 채 심판대 위에 오를 것이다. 지옥에서 영원토록 고통당하는 것, 이것이 그가 받을 형벌이다. 사실 지옥이 생겨난 것도 사탄 때문이다. 본래 지옥은 사탄을 던져 넣기 위해 하나님께서 만드신 장소이다(마 25:41). 그는 "불과 유황 못"(지옥)에 던져질 것이다. 거기서 그는 "세세토록 밤낮 괴로움을" 받게 된다(계 20:10). 예수님의 재림은 사탄의 온전한 패배, 돌이킬 수 없는 멸망, 영원한 형벌을 가져온다.

하나님을 인정하기 위해

그날 예수님의 재림과 동시에 하나님께서는 자신의 이름을 만방에 선포하실 것이다. 오늘날 세상의 무신론자들은 이렇게 말한다. "신이 있다면, 해명할 게 참 많을 것이다." 그들은 또 이렇게 주장한다. "만일 창조주(하나님)가 존재한다면, 바로 그가 '악'과 '고통'의 근원일 것이다. 하지만 하나님이 '악'만 허용했을 뿐 '고통'은 허락하시지 않았다고 하자. 그래서 '고통'의 책임을 '악'에게 돌려야 한다고 하자. 그렇다 하더라도 하나님은 비난받아 마땅하다. 그가 악을 허용했기 때문에 고통이 생겨난 것 아닌가?"

　이러한 생각을 갖고 있기 때문에 불신자들이 하나님을 믿지 않는 것이다. 그들은 예수님께서 부활하셨다는 사실도 믿지 않고, 성경도 믿지 않는다. 그들은 모든 고통의 원인을 '하나님'(신)께 돌린다. 이를테면 기근, 전쟁, 기상 악화, 빈곤, 노예 제도, 질병, 매춘, 인종차별, 불공평, 온갖 악인들, 특히 종교에서 기인한 문제들을 '신'의 책임으로 돌린다. 기독교 복음주의자든 이슬람 근본주의자든 그들 모두가 입을 모아 이렇게 말한다. "종교는 이 세상에 가장 심각한 문제를 일으킨다."

　하나님께서는 언젠가 자신의 이름을 선포하시기로 맹세하셨다. 하박국은 자기 생애에 일어난 고난의 원인이 무엇인지에 대해 하나님의 답을 듣고 싶었다. 그러나 하나님은 그의 물음에 답하는 대신 이렇게 말씀하셨다. "기다려라. 내가 고난을 허락한 이유를 마지막 날에 알려 줄 것이다." 이에 대해 하박국은 이렇게 대꾸했을지도 모른다(아마 이 같은 상황에 처한다면, 대다수의 사람들이 다음과 같이 말할 것이다). "그리 만족스러운 답이 아닙니다. 하나님께서 왜 고난을 허락하셨는지, 저는 지금 당장 그 이유를 알아야겠습니다."

　"미안하다, 하박국아. 이 묵시는 정한 때가 있다. 그 종말이 속히 이르겠고 결코 거짓되지 아니할 것이다. 비록 더딜지라도 기다려라. 왜냐하면 그것이 지체되지 않고 반드시 응할 것이기 때문이다"(합 2:3).

　결국 하박국은 하나님의 말씀을 받아들였다. 하나님께서 "의인은 그의 믿음(충성)으로 말미암아 살 것"이라고 말씀하셨기 때문이다. 그렇다. 의인은 믿음으로 산다. 이에 하박국은 아브라함 급으로 격상되었다.

아브라함이 자신의 후손에 대한 하나님의 약속을 믿었을 때, 하나님께서는 그의 믿음을 '의'로 여겨 주셨다(창 15:6). 하박국은 악의 문제에 대한 하나님의 답변을 듣기 위해 마지막 날까지 기다리기로 결심했다. 이에 하나님께서는 그를 의인으로 여겨 주셨다. 하박국 2장 4절의 "의인은 그의 믿음으로 말미암아 살리라"는 말씀은 신약에서 총 세 차례 인용되었다(롬 1:17, 갈 3:11, 히 10:38).

하박국이 악의 문제에 대한 하나님의 답을 듣기 위해 마지막 날까지 기다리기로 작정했다는 것을 어떻게 알 수 있을까? 그가 마지막에 한 말을 보면 알 수 있다. 그 당시는 농경사회였음을 주지하기 바란다. "비록 무화과나무가 무성하지 못하며 포도나무에 열매가 없으며 감람나무에 소출이 없으며 밭에 먹을 것이 없으며 우리에 양이 없으며 외양간에 소가 없을지라도 나는 여호와로 말미암아 즐거워하며 나의 구원의 하나님으로 말미암아 기뻐하리로다"(합 3:17-18).

하박국은 '바로 지금' 하나님을 인정하기로 마음먹었다. 마찬가지로 모든 크리스천 역시 지금 당장 '믿음'으로 하나님을 인정해야 한다. 설사 악의 문제에 대한 답을 듣지 못한다 해도 말이다.

이제 나는 이같이 단언한다. "악의 문제는 결코 풀 수 없다!" 이 세상의 가장 위대한 지성이라도, 그가 과학자이든 철학자이든 신학자이든 상관없이 악의 근원을 설명할 수는 없다. 왜 우리는 악의 문제를 풀 수 없는가? 당신이 얻을 수 있는 가장 근접한 답은 이것이다. "하나님께서는 우리가 '믿음'을 갖도록, 우리가 믿음을 소유할 수 있도록 우리의 눈을 가려 악의 원인을 깨닫지 못하게 하셨다." 한마디로 이 믿음은 '보지 않고 믿는' 믿음이다.

만일 지금 하나님께서 악과 고통의 원인을 알려 주신다면, 믿음은 설 자리를 잃는다. 물론 하나님께서는 마지막 날에 그 모든 것을 설명해 주실 것이다. 하나님께서 악과 고통의 원인을 알리지 않으시려고 그동안 우리에게 얼마나 큰 은혜를 베풀어 주셨는지 마지막 날에 명확하게 드러날 것이다. 고난의 원인을 알 수 없으므로, 우리는 '보지 않고 믿는' 믿음을 소유하게 되었다. 이 얼마나 큰 은혜인가! 우리가 하나님을 인정하고 예배할 수 있는 유일한 길은 '보지 않고 믿는 믿음'뿐이다. 하나님도 그렇게 말씀하셨다.

고난의 원인에 대해 언젠가는 하나님께서 직접 말씀해 주실 것이다. 하나님께서 어떻게 대답해 주실지는 모르겠지만, 나는 둘 중 하나일 것이라고 추측한다. 우리의 눈에서 가리개를 풀어 주시든지, 아니면 우리가 이해하거나 받아들이지 못할 방법으로 그 이유를 설명해 주실 것이다. 어쨌든 하나님께서 대답해 주시는 날, 모든 입술이 잠잠해질 것이다. 우리는 깜짝 놀랄 것이다. 우리의 입은 크게 열린 채 다물어지지 않을 것이다. 그날, 모든 사람이 그 이유를 알게 될 것이다. 그러나 불신자가 신자로 변화될 시간은 없다. 그때는 너무 늦다.

예수님께서 다시 오시는 날, 하나님께서는 자신의 이름을 명확하게 알리실 것이다.

최후의 심판을 위해

이것을 '그리스도의 심판'(롬 14:10, 고후 5:10)으로 부르든지 '백보좌 심판'(계 20:11)으로 부르든지 상관없다. 히브리서 기자는 이같이 말했다. "한 번 죽는 것은 사람에게 정해진 것이요 그 후에는 심판이 있으리니 이와 같이 그리스도도 많은 사람의 죄를 담당하시려고 단번에 드리신 바 되셨고 구원에 이르게 하기 위하여 죄와 상관없이 자기를 바라는 자들에게 두 번째 나타나시리라"(히 9:27-28). 그는 예수 그리스도의 재림을 언급하면서 주님의 재림이 최후의 심판과 떼려야 뗄 수 없는 관계에 있음을 설명했다.

바울도 다음과 같이 말했다. "하나님 앞과 살아 있는 자와 죽은 자를 심판하실 그리스도 예수 앞에서 그가 나타나실 것과 그의 나라를 두고 엄히 명하노니"(딤후 4:1).

우리는 죽자마자 그리스도의 심판대 앞에 서는 것이 아니다. 최후의 심판은 그리스도의 재림 이후에 일어날 일이다. 이 책의 18장에서 보았듯이 먼저 우리의 육체가 부활하고, 이후에 그리스도의 백보좌 심판이 진행된다. 최후의 심판은 재림 이후의 사건이다. 재림의 때 우리는 죽음에서 부활할 것이고, 그 후에 그리스도의 심판대가 펼쳐질 것이다.

하지만 우리의 영원한 거처가 정해지는 것은 우리가 죽는 순간이다. 죽는 순간, 하나님께서 우리가 가야 할 곳을 정해 주신다. 죽음과 함께 우리의 영원한 향방이 결정되는 것이다. 이러한 의미에서 심판은 '재림 전'의 사건이라고도 할 수 있다. 오직 구원받은 사람만이 죽어서 주님과 함께 거한다. 구원받지 못한 사람은 주님과 함께 거할 수 없다. "주님은 자기 백성을 아신다"(딤후 2:19).

일반적으로 아는 바와 달리, 죽는 순간 우리의 영혼이 심판대 앞에서는 일은 없다. 그 대신 우리의 영혼이 상급을 받아 큰 기쁨을 누리거나 형벌을 받아 큰 고통을 당하게 되거나 둘 중 하나이다. 이러한 뜻에서 나는 그리스도의 재림 전에 '심판'이 일어난다고 말했다. 우리가 죽는 순간 하나님은 우리가 기쁨을 누리게 될지, 고통을 당해야 할지 판단하신다. 그렇게 우리의 영혼이 기쁨을 누리다가 또는 고통을 당하다가 부활하게 되고, 그 후에 그리스도의 백보좌 앞에 서서 심판을 받는 것이다.

사람들이 죽는 순간, 주님께서는 구원받은 영혼을 추려내어 자기 곁에 두신다. 즉, 어떤 사람이 천국에 갈지 혹은 지옥에 갈지, 이미 결정(심판)하셨다는 뜻이다. 부자와 나사로의 비유를 보면 이 사실을 쉽게 이해할 수 있다. 나사로가 죽자 천사들이 그를 받들어 하늘(아브라함의 품)로 데려갔다. 거기서 그는 '위로'를 받았다. 반면 부자는 죽어서 음부(헬라어로는 '하데스')에 내려가 고통을 당했다(눅 16:19-25). 바울의 생각 속에 성도의 '죽음'은 '그리스도와 함께 거하는 것'이었다(빌 1:23).

요한은 크고 흰 보좌가 펼쳐진 것을 보았다. 그리고 "그 위에 앉으신 이를" 보았다(계 20:11). 그 위에 앉으신 이는 바로 예수 그리스도이시다. 성부 하나님께서는 그 아들에게 이 세상의 심판을 위임하시며 심판의 날을 정하셨다. 성자 예수께서는 그날, 공의로 이 세상을 심판하실 것이다(행 17:31). 그날 바로 '공의'가 이루어질 것이다.

하나님의 심판은 미연방 대법원과는 비교할 수 없을 만큼 공정하다. 왜냐하면 그 자체로 '진리'이신(요 14:6) 예수 그리스도가 재판관이시기 때문이다. 예수님께서 말씀하셨다. "그날에 많은 사람이 나더러 이르되 주여 주여 우리가 주의 이름으로 선지자 노릇 하며"(마 7:22). 이것은 예수님께서 사역 초기에 하신 말씀이다. 처음부터 예수님께서는 자신이 의로운 재판관이 되실 것을 말씀하셨다.

나는 그날 재판 과정이 얼마나 오랫동안 진행될는지 알지 못한다. 그것은 하루가 될 수도 있고, 여러 날이 될 수도 있다. 성경에 나오는 '날'은 몇 달이 되기도 하고, 몇 년이 되기도 한다. 앞에서 살펴보았듯이 '날'로 번역된 히브리어 '욤'은 24시간으로 구성된 '하루'가 아닌 '특정 기간'을 뜻한다. 어쨌든 심판대 앞에 서야 할 사람들은 모두 부활한 육체를 입게 된다.

우리 모두는 '변화된' 육체를 입을 것이다. 부활하신 예수님처럼 새 육체를 갖게 되는 것이다. 매우 궁금하긴 하지만, 과연 우리가 새 육체를 갖고 어떻게 살아갈지에 대해서는 알 길이 없다. 다만 새 육체는 잠도 필요 없고, 음식도 필요 없다는 사실만 알 뿐이다. 우리와 관련 없는 심판(불신자들의 심판)에 대해서 과연 어느 선까지 알 수 있을지도 의문이다. 이 역시 추측에 맡길 수밖에 없다. 다만 우리는 우리가 있어야 할 곳에 반드시 서게 될 것이다.

그날 사람들은 보좌 앞에 설 것이다. "또 내가 보니 죽은 자들이 큰 자나 작은 자나 그 보좌 앞에 서 있는데"(계 20:12). 이 땅에서 지명도가 높았든 그렇지 않든, 각 사람은 그리스도의 보좌 앞에서 주목받게 된다. 이것은 그야말로 순도 100퍼센트의 관심이다! 물론 우리는 아돌프 히틀러 같은 사람들이 그 자리에 설 것을 예상한다.

최후의 심판의 목적은 무엇인가? 첫째, 최후의 심판은 하나님의 길이 옳다는 것을 증명해 준다. 앞에서 언급한 '하나님을 인정함'도 여기에 포함된다고 하겠다. 둘째, 최후의 심판은 이 땅의 모든 사람에 관한 사실을 낱낱이 드러낸다. 그 모든 내용이 모든 사람 앞에 공개될 것이다. 그리스도의 보혈에 덮이지 않은 비밀들은 맨살을 드러내게 된다.

그날, 누가 구원받고 그가 왜 구원받는지(이를테면 그리스도의 보혈을 믿었으므로), 또 누가 구원받지 못하고 그가 왜 구원받지 못하는지 그 이유를 알게 될 것이다. 구원받은 사람 중 누가 상급을 받고 누가 상급을 몰수당하는지, 구원받지 못한 사람은 무슨 일을 저질렀기에 하나님의 심판을 받는지 온 천하에 공개될 것이다.

이 땅에서 '미제(未濟) 사건'으로 처리된 범죄는 최후의 심판이 해결해 줄 것이다. 이 세상 법원의 불의한 판결 역시 최후의 심판이 바로잡을 것이다. 억울한 판결을 받은 사람들은 최후의 심판대에서 복권될 것이다. 정직하지 않은 사람, 극악한 사람들의 숨은 정체가 탄로 나겠고, 그들은 지은 죄에 따라 대가를 치르게 될 것이다. 아돌프 히틀러 같은 사람들의 마음속에 숨은 동기는 물론 그들이 저지른 악행이 낱낱이 공개될 것이다. 여러 나라와 그 수장들의 비밀도 밝혀질 것이다. 사람들이 시시비비를 가리려고 했던 수많은 교리들의 전말도 다 드러날 것이다. 그날 모든 입이 잠잠해질 것이기 때문에 서로를 향해 손가락질하는 일은 없을 것이다.

바울도 그리스도의 최후 심판대를 언급하며 우리 모두가 그 앞에 서게 될 것이라고 말했다. 이때, 그가 '심판대'에 사용한 단어는 헬라어 '베마'였다. 만일 당신이 고린도 지역을 여행한다면, 고고학자들이 발굴해 놓은 '베마'를 볼 수 있을 것이다. 쉽게 말해서 베마는 지면보다 높이 올린 '돌단'인데, 주로 상을 주거나 형벌을 선고하는 장소로 사용되었다. 사람들은 베마 위에 올라선 올림픽 우승자의 머리에 화관을 씌워 주었다. 재판관은 베마 위에서 범죄자들에게 형을 선고했다. 고린도 사람들이 베마가 무엇인지 잘 알았기 때문에 바울은 고린도 교회에 보내는 서신에 이 단어를 사용하여 최후의 심판에 대해 설명했던 것이다.

그런데 그리스도의 심판대가 나타내는 '힘'은 악인에 대한 형벌이 선고될 때보다 하나님 말씀에 순종한 대가로 성도들이 상을 받을 때 더 크게 부각된다. 바울은 크리스천이 받을 상을 '상급'이라고 말했다.

바울은 상급을 굉장히 중요하게 여겼다. "이기기를 다투는 자마다 모든 일에 절제하나니 그들은 썩을 승리자의 관을 얻고자 하되 우리는 썩지 아니할 것을 얻고자 하노라 … 내가 내 몸을 쳐 복종하게 함은 내가 남에게 전파한 후에 자신이 도리어 버림을 당할까 두려워함이로다"(고전 9:25, 27). 여기서 바울이 말한 '상급'은 천국행 입장권이 아니다. '상급'은 이미 구원을 확정 받은 사람이 그리스도의 심판대 앞에서 받게 될 일종의 '보너스'인 셈이다.

마지막으로, 그 보좌는 부활한 사람이 영원한 형벌을 선고 받는 곳이다. 그들의 형벌은 한마디로 '불못' 행이라고 할 수 있는데, 이는 생명책에 기록되지 못한 모든 사람이 '불못'(지옥)에 던져질 것이기 때문이다 (계 20:15).

여기 당신이 지옥에 가지 않을 방법이 있다. 재판(심판) 받지 않고 사건을 마무리할 길이 있다. 그 방법은 과거에도 유효했고, 지금도 유효하다.

그것은 바로 자신의 죄에 대해 마음 깊이 슬퍼하고, 죄를 고백하고(회개), 자신이 행한 선행 대신 예수 그리스도의 보혈을 의지하는 것이다. 이것이 유일한 방법이다.

결론

 이 책의 1부는 내가 전한 예언적 비유에 대한 상세한 설명이다. 이스마엘-이삭 비유를 통해 나는 오순절-은사주의 운동이 성령의 마지막 부흥이 아님을 이야기했다. 물론 각각의 부흥운동은 하나님의 계획에 있어서 매우 중요한 자리를 차지하지만, 마지막 부흥은 아니다. 그동안 수많은 은사주의자와 오순절주의자들은 자신들의 부흥이 하나님의 마지막 역사일 것이라고 생각해 왔다. 그런데 내 견해에 따르면, 그들의 생각은 틀렸다!

 아브라함이 이스마엘을 약속의 씨(후손)로 믿었던 것처럼 참으로 많은 사람들이 은사주의 운동을 그리스도의 재림 전, 이 땅에서의 마지막 부흥이라고 생각했다. 하지만 하나님의 궁극적 계획은 이스마엘이 아닌 이삭이었다. 하나님께서 이삭에게 주신 언약이 이스마엘의 언약보다 백 배 이상 컸던 것처럼 장차 도래할 성령의 부흥 역시 오순절 성령강림 사건 이래 이 땅 위에 일어난 그 어떤 부흥보다도 클 것이다. 그러므로 1부의 집필 목적은 독자들에게 "최상의 것은 아직 오지 않았다"라는 사실을 말해 주고, 그들을 격려하는 것이다. 그렇다. 이제 곧 최상의 것이 올 것이다!

2부에서는 열 처녀 비유에 대한 나의 해석을 소개하였다. 오늘날 교회는 깊은 잠에 빠져 있다. 나는 슬기로운 처녀이든 미련한 처녀이든, 그들 모두가 영적인 잠에 깊이 빠져 있음을 독자들에게 알려 주고 싶었다.

대부분의 사람들은 슬기로운 처녀가 신자를, 미련한 처녀가 비신자를 상징한다고 생각한다. 하지만 내가 믿기로 그들 모두가 구원받은 크리스천이다. 그들은 구원받은 신자와 구원받지 못한 비신자를 상징하는 것이 아니라 교회에 속한 두 부류의 성도들을 대변해 준다. 말하자면, 슬기로운 처녀는 자신의 유업을 추구하는 성도이고, 미련한 처녀는 그렇지 못한 성도인 것이다. 슬기로운 처녀와 미련한 처녀의 특징을 알고 싶다면 5장을 다시 한 번 읽어 보라.

열 처녀 비유에서 두 부류의 성도들 모두가 깊은 잠에 빠졌다. 그렇다. 교회는 잠들었다! 이처럼 잠든 교회를 깨우는 것이 이 책의 집필 목적이다. 잠에서 깬 교회는 말씀과 성령을 추구함으로써 자신의 유업을 얻을 것이다. 자신의 유업을 누리는 것은 크리스천의 특권이자 의무이다. 지금 나는 크리스천들에게 이 같은 의무가 있음을 알려 주고자 한다. 한밤의 외침이 울려 퍼질 때, 부디 독자들 중 단 한 사람도 '미련한 처녀' 그룹에 속하지 않기를 바란다. 이 내용을 생각하며 다음과 같이 기도해 보지 않겠는가?

prayer

주 예수님, 이 책을 통해 잠을 깨워 주셔서 감사합니다. 저는 말씀과 성령을 추구하지 않는 미련한 처녀처럼 되고 싶지 않습니다. 저는 제 삶이 성령의 은사와 열매를 동일하게 추구하는 삶이기를 간절히 소망합니다. 한밤의 외침이 울릴 때, 부디 제가 불안해하지 않고 기뻐하게 하소서. 예수님의 이름으로 기도합니다. 아멘.

3부에서는 예수님의 실질적 재림과 모든 사람을 심판하시는 그리스도에 대해 이야기했다. 또 이를 대비해야 할 이유와 중요성에 대해 논의했다. 그러므로 이 주제와 관련하여 우리 모두가 자신에게 던져야 할 가장 중요한 질문은 "나는 예수 그리스도의 재림을 대비하고 있는가?"이다.

이제 당신에게 두 가지 질문을 던지며 이 책을 맺고자 한다. 첫째, 오늘 죽는다면 천국에 갈 것을 확신하는가? 나는 전(前) 영국 수상에게도 이와 동일한 질문을 던졌다. 그러자 그는 이렇게 반문했다. "그러면, 목사님은 확신하십니까?" 아마도 그는 천국에 가는 여부를 '확신'하는 것 자체가 주제 넘는 일이라고 생각했던 모양이다.

그런데 이는 대다수 사람들의 오해이기도 하다. 그들은 구원이 '행위'에서 난 것이 아니라 '오직 은혜'의 선물이라는 사실을 이해하지 못한다(엡 2:8-9). 그러므로 당신이 천국에 갈 것을 확신한다 해도 결코 주제넘는 일이 아니다. 나는 고(故) 야세르 아라파트에게 다음과 같이 말한 적이 있다. "중요한 것은 '팔레스타인이 예루살렘을 쟁취할 것인가,

아니면 이스라엘이 예루살렘을 쟁취할 것인가'가 아닙니다. 정작 중요한 질문은 '지금으로부터 향후 백 년 뒤에 당신이 어디에 있겠는가?'입니다."

내가 던질 두 번째 질문은 이것이다. 만일 당신이 하나님 앞에 섰는데(당신은 언젠가 하나님 앞에 서게 될 것이다) 하나님께서 당신에게 이렇게 질문하신다면 뭐라고 대답하겠는가? "내가 너를 천국에 들여보내야 할 이유는 무엇이냐?"

이 질문에 대한 답은 하나뿐이다. 아니, 하나뿐이어야 한다! 만일 당신의 입에서 튀어나올 대답이 "저는 예수 그리스도의 십자가 희생을 의지합니다. 그래서 천국에 가야 합니다"가 아니라면, 그 무엇을 준다 해도 나는 당신을 옹호할 수 없다.

아직 늦지 않았다. 지금은 문제를 해결할 수 있다. 지금 당장 다음과 같이 기도하지 않겠는가?

prayer

주 예수님, 제겐 주님이 필요합니다. 저는 제가 죄인임을 압니다. 저는 저의 죄로 인해 마음이 아픕니다. 그러므로 저의 죄 때문에 십자가에 달려 죽으신 예수님께 감사드립니다. 저는 주님이 하나님의 아들이심을 믿습니다. 주님의 보혈로 저의 죄를 씻어 주소서. 이 시간 제 마음에 주의 성령께서 들어와 주시기를 기도합니다. 제가 아는 최상의 방법으로 제 삶을 주님께 드립니다. 아멘.

사랑하는 독자들이여, 예수 그리스도의 재림이 임박했다. 재림보다 앞선 한밤의 외침은 그보다 더 가까이 다가왔다. 한밤의 외침은 깊이 잠든 이 땅의 교회를 깨워 줄 것이며, 잠에서 깬 교회는 사도행전에 기록된 표적과 이적과 기사가 회복되는 것을 목도하게 된다. 그리고 세계 곳곳의 무슬림과 유대인을 포함하여 수백만의 사람들이 구원받을 것이다. 물이 바다를 덮음 같이 여호와의 영광을 인정하는 지식이 온 땅을 덮을 것이다(합 2:14).

prayer

우리 주 예수 그리스도의 은혜와 하나님 아버지의 긍휼하심과 성령님의 위대한 복이 지금부터 영원까지 당신과 함께 있을지어다. 아멘.

각주

1) 헨리 알포드 《The New Testament for English Readers, vol. 1》(영어권 독자들을 위한 신약성경 vol. 1, Cambridge: Deighton, Bell, and Co. 1868 출판), 172쪽.

2) 빈슨 사이넌(Vison Synan), "Pentecostalism: William Seymour"(오순절 주의: 윌리엄 시모어), 《크리스채너티 투데이》(Christianity Today), 2016년 5월 9일 검색, http://www.christianitytoday.com/history/issues/issue-65/pentecostalism-william-seymour.html; 레너드 러벳(Leonard lovett), "William J. Seymour: Peril and Possibilities for a New Era"(윌리엄 J. 시무어: 새 시대의 위험과 가능성), 《Enrichment Journal》(풍성한 저널), 2016년 5월 9일 검색, http://enrichmentjournal.ag.org/200602/200602_046_Seymour.cfm.

3) 빈슨 사이넌(Vinson Synan), 《An Eyewitness Remembers the Century of the Holy Spirit》(목격자가 기억하는 성령의 세기, Grand Rapids, MI: Chosen Books, 2010 출판), 21쪽; "William Seymour and the History of the Azusa Street Outpouring"(윌리엄 시무어와 아주사 부흥의 역사), Revival Library(웹사이트), 2016년 5월 9일 검색, http://www.revival-library.org/pensketches/am_pentecostals/seymourazusa.html.

4) "Bishop William J. Seymour"(윌리엄 J. 시무어 감독), AzusaStreet.org, 2016년 5월 9일 검색, http://www.azusastreet.org/WilliamJSeymour.htm.

5) "George Jeffreys 1889-1962"(조지 제프리즈 1889-1962), SmithWigglesworth.com,

2016년 5월 10일 검색, http://www.smithwigglesworth.com/pensketches/jeffresg. htm; "Stephen Jeffreys 1876-1943"(스티븐 제프리즈 1876-1943), 2016년 5월 10일 검색, http://www.smithwigglesworth.com/pensketches/jeffress.htm.

6) 빌 셔먼(Bill Sherman), "Religion: Tulsa Called Key City in Religious Movements"(종교: 종교 운동의 핵심 도시로 불리는 털사), 《Tulsa World》(털사 월드 2013년 10월 7일 판), 2016년 5월 9일 검색, http://www.tulsaworld.com/archives/religion-tulsa-called-key-city-in-religious-movements/article_7ba23e00-d73a-54dd-b2bb-217d467f5c05.html.

7) 1947년에 스미스 위글스워스가 이 예언을 전했다.

8) 조지 스토몬트, 《위글스워스: 하나님과 동행했던 사람》(Smith Wigglesworth: A Man Who Walked With God, 믿음의 말씀사, 2006년).

9) 페이튼 존스(Peyton Jones), "In His Absence"(성령의 부재), 《Leadership Journal》(리더십 저널, 2015년 9월호), 2016년 6월 23일 검색, http://www.christianitytoday.com/le/2015/september-web-exclusive/in-his-absence.html.

10) 래리 크랩(Larry Crabb), "Lesson Three: A Personal Search: Beginning With an Inside Look"(제 3과: 개인 조사: 내면을 바라봄으로 시작하다), 《SoulCare Foundation I: The Basic Model》(소울케어 기초 1: 기본 모델), 스터디 가이드 31쪽에서 발췌, 2015년 업데이트, Our Daily Bread Christian University, 2016년 6월 23일 검색, http://dpz73qkr83w0p.cloudfront.net/en_US/course_study_guide/CC201.pdf.

11) 케빈 터너(Kevin Turner), "Why Isn't the American Church Experiencing Revival?"(미국 교회는 왜 부흥을 경험하지 못하는가?), 《CharismaMag.com》(카리스마 매거진, 2013년 1월 8일 발행), 2016년 5월 10일 검색, http://www.charismamag.com/spirit/revival/1474-why-isnt-the-american-church-growing.

12) 마이클 유세프(Michael Youssef), 《God, Help Me Overcome My Circumstances》(하나님, 제가 환경을 극복할 수 있도록 도와주세요) (오레곤 유진: Harvest House 출판, 2015), 44페이지.

13) Ibid., 44-46페이지.

14) Ibid., 46페이지.

15) Ibid., 46-47페이지.

16) Ibid., 47페이지.

17) 자레드 윌슨(Jared Wilson), "They Will Know You Are Conference Christians by Your Porn?"(당신이 포르노 채널을 이용했기 때문에 호텔 지배인들은 당신이 컨퍼런스에 참석한 크리스천임을 알겠지요?) 《The Gospel Coalition》(복음 연대) 2015년 4월 10일 판, 2016년 6월 24일 검색. http://blogs.thegospelcoalition.org/gospeldriven-church/2015/04/10/they-will-know-you-are-conference-christians-by-your-porn/.

18) 2001년에 존 폴 잭슨이 이 환상의 세부 내용을 말해 주었다.

19) 2001년에 존 폴 잭슨이 이 환상의 세부 내용을 말해 주었다.

20) 버크 파슨스(Burk Parsons), "Give Me Scotland, or I Die"(제게 스코틀랜드를 주십시오. 그렇지 않으면 차라리 죽겠습니다." 《Ligonier Ministries》(리고니어 미니스트리즈), 2014년 3월 1일. 2016년 6월 28일 검색. http://www.ligonier.org/learn/articles/give-me-scotland-or-i-die/.

21) 댄 그레이브스(Dan Graves), "John Wesley's Heart Strangely Warmed"(존 웨슬리의 마음이 이상하게 뜨거워지다), 《Church History Timeline: 1701-1800》(교회사 타임라인: 1701년부터 1800년까지), 2007년 4월. http://www.christianity.com/church/church-history/timeline/1701-1800/john-wesleys-heart-strangely-warmed-11630227.html. 2016년 6월 28일 검색.

22) 존 칼빈(John Calvin), 《Calvin's Commentaries》(칼빈 주석), 사도행전 7장. BibleHub.com, 2016년 6월 29일 검색. http://biblehub.com/commentaries/calvin/acts/7.htm.

23) "Polycarp Refuses to Revile Christ"(그리스도를 욕하지 않은 폴리갑), 《The Apostolic Fathers With Justin Martyr and Irenaeus》(교부들 – 순교자 유스티누스와 이레니우스), Christian Classics Ethereal Library(기독교 고전 – 천상의 도서관), 2016년 6월 29일 검색. http://www.ccel.org/ccel/schaff/anf01.iv.iv.ix.html.

24) 미셸 A. 부(Michelle A. Vu), "Rick Warren Clarifies Doctrine, Purpose Driven Life

with John Piper-Transcript"(릭 워렌이 교리를 말하다. 목적이 이끄는 삶 인터뷰 with 존 파이퍼 녹취록), 《The Christian Post》(크리스천 포스트) 2011년 5월 28일 발행. 2016년 6월 28일 검색. http://www.christianpost.com/news/transcript-john-piper-rick-warren-on-doctrine-purpose-driven-life-50615/.

25) 성 어거스틴(St. Augustine) "On Man's Perfection in Righteousness"(의 안에서 온전하게 되다) 《Nicene and Post-Nicene Fathers, First Series》(니케아 공의회 및 니케아 공의회 이후의 교부들, 시리즈 1) vol. 5 피터 홈즈(Peter Holmes), 로버트 어니스트 월리스(Robert Ernest Wallis) 번역. 필립 셰프(Philip Schaff) 편집. (뉴욕 버팔로: Christian Literature Publishing Co, 출판. 1887) New Advent지에 게재하기 위해 개정하고 편집함. 2016년 6월 30일 검색. Http://www.newadvent.org/fathers/1504.htm.

26) 아타나시우스(Athanasius), "Statement of Faith"(신앙고백) 《Nicene and Post-Nicene Fathers, First Series》(니케아 공의회 및 니케아 공의회 이후의 교부들, 시리즈 1) vol. 5 아치볼드 로버트슨(Archbald Robertson) 번역. 필립 셰프(Philip Schaff) 편집. (뉴욕 버팔로: Christian Literature Publishing Co, 출판. 1892) New Advent지에 게재하기 위해 개정하고 편집함. 2016년 6월 30일 검색. Http://www.newadvent.org/fathers/2821.htm.

27) 윌리엄 쿠퍼(William Cowper), "XXVIII Exhortation to Prayer"(28. 기도를 권유함), 《Poems, Vol. 2》(시 제2권) (Boston: E. Lincoln 출판 1802년), 31페이지에서 발췌.

Prepare Your Heart for the Midnight Cry

by R. T. Kendall

Copyright ⓒ 2016 by R. T. Kendall

Originally published English under the title of
Prepare Your Heart for the Midnight Cry by Charisma House

Charisma Media/Charisma House Book Group
600 Rinehart Road
Lake Mary, Florida 32746
www.charismahouse.com

Korean Translation Copyright ⓒ 2016 by Pure Nard
2F 16, Eonju-ro 69-gil Gangnam-gu, Seoul, Korea

The Korean edition is published by arrangement with Charisma House.
All rights reserved.

본 저작물의 한국어판 저작권은 Charisma House와의 독점 계약으로 '순전한 나드'가 소유합니다.
저작권자의 허락 없이 이 책의 일부 또는 전체를 무단 복제, 전재, 발췌하면 저작권법에 의해 처벌을 받습니다.

교회를 깨우는 한밤의 외침

초판 발행| 2017년 5월 5일

지 은 이| R. T. 켄달
옮 긴 이| 심현석

펴 낸 이| 허철
편　　집| 김혜진
디 자 인| S. E. M.
인 쇄 소| 예원프린팅

펴 낸 곳| 도서출판 순전한 나드
등록번호| 제2010-000128
주　　소| 서울특별시 강남구 언주로69길 16, (역삼동) 2층
도서문의| 02) 574-6702
편 집 실| 02) 574-9702
팩　　스| 02) 574-9704
홈페이지| www.purenard.co.kr

ISBN 978-89-6237-201-4 03230

(CIP제어번호 : 2017009261)

이 도서의 국립중앙도서관 출판예정도서목록(CIP)은 서지정보유통지원시스템 홈페이지(http://seoji.
nl.go.kr)와 국가자료공동목록시스템(http://www. nl.go.kr/kolisnet)에서 이용하실 수 있습니다.